金钱与好的生活

[英]罗伯特·斯基德尔斯基　[英]爱德华·斯基德尔斯基◎著
阮东◎译　黄延峰◎校译

HOW MUCH IS ENOUGH?

Money and the Good Life

Robert Skidelsky　Edward Skidelsky

中信出版集团 | 北京

图书在版编目（CIP）数据

金钱与好的生活 /（英）罗伯特 · 斯基德尔斯基，（英）爱德华 · 斯基德尔斯基著；阮东译 . -- 2 版 . -- 北京：中信出版社，2020.7

书名原文：How Much Is Enough? Money and the Good Life

ISBN 978-7-5217-1672-6

Ⅰ . ①金… Ⅱ . ①罗… ②爱… ③阮… Ⅲ . ①经济学 – 通俗读物 Ⅳ . ① F0-49

中国版本图书馆 CIP 数据核字 (2020) 第 039018 号

金钱与好的生活

著　　者：[英] 罗伯特 · 斯基德尔斯基　[英]爱德华 · 斯基德尔斯基
译　　者：阮东
校　　译：黄延峰
出版发行：中信出版集团股份有限公司
　　　　（北京市朝阳区惠新东街甲 4 号富盛大厦 2 座　邮编　100029）
承 印 者：北京盛通印刷股份有限公司

开　　本：880mm × 1230mm　1/32　　印　　张：9.5　　字　　数：196 千字
版　　次：2020 年 7 月第 2 版　　印　　次：2020 年 7 月第 1 次印刷
京权图字：01-2013-0270　　广告经营许可证：京朝工商广字第 8087 号
书　　号：ISBN 978-7-5217-1672-6
定　　价：59.00 元

献给雨果

其发展前景表明他可能不会辜负凯恩斯对后辈们的期望

目　录

引言

本书旨在反对“贪得无厌”，即那种让我们无法做到“适可而止”的心理倾向。这里所说的“我们”既指个体，也指整个社会。“贪得无厌”指的是经济上的不知足，即渴望拥有越来越多的金钱。本书主要针对的是富裕国家，这些国家拥有足够多的财富，社会群体可以过上一种体面的生活。至于贫穷的国家，那里的民众生活贫困，“不知足”是他们以后才需要考虑的问题。但无论是在贫穷社会还是在富裕社会，当富人的富裕程度远远超过大多数人的基本生存所需时，人们就会看到“不知足”的身影。

马克思主义者认为，经济上的不知足是资本主义的产物，它会随着资本主义的灭亡而不复存在。基督教认为，经济上的不知足是原罪的产物。本书两位作者的观点是，经济上的不知足根植于人类的本性，我们倾向于和自己的同类攀比，从中发现自己的不足。这种本性在资本主义的推动下变本加厉，贪得无厌曾经只是富裕阶层的独特表现，现在却成了社会的常态。

资本主义是一把双刃剑。一方面，它使物质条件大幅改善成为可能。另一方面，它激发出人性中某些遭人诟病的方面，比如贪婪和妒忌。回顾古往今来所有文明中最伟大的思想家对“美好的生活”的阐释，我们提倡改变现有的政策，以帮助我们实现

“美好的生活”这个目标，并再度锁住人性中的“恶魔”。

为此，我们将挑战如今以国内生产总值（GDP）的增长作为经济发展主要目标的做法。我们并不反对经济增长，但我们认为，不仅要问一下经济为何增长，而且要问一下是什么在增长，这才合理。我们希望闲暇时间有所增加，污染有所减少。这两点是关于人类福祉的理性理念的一部分，但却不包含在国内生产总值之内，因为国内生产总值衡量的只是市场交易的国内产值部分，它并未减少“污染”，也没有增加“闲暇”。因此，国内生产总值增长到何种程度才会提高国民福祉，这是一个无法明确的问题。对于过度贫穷的国家来说，国内生产总值的增长也许有意义，但对于富裕国家而言，国内生产总值也许已经足够。我们的观点是，对于世界上的富裕国家来说，国内生产总值应被视为旨在实现美好生活目标的一个副产品。只有进一步观察，才能看清楚国内生产总值的结果是正面的还是负面的，抑或是静止不变的。

本书并不想探讨公正的原则，而是想讨论美好生活的构成因素。大多数现代政治理论都抽象地以何谓正义或者何谓公平为切入点，对“公正”社会的安排展开讨论。我们的方法有所不同。我们从个人需求入手，设法在此基础上描绘出一幅休戚与共的图景。现阶段，讨论公平、正义的核心就是讨论如何分配，虽然它非常重要，但只在美好生活需要它的情况下才重要。

想象有这样一个世界：大部分人每周只工作15个小时。但是，因为他们的劳动成果会在全社会范围内更加公平地分配，所以他们的工资跟现在一样多，甚至比现在多。人们醒着的时候更多是在享受休闲时光，而不是忙于工作，这是经济学家约翰·梅纳德·凯恩斯在1930年发表的文章《我们后代的经济前景》中所做的展望。这篇文章的观点简单明了：技术进步使每个工时增加产出成为可能，人们用来满足需求所花的工作时间会越来越少，最后几乎不再需要工作。凯恩斯写道："人类自从诞生以来，第一次面临一个真实且永恒的问题：当人们从紧迫的经济束缚中解脱出来后，应该如何利用工作之外的自由？科学和复利的力量为人类赢得闲暇，使人们过上睿智、愉快和满意的生活。"凯恩斯认为，这种状况也许会在100年后实现，即2030年。

考虑到发表时间，凯恩斯这篇预测未来的文章被当时的人忽视也就不足为奇了。那时，世界上还有很多棘手的问题需要解决，比如怎样走出大萧条的阴影。此外，凯恩斯自己也从未明确地重提他的愿景，但他一直是在"无须工作的未来"这样一个理想的背景下思考问题的。事实上，凭借《就业、利息和货币通论》这本巨著，凯恩斯成为以研究短期失业而非长期经济进步蜚声国际的经济学家。然而，我们有充分的理由重拾凯恩斯提出之后又遗弃的那些问题。

首先，凯恩斯提出了今天的我们鲜少探讨的问题：拥有财富的目的是什么？我们需要拥有多少钱才能过上美好的生活？这似乎是无法回答却又并非微不足道的问题。挣钱本身不应该是目的，至少对于没有罹患严重神经错乱的人来说应是如此。如果说我的生活目标是赚取越来越多的钱，就好比说我吃饭的目的是让自己变得越来越胖一样。对个体正确的事情，对社会也是正确的。挣钱不是人类永恒的事业，这是因为钱除了用于消费，没有任何别的用处。我们不可能持续地花钱，我们总会到达一个临界点，那时我们会感到满足，或感到厌恶，也可能二者兼有。我们会这样吗？

其次，我们所处的世界再次陷入“大紧缩”，这是1929—1932年大萧条以来最糟糕的情况。巨大的危机就像一次体检，暴露了社会制度的缺陷，并促使人们寻找它的替代品。被检查的是资本主义制度，凯恩斯的论文恰巧提供了一个有力的工具，可以据此对资本主义的未来加以思考。这场危机揭露了资本主义制度的两个缺陷，但由于人们对“即使付出任何代价也要实现增长”的做法几乎毫无异议，这两个缺陷就被掩盖了。

资本主义制度的第一个缺陷是道德缺陷。2008年经济危机再度表明，现行的制度是以贪婪和攫取利益为动机的，它们与道德背道而驰。这导致社会分裂成贫富两极，近年来又分裂为极富和极贫两大阵营。极富和极贫共存，尤其是在可以让每个人感到富足的社会里，这有违我们对公正的定义。资本主义制度的第二个缺陷是经济缺陷，美国的金融体系本来就不稳定。如同2008年经济危机那样，当它失灵时，我们就会了解它是多么效率低下、消耗惊人，并且给人带来巨大的痛苦。过度举债的国家被告知，除非它们将大部分国民收入用于偿债，否则资本市场不会感到满意。资本主义的赚钱机器定期出现故障，这更加促使我们考虑什么才是更好的生活方式。

再次，凯恩斯的文章促使我们去思考后资本主义的生活会是什么样（不管你如何定义，一个不再积累资本的经济制度就不再是资本主义）。凯恩斯认为，资本主义的基础动力是“个人受到赚钱和爱财本能的强烈吸引”。[1]他认为，随着充裕时代的到来，这种基础动力将失去社会的认可，也就是说，当资本主义的使命完成后，它将不复存在。但是，我们已经非常习惯视稀缺为常态，以至很少有人会考虑，在一个物质充裕的世界里，什么样的动机和行为准则肯定会或应该会大行其道呢？

所以，让我们假设每个人都可以过上美好的生活。那么什么才算是美好的生活呢？我们的道德体系和经济制度需要做出哪些改变才能实现美好的生活呢？此类问题鲜少有人问及，因为我们无法将它们归类于构成现代智识生活的任何一个领域。哲学家建构出完美的公正体系，却不关心经验现实的杂乱性；经济学家致力于探求如何最好地满足人们的主观欲望，却不关心这些欲望是什么。本书融合了经济学和哲学的观点，因为我们相信这两个学科可以互补，经济学偏重于实际影响，而哲学偏重于道德想象。本书旨在唤醒“经济学是一门道德学科”的古老理念，要知道经济学是研究群体中人的科学，而不是研究机器人的科学。

本书从探究凯恩斯的预言未能成真的原因开始展开论述。尽管凯恩斯对经济增长的预测惊人般准确，但是为什么在他发表那篇文章将近100年后，我们大多数人仍在辛苦地工作呢？我们认为答案在于两个方面：自由市场经济赋予雇主决定工时和工作条件的权力，同时激起了我们内心充满竞争性的、追求身份和地位的消费倾向。凯恩斯很清楚资本主义的种种邪恶，但他假设一旦完成创造财富的任务，这些邪恶就会消亡。然而，凯恩斯没有预见到的是，邪恶也可能会变得根深蒂固，以至掩盖了它们本应该效力的最终目标。

凯恩斯并非唯一一个认为坏的动机也会产生有益作用的人，本书第2章对此进行了补充介绍。约翰·穆勒、卡尔·马克思、赫伯特·马尔库塞还有亚当·斯密都承认坏的动机也有积极作用，它甚至可以成为历史进步的原初动力。用神话的语言来说就是，西方文明已经与魔鬼和平共处，从而换取了从古至今令人难以置信的知识、权力和欢乐。当然，这是歌德笔下不朽的《浮士德》诗剧的宏大主题。讽刺的是，我们终于过上了富足的生活，但资本主义在我们身上浇灌出的恶之花却让我们无法合理地享受富足，似乎这是理应付给魔鬼的报酬。我们能摆脱这种命运吗？或许可以，但只有我们重新找回被忽视和被曲解了几个世纪的美好生活的概念，即美好生活本身是一种富足的生活时，它才会成为可能。在此，我们必须借鉴古代东西方文明留下的宝贵的智慧宝藏，第3章将对此加以概述。

经济增长带来了巨大的破坏，近年来反对过度追求经济增长的声音逐渐增强。批评者认为，增长不仅没有使我们更幸福，反而造成了环境灾难。这种观点是对的，但它未能充分表达我们对无限增长更深层次的反对意见，即无限增长毫无意义。我们将反对增长的理由建立在破坏幸福或环境上，结果却引来反对方的辩白，他们认为增长并没有带来这些不好的影响。*然后，双方的争论进入了学术的“死胡同”。重要的是，在科学家和统计学家告诉我们答案之前，我们只需要记住无止境地追求财富是一种愚蠢的行为。这是我们第 4 章和第 5 章论述的主题。

进入第 6 章，我们终于可以讨论那些积极的内容了，即对美好生活的大致描绘。依托有史以来的各种深刻见解，我们明确了 7 种“美好生活的基本元素”，只要拥有它们，就表明我们过上了美好的生活。我们认为政府的首要职责是在它的权力范围之内确保所有公民获得这些基本元素。如何实现美好生活这一目标是第 7 章的主题，我们提出了一些建议，旨在把人们对财富的无限欲望控制在美德的客观概念的范畴内。除非进行这种控制，否则我们的文明将在劫难逃。

在与朋友和熟人探讨以上想法时，我们经常会听到五种反对意见。第一种反对意见关乎时机的选择：“现在完全不是讨论结束经济增长的时候。假如凯恩斯还活着，难道他不会敦促我们尽快恢复增长，以降低失业率和偿还政府债务吗？”对此，我们不进行争辩。但是，我们需要做一下长期政策和短期政策的区分，即自 20 世纪 30 年代大萧条以来用于恢复经济增长的短期政策，以及用于实现美好生活的长期政策。2008 年之后，世界总体产出在两年内下降了 6%。我们必须至少恢复到原来的产出水平，

* 尼格尔·劳森和比约恩·隆伯格等人认为，应对全球变暖的最好办法就是大力推进技术进步，以消除任何不利的后果。还有一些经济学家认为，富裕国家的人民确实比贫穷国家的人民更幸福。详见第 4 章和第 5 章。

因为以目前的经济组织方式，没有其他方式可以减少失业率和公私两方面的负债。但是，我们不应该因为时间紧迫而妨碍自己对最终结果的认识。凯恩斯的乌托邦愿景是在大萧条最为严重的时期描绘的，他写道："我写作本文不是立足于现在……而是旨在让自己摆脱短视的困扰，奔向未来。"这也是本书论述的重点。

第二种反对意见关乎我们的建议适用于哪些国家和地区。我们是否认为有些国家虽然有着数百万居住条件很差、营养不良的贫困人口，但是这些人对他们拥有的一切却感到满足？当然不是，适用于我们的建议的是那些已经具备满足幸福的物质条件的国家。在那些物质条件没有得到满足的国家，经济增长无疑仍是它们要考虑的首要问题。即便如此，如果发展中国家持续发展，它们终将面临与富裕国家同样的窘境，因此，不妨提前为此做好准备，以免重蹈覆辙。

第三种反对意见是，"你们的提议将破坏所有的主动性、创造力和愿景，导致人们普遍无所事事"。这种反对意见认为我们的想法反映了一种颓废心态，毫不奇怪，这样的观点多半出自美国人。

为了消除这种误解，我们做出坚定的声明：本书并非怂恿无所事事。我们希望人们能有更多的闲暇，而闲暇和无所事事的差别很大，几乎是两个极端。闲暇这个词的真正含义现在几乎已经被人遗忘，其实它是不带有任何目的性的活动，用康德的话说就是"无目的的目的"。雕塑家专注于大理石切割，教师专注于讲解一个难懂的概念，音乐家专注于作词谱曲，科学家专注于探索时空的奥秘，这些人只是在做他们擅长的事，并不带有其他目的。他们也许会因为付出和努力获得一份收入，但这份收入并不是激励他们从事自身事业的动力。当然，这是一种理想化的情况。在现实世界里，包括物质奖励在内的外在激励并没有完全被人忽略。但是，只要不是出于必要，而是出于爱好，不是出于屈从和勉强，而是发自内心，就不会觉得是在做一份辛苦的工作，而会觉得是在享受休闲的时光。不游手好闲，这是我们的理想。但是，因为我们的文化缺乏想象力，这导致我们认为，相对于旨在改善经济进程的那种具体的创造和创新而言，所有的创造和创新都需要金钱的刺激。

批评我们的人会反驳说：“这听上去不错，但是毫不客气地说，外部激励的减少不大可能导致闲暇的增加。对于我们这样的懒惰人群来说，只有金钱的刺激才会让我们有所行动。如果没有金钱，我们天生的惰性就会显现出来，不仅不会过上美好的生活，还会心生厌倦、神经衰弱、染上酒瘾。读几本苏联人写的小说，你就会明白我的意思了。”

对于这样的反驳意见，我们的应对方式只能是公开表达我们的信念。大部分人未尝试过减少工作，所以我们无法确切地知道会产生什么样的结果。但是，我们不能认为结果会像我们的批评者认为的那样悲惨，否则，旨在改善人类福祉的现代欧洲文明就会变得空洞和徒劳。如果产业的终极发展目标是懒散，如果我们的劳作和创造只是为了子孙后代能舒适地靠在一起一动不动地看电视，那么就像乔治·奥威尔所说，所有的进步就是“朝着目标疯狂地奋斗，却希望并祈祷这个目标永远不会实现”[2]。在激励自己不断完成新事业方面，我们处于矛盾的境地，不是因为我们认为这些业绩是值得的，而是因为任何行动都好过不作为，即使有些行动毫无意义。我们必须相信存在真正闲暇的可能，否则我们的境遇就真的太令人绝望了。

有一种反思给我们带来了希望。一个天生游手好闲的人，只有在看到获利的前景之后，才会受到刺激采取行动，这种人哪怕放到现代来看都是很独特的。经济学家视人类为驮着重物的牲畜，需要胡萝卜加大棒的刺激才会做事。“用最少的付出最大限度地满足我们的欲望”，现代经济理论的开创者威廉姆·斯坦利·杰文斯给出了他对人类行为的定义。[3]这和古代的观点相左。在雅典和罗马，有些公民虽然在经济上无所建树，但他们却积极地参与高层次的事务，比如政治、战争、哲学和文学。为什么不选他们而是选愚蠢的普通人充当我们生活的向导呢？当然，雅典和罗马公民很早就接受过明智地享受闲暇时光的教育。我们的政策建议也隐含着类似的教育理念。如果我们被训练成屈从和被动地利用时间的人，这样的社会不可能在一夜之间变成自由人的社会。但是，我们不应怀疑这一点在原则上是可以实现的。在凯恩斯发表文章后两年，伯特兰·罗素写了一篇论文，用其一贯清晰的文笔进一步阐明经济危机的激励效应：

> 有人可能会说，拥有闲暇时间固然令人高兴，但是如果一天 24 个小时却只工作 4 个小时，那么人们将不知道如何打发剩余的时间。真是这样的话，这就是一种对文明的

> 谴责，这在以前根本不可能存在。以前的人具备自由自在玩乐的能力，如今，在某种程度上，这种能力被狂热追求效率的心理压制……看电影、看足球比赛、听广播等，城市人的快乐大多是被动的。这是因为他们的能动性完全被工作占据了，如果他们有更多的闲暇时间，他们将能再度享受快乐，因为他们曾积极参与其中。[4]

我们会补充说，主要是因为闲暇已经失去真正意义上的能动性，退化成被动消费，两害相权取其轻，我们只好投身于工作。波德莱尔在他的私人日记里写道："人必须工作，若非出于兴趣，则至少是由于绝望。真理只有一个，那就是工作没有享乐那么无聊。"[5]

第四种反对意见对"赚钱"进行了有所保留的辩护。它认为赚钱诚然不是人类最高尚的活动，但在人类追求的主要目标中，它是最没有坏处的。凯恩斯说得好："通过赚钱和积累个人财富，人类危险的天性可以被引至相对无害的道路上，如果不能以这种方式得到满足，那么他们也许会找到其他更加残酷的解决途径——不顾一切地追求个人权力和权威，以及其他自我膨胀的方式。"但他补充道："为了刺激这些行为和满足这些倾向，以如此高的代价玩这种游戏实在没有必要。一旦玩家养成了习惯，以更低的代价同样可以达到这个目的。"[6]这种说法完美地表达了我们的辩护观点。我们不主张像苏联那样禁止人们"赚钱"，但也应遵从"游戏"规则和限制条件，以免我们离美好的生活越来越远。

第五种反对意见与偏执的个性有关。约翰·罗尔斯和其他人让我们相信，自由的国度不会宣扬积极的愿景，而是倡导能让有不同喜好和不同理想的人和谐共处的原则。对于公共政策而言，推广美好生活这一积极的理念显然是偏执的，甚至是集权主义的做法。在适当的时候，我们会再次探讨这种反对意见；在这里，我们只能说它依据的是对自由主义的完全错误的理解。通过漫长的历史发展，自由主义传统被注入古典主义和基督教关于尊严、谦恭以及宽容的理念。[我们应该记得，“liberal”这个词原本指称“自由之人”，这一用法在“liberal arts”（人文科学）这样的词组中还保留着。]在20世纪，凯恩斯、以赛亚·伯林和莱昂内尔·特里林等人是典型的自由主义者，他们想当然地认为推动文明进步是国家的职责之一。有人认为自由主义暗含着以中立的态度对待不同良善的意思，这是对自由主义的一种肤浅理解。无论如何，中立都是虚构的。一个“中立国家”会把权力拱手让给资本的守护者，让他们从自身的利益出发，随意操纵大众的喜好。

在智识方面，妨碍所有人实现美好生活的或许就是经济学，更确切地说，是世界上绝大多数大学里打着经济学旗号的死气沉沉的正统观念。有一本教科书曾这样写道，经济学研究的是“人们如何利用有限或稀缺的资源，想方设法地满足他们无止境的欲望”[7]。严格说来，“有限”和“稀缺”这两个形容词完全是多余的：如果欲望是无限的，那么相对于欲望来讲，资源当然是有限的，不管在绝对意义上我们拥有多么丰富的资源。我们注定面临匮乏，不是因为缺乏资源，而是因为我们的欲望过多。如经济学家哈里·约翰逊在1960年所说："虽然我们生活在一个富裕的社会里，但在许多方面，我们仍像生活在贫穷社会里的人那样思考和行动。"[8]贫穷的视角以及不惜一切代价也要提高效率的做法，都被纳入了现代经济学的框架。

过去并非如此。现代经济学之父亚当·斯密假设，我们对"改善"的内在渴望最终会遭遇自然和制度的藩篱，从而进入"静止状态"。对于凯恩斯的老师阿尔弗雷德·马歇尔来说，经济学研究的是"获得幸福的物质条件"，这一定义保留了亚里士多德和基督教关于财富的概念，即财富是达到目的的手段。但在马歇尔之后，经济学发生了变化。利奥尼尔·罗宾斯为经济学提出了一个经典的定义，经济学是"一门研究作为目的和具有不同用途的稀缺手段之间关系的人类行为的科学"[9]。罗宾斯的定义既把稀缺置于经济学的核心，也摒弃了对价值的判断。经济学的研究对象是有效达到目的的手段，但经济学家们却对这些"目的"不置可否。他们假设目的永远会超出为了实现它们而任由我们使用的手段，这意味着稀缺是人类生存状况的一个恒久特征。

如果稀缺将永远伴随着我们，那么效率和经济学就永远有存在的必要，因为"效率"讲的是如何对稀缺资源进行最优利用，而经济学则是教我们如何提高效率的科学。但是，从基本常识来看，资源的稀缺程度有轻有重。我们知道饥荒是在物质极度匮乏的情况下出现的，而丰收则意味着相对充足的状况。托马斯·马尔萨斯认为，当人口增长超出食物供给时，稀缺情况将加剧，反之则有所改善。另外，如同大多数人理解的那样，在过去的200年里，饥荒已在大部分社会里消失，生活在富裕哪怕中等富裕国家的人都不会被饿死。这意味着效率的重要性已经被削弱，同样，经济学所谓的“效用”也不再那么重要了。

在这个问题上，从需要的角度而不是欲望的角度来认识稀缺是比较明智的。我们通常也是这样思考的。不管拥有三处房产的人多么渴望拥有第四处房产，都没有人认为此人处于悲惨的境况之中。如果我们说，“他有的已经足够多了”，这句话的意思就是“他所拥有的已经足以满足他的需要了”。公然表明自己的不知足，比如无法控制地想要收集更多的玩偶，这被广泛视为病态或心理不正常。原则上，我们都能把自己的欲望限定在需要的范围内；但问题是，一个推崇竞争性和货币主义的经济使我们持续处于强压状态。经济学家所谓的“稀缺”越来越成为这种压力下的人为产物。从维持生命所需的角度考虑，我们的生存状态并非稀缺，而是较为富足。

美好生活的物质条件已经具备，至少在世界上的富裕地区如此，对增长的盲目追求只能让我们对实现美好的生活望洋兴叹。在这种情况下，政策的目标和其他形式的集体行动应当让经济组织确保每一代人都能获得美好生活的元素，比如健康、尊重、友谊和闲暇等。经济增长应被视为一种副产品，而不是最终追求的目标。

随着时间的流逝，这种观念的转变势必影响我们对经济学的态度。最大化地有效利用时间将变得越来越不重要，自罗宾斯以来发展起来的“科学”的经济学，将会被人们从社会科学的宝座上拉下来。凯恩斯期待有一天经济学家能像牙医一样不可或缺，人们会像需要牙医那样需要经济学家。[10]但凯恩斯并没有用“医生”打比方，凯恩斯的话可以被解读为：经济学应该处于人们生活的边缘，而不应控制人们的生活。

第 1 章

凯恩斯的预测失败了

人对财富的追求是没有止境的。

——梭伦

1928 年，凯恩斯面对剑桥大学的一群本科生做了一场演讲，主题为《我们后代的经济前景》。凯恩斯知道这些学生对资本主义不抱幻想，他们倾向于把当时的苏联视为指路明灯。凯恩斯早就意识到，进步是一个“被弄脏的信念，被煤灰和火药染成了黑色”，而共产主义的召唤如此诱人，它甚至被视为“一个伟大信仰的最初萌芽”。[1] 如果凯恩斯要引导他的听众远离这个神明，他就需要说服他们相信资本主义也是一个乌托邦计划，而且会比共产主义更有效率，因为它是实现人类富足的唯一有效的方法。凯恩斯在剑桥大学的这场演讲是他首次袒露自己的乌托邦式理想。

两年后，当凯恩斯为了发表文章而修改他那次的演讲稿时，大萧条来袭，资本主义似乎在经济和道德方面均宣告破产，共产主义显得更有吸引力。但是，凯恩斯巧妙地改写了他要传递的信息，以适应新形势。凯恩斯写道：“我们正在遭受的痛苦不是老年风湿病造成的，而是快速变化导致的生长疼痛，是从一个经济周期到另一个经济周期的调整之痛。”大萧条至少部分是“技术性失业”的症状之一，也就是说，“失业源于我们寻找节省劳动力方法的速度，比我们为劳动力寻找新用途的速度更快”。技术性失业指向一个没有工作的未来，但它是自愿的，不是被迫的。

凯恩斯用经济学逻辑进行预测。从历史上资本积累和技术进步的速度来看，凯恩斯指出，如果投入设备的资本持续以每年2% 的速度增加，“技术效率”以每年 1% 的幅度提高，“100 年后，进步国家的生活水平将比今天高 4~8 倍”。这一预测使凯恩斯得出了“惊人的结论”，即“假定不发生大规模的战争，没有大规模的人口增长，那么‘经济问题’将可能在 100 年内得到解决，或者至少是有望得到解决。”。*

凯恩斯的意思是，人类只需要占用眼下工作所投入的时间和精力的一部分，就能满足全部的物质需求，每天最多工作 3 个小时即可“满足我们的本性之恶”。由此，剩下的大量时间可能会使人出现那种富裕阶级的家庭妇女因空虚而导致的“精神崩溃”。但是，凯恩斯并不希望如此。相反，他期待这样一个时刻的到来：现在只限于艺术家和自由自在之人的自发、愉快的生活态度，能扩散至整个社会。这篇文章混杂着亚里士多德的观点，以令人赞叹的辞藻将文章推向了高潮。

> 我认为当达到这一丰裕而多暇的境地之后，我们将重新拾起宗教和传统美德中最为确凿可靠的那些原则，即贪婪是一种恶癖，高利盘剥是一种罪行，爱好金钱是令人憎恶的。

---

* 凯恩斯的这一论断与后来罗伯特·索罗的增长模型有所相似，该模型认为，国内生产总值的增长可以用资本、人口和科技进步等要素的增长来解释。像大多数经济学家一样，凯恩斯假设：当市场饱和时，资本的边际效率递减，即每额外增加一笔投资，这笔投资所生产出来的产品就会相对减少。国内生产总值的进一步增长主要取决于资本、物质和劳动力质量的提高，而非数量上的增加，也就是说主要取决于技术进步。人均国内生产总值的增长要求技术进步的速度快于人口增长的速度。

而那些真正走上德行美好、心智健全的正道的人，他们对未来的顾虑是最少的。我们将再次重视目的甚于手段，更看重事物的有益性而不是有用性。我们将尊崇这样一些人，他们能够教导我们如何分分秒秒都过得充实而美好，这些心情愉快的人能够从事物中获得直接的乐趣，既不劳碌如牛马，也不虚度岁月，逍遥如神仙中人。[2]

凯恩斯的朋友、哲学家弗兰克·拉姆齐，用一个词语“乐土”来形容这种天堂般的状态。

因此，资本主义是一种努力奋斗和赚钱的生活状态，是一个过渡阶段，是达到目的的一种手段，这个目的就是美好生活。这是怎样的一种生活呢？凯恩斯是英国哲学家乔治·摩尔的学生，摩尔在其著作《伦理学原理》中写道：“到目前为止，我们所知道或所能想象的最有价值的事情，莫过于某些确定的意识状态，它们大致可以表述为人类享受美好事物的愉悦体验。”他继续写道：“为了让它们在某个时点尽可能地充裕，任何人都有理由承担起公共或个人职责……是它们……构成了人类理性行为的最终结果和社会进步的唯一标准。”[3]

凯恩斯后来说，这始终是他“内心深处的信仰”。作为一位经济学家和思考者，凯恩斯的大部分人生是在“水深火热”的资本主义世界里度过的，但他总能腾出时间去追逐艺术、爱和知识。凯恩斯的性格具有两面性——目的性和冲动性，那篇由演讲稿修改的题为《我们后代的经济前景》的文章，就是他将自己性格的两面性分别投射到现在和未来以达到调和状态所做的一次尝试。

这篇文章在当时几乎被漠视，因为相对于严肃的讨论来说它无异于幻想。实际上，它是凯恩斯为时局所写的一篇短文章。文章的内容和论点只写了不到12页纸，而且观点比较零散，解释也不充分。他的一位学生写道："凯恩斯当时的处境是最好的，也是最糟的。处境糟是因为他的某些社会和政治理论经不起细细推敲，只要消费是显而易见的和充满竞争性的，社会就不可能缺少新需求……处境好是因为他展示出徘徊、探究、直觉和刺激性的思维。"[4]

但是，即使这篇文章中充斥着未来主义，它仍然涉及凯恩斯的主要关注点——持续的大规模失业。文章为凯恩斯一鸣惊人的经济政策革命提供了"理想"的动力，他的经济政策认为，持续的充分就业不受经济下滑的干扰，这是通往那篇文章所描绘的乌托邦的最快路径。凯恩斯想要确保资本主义制度全速运转，以加速它的终结之日的到来。

自凯恩斯写下那篇文章之后，至今90多年过去了。我们是他的"孙子辈"，甚至是他的"重孙辈"。那么，凯恩斯的预言应验了吗？

凯恩斯的预言应验了吗？

凯恩斯的文章提供了两个预测和一种可能性。两个预测关乎

“增长”和“工时”，简单来说，凯恩斯认为 100 年后，西方世界的经济增长将“足够”满足我们所有的需求，所以我们每天的工作时间不超过 3 个小时。一种可能性指的是，我们将学会如何利用闲暇，过上“睿智、愉快和满意”的生活。那么，这些假设的结果如何呢？

凯恩斯预测了将在富裕国家发生的情况（如图 1–1 所示）。在抵达“乐土”的那一时点，即 2030 年，收入的增长将停止（因为所有人都拥有了足够多的东西），而且必要的工作时间将趋于零（因为人们所需的一切东西几乎全由机器来生产）。

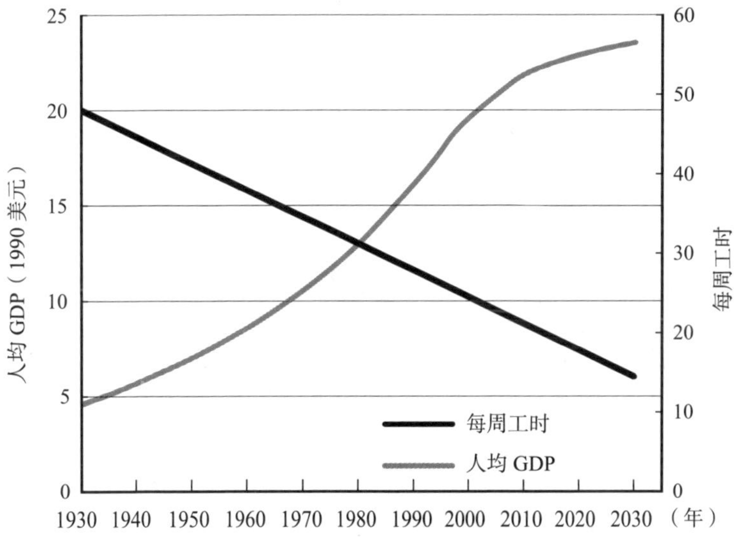

图 1–1　凯恩斯的预测

现在，让我们把这两个预测和实际结果加以比较。富裕国家人均 GDP 的实际增长相对于凯恩斯的预测用图 1–2 表示，富裕国家的每周工时变化相对于凯恩斯的预测用图 1–3 来表示。实际人均收入的增长和凯恩斯的预测很接近，不可否认，这其中有巧合的成分。凯恩斯假设所预测的国家不会发生重大战争，并且人口没有增长。事实上，人类经历了第二次世界大战，而且人口已经增长了大约 1/3。凯恩斯也低估了生产率的增长。这两个失误互相抵消，结果就是，1930 年以后，人均收入确实增长了 4 倍，符合凯恩斯预测的下限。

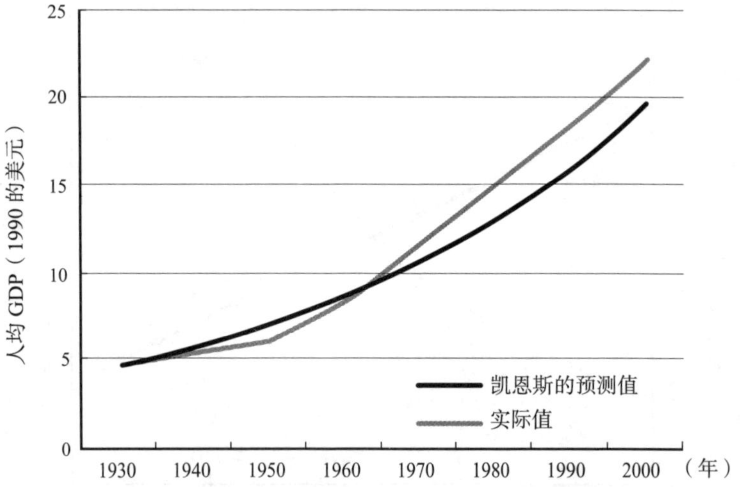

图 1–2　自凯恩斯预测以来的人均 GDP 增长情况

资料来源：安格斯·麦迪森，《世界经济千年统计》（经济合作与发展组织，2005）；《测量价值》（参见 www.measuringworth.com）；欧盟统计局；2012 年 1 月 16 日获取。[5]

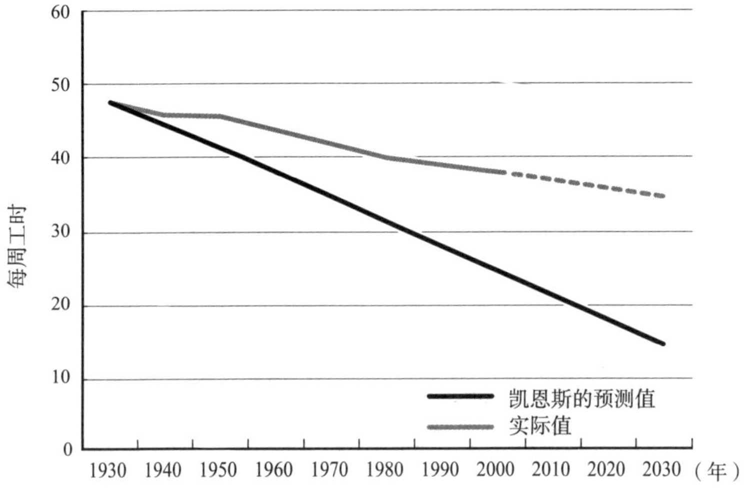

图 1-3　自凯恩斯预测以来的每周工时变化情况

资料来源：迈克尔·休伯曼、克里斯·明斯，《他们没有改变的时代：新旧世界的工作天数和工时》，1870—2000，《经济史探索》，44 期（2007），第 538—567 页。

那么，每周工时的下降情况又如何呢？凯恩斯预测，在这样的条件下，每周工时将随着生产率的增长而下降。这似乎是基于常识性的假设：收入存在着边际效用递减规律，即每一笔额外的收入会产生更少的额外满足，所以，随着社会越发富足，人们越发倾向于拥有更多的闲暇，而非更多的收入。随着个人收入的增加，考虑到每小时的额外产量，他的每周工时将会逐渐减少，直到每小时收入增加的效用等于每小时闲暇增加的效用。

可是，实际情况并非如此。1870—1930 年，每周工时快速下降，凯恩斯假设这种下降的趋势会持续下去。凯恩斯写道："在我们的有生之年，我们也许只需付出过去 1/4 的努力就能完成在农业、采矿业和制造业上的工作了。”[6]虽然收入和生产率如他预期上升了很多，但每个人的每周工时自 1930 年以来远没有达到下降 75% 的程度。1930 年，工业化国家的每个人每周工作大约 50 个小时；今天，他们每周工作 40 个小时；而根据凯恩斯的预测，我们现在即使没有达到每周只需要工作 15 个小时，那也应该很接近这个水平了。如果我们用现在的趋势推算，到 2030 年，我们也许能达到每周工作 35 个小时，但绝不可能是每周工作 15 个小时。问题在于，在“工时的下降大大低于每小时产出的增长”的情况下，凯恩斯为什么会做出那样的预测？

凯恩斯的预测没有考虑地域因素。他可能认为，到 2030 年，贫穷国家将接近或赶上富裕国家。凯恩斯的预测并非完全错误。东亚个别经济体已经达到西方的经济水平，还有一大批中等收入国家不久也将赶上来。但是，人口的急剧膨胀是他未曾预料到的。1930 年，世界人口为 27 亿；如今，世界人口高达 70 多亿，是 1930 年人口数量的 2.5 倍还多。即使在富裕国家，人口增长也超过了 30%。凯恩斯未曾思考的一个棘手问题是：为了帮助穷国，富国需要把抵达“乐土”的时间推迟多久？

对平均数的误读

在进一步探究为什么每周工时没有随经济增长而下降之前，应该先搞清楚我们的测量方法还有哪些不为人知的地方。

平均数代表一组数据的集中趋势，大多数人直觉上认为它就是一个“典型”的数字。比如，如果我们知道 2011 年英国人的平均收入是每年 2.5 万英镑，我们往往会认为大多数英国人每年赚取 2.5 万英镑，收入更多的是少数群体，收入更少的也是少数群体。但是，情况却未必如此。假设一家工厂有 10 个人，总经理每年收入 16 万英镑，9 名员工每人每年收入 1 万英镑，他们的收入平均值是 2.5 万英镑，但他们当中多数人每年只收入 1 万英镑。大多数人的收入低于平均数，少数人的收入则远超平均数。2011 年，英国人的年均收入是 2.7 万英镑，但中位数却是 2.15 万英镑，这意味着有 50% 的人年均收入不到 2.15 万英镑，有些人的收入甚至更少。[7] 依据平均数推算“典型”的情况，错在它忽视了收入分配这一点。如果不了解收入分配的情况，我们就无法判断某国公民的“福祉”是增加了还是减少了。但是，我们却热衷于在很多情况下误读平均数。

第一，工时的平均数掩盖了国家间巨大的差距（这个差距正在日益扩大），一边是工业化的美国，一边是“旧的欧洲国家”，而英国的水平更接近美国（如图 1–4 所示）。虽然自 20 世纪 80 年代以来，所有国家的工时数量变化不大，但我们不得不解释为什么美国人和意大利人的工作时间比其他国家的人更长。2011 年的一份调查显示，“如今，美国人比英国人一年平均多工作 122 个小时，比德国人平均多工作 378 个小时（10 周）。”[8] 有人指出，美国的工时数还在增加。荷兰人最接近凯恩斯所说的“乐土”状态。2011 年，荷兰人一年的工时数为 1 400 个小时，相当于每周工作 34 个小时，人均收入为 4.2 万美元；而英国人一年工作 1 650 个小时，人均收入却只有 3.6 万美元（美国人一年工作 1 800 个小时，人均收入为 4.8 万美元）。[*]人们很容易将对待工作、收入和闲暇的不同态度归因于文化上的差异。像美国这样的移民社会，赚钱被视为通向成功的捷径。在欧洲，等级文化的传统限制了顶层和底层的赚钱机会，导致欧洲人在生活中仅将赚钱视为一种目标。英国则介于两者之间，比欧洲大陆对财富的态度更开放，但没有美国社会那么平等。这些文化差异根植于税收、福利和劳动力市场等具体的制度中，并被它们强化。意大利人的工作时间长，原因很可能是没有统计那些在非正式经济活动中打零工的人。（地中海国家似乎普遍如此。）

第二，工时平均数的下降掩盖了国家内部不同群体工时数的差异。虽然整体工时数不再增长，但许多低收入工人的工时数比他们应工作的时间要少，而许多富人的工时数却超过了他们应该工作的时间。一个显著的事实是，富人的工时数增加了，尤其是在美国和英国，它扭转了工时和收入呈反比的关系。[9]在凯恩斯时代，上层社会的人工作时间比底层社会的要短，贵族根本不为薪水工作，专业人士的办公时间少得惊人。如今，“工作狂”取代了“无所事事”的富人阶层，“不用去工作”不再象征着社会地位。在我们这个高度竞争的社会里，有才能但不富裕的人需要

* 这些数据是根据购买力平价计算得出的，购买力平价主要用于衡量货币在不同国家的购买力。

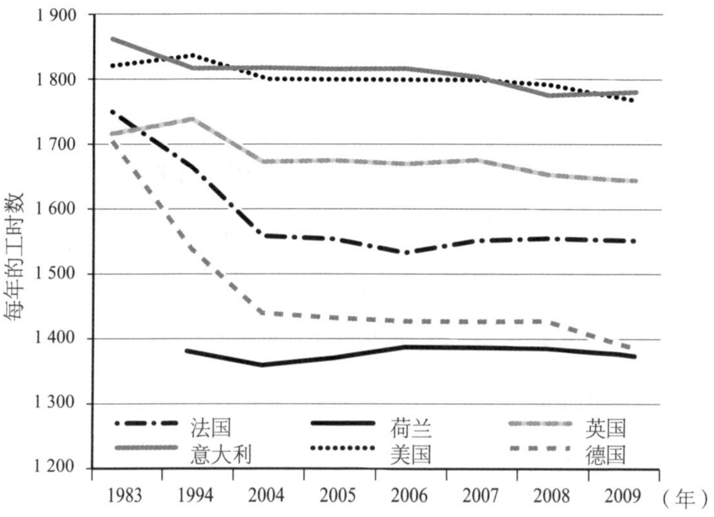

图 1-4　1983 年以来 6 个国家的工时数变化情况

资料来源：《经合组织就业展望》，2011 年。

更加努力才能获得过去富裕阶层的社会地位。工作和收入的传统关系被颠覆，这让我们有理由相信，我们不会走向一个工时数更少的未来。

第三，年均工时的降幅超过了周均工时的降幅，因为假期时间大幅增加。在欧洲，法定带薪假期比凯恩斯时代增加了 3 倍，从每年 1 周增加到每年 4 周，闲暇时间明显增多。但是，这部分时间又被增加了的通勤和做家务时间抵消了。令人惊讶的是，尽管有很多省力的小发明，但在英国，家务劳动比 1961 年时每天要多耗费半个小时。* 另外，比起凯恩斯时代，有更多的女性进入职场，因为“二战”后劳动力需求的缺口很大。在美国，1930年职场女性的比例是25%，如今达到了70%，其他工业化国家也有着相同的趋势。[10] 现代女性不太可能因为非自愿的“无所事事”而精神崩溃，反而可能因为有偿工作和生活给她们带来的各种压力而崩溃，比如购物（往返于超市、排队结账）以及照顾孩子（陪孩子玩耍、接送上下学）等。[11]

而且，无论以周还是以年为单位，工时统计的对象只包括职场人的工作时间，而不包括求学者的受教育时间和退休者的退休时间。我们应该把受教育的时间算作工时的延长还是闲暇时间的延长呢？这也许要取决于受教育者接受的是何种教育。如果是为工作而接受培训，正如现在大多数培训那样，它应被算作工作时间；如果是为美好生活而学习，那应被算作闲暇时间。

退休时间自然被视为闲暇时间的一部分。1948年，英国男性平均工作到65岁，平均两年后去世。如今，英国男性平均退休年龄是67岁，平均寿命是78岁。但是，在人生最后几年拥有过多的闲暇肯定是错误的。人们在工作时对退休后的闲暇生活准备不足，而且享受闲暇时光的能力很可能已经减弱。因此，我们不能得出这样的结论：对于整个社会来说，仅仅因为寿命的增

* 由于家与商店的距离变远，商店规模变大，以及自助购物的出现，所以家庭要花更多的时间用于购物。父母花在孩子身上的时间也更多了，这反映了育儿态度的改变，“亲子时间”这个词汇的出现便可以证明这一点。相反，借助节省劳动力的设备，花在做饭、清洁等家务上的时间缩短了。

加，闲暇时间就一定会增加。由于收入中用于储蓄的部分并未与退休后的花销保持同步增长，* 无论考虑到退休后的年数还是医疗费用上都是如此，于是工作年数逐年增加，而且反对歧视老年人的政策也给予这一趋势法律上的支持。因此，退休前家庭储蓄不足势必会缩短退休时间，除非富裕社会不健康的生活方式缩短人们的寿命。

无论我们如何质疑平均数，困惑仍然存在。如今，我们的富裕程度平均为 1930 年时的 4~5 倍，但我们的平均工时自那时起却只下降了 1/5。

凯恩斯预测的是工时会不断下降，甚至接近于零。在考虑他的预测为什么会失败之前，我们也许要问一下：为什么凯恩斯认为人们的收入越多，就越不想工作？为什么他会认为平均收入增加 4~8 倍就足够了，而不是增加 2 倍、3 倍或者 10 倍？

第一个问题的答案是，凯恩斯认为人们的物质需求是有限的，有一天也许可以全部得到满足。这是因为他未能区分清楚“欲望”和“需要”，而且在整篇文章中，这两个概念是混用的。正如我们将会看到的那样，这是一个严重的错误。“需要”指的是对良好和舒适生活的客观要求，它在数量上是有限的，但“欲望”纯粹是心理方面的，无论在数量还是质量上都是无限的。这意味着经济增长不会自然停止，如果经济增长停止了，那是因为

* 在西方许多国家，家庭储蓄的比例显著下降，这表明人们工作更长的时间不是为了养老储蓄，而是为了消费。但是，他们可能通过购买房产和金融产品进行“储蓄”，这两者在国民账户中均被归为投资，而非储蓄。

人们不再对超出他们“需要”的东西有“欲望”了。

第二个问题的答案在于，他考虑的是中产阶级的生活标准。20 世纪 30 年代，专业人士的平均收入是体力劳动者的 4 倍还多，医生和律师的平均收入分别是体力劳动者的 5.2 倍和 7.5 倍。[12] 凯恩斯认为，当大部分人的收入稍微多于专业人士的收入时，他们就足以过上好日子。他曾想象过，假以时日，穷人将在收入上赶超富人，富人的生活更接近“乐土”状态，富人减少工时的速度会快于穷人。但是，他没有预见到富人也会通过增加工时而在收入方面把穷人远远地甩在后面。*

在“足够”的标准方面，凯恩斯不要求人们的收入完全平等，而是强调要符合社会特定角色。这种观点在凯恩斯时代很普遍，它可以追溯至亚里士多德时期。经济学家阿尔弗雷德·马歇尔认为，一位思想家一年只需要 500 英镑就“足够”了。英国小说家弗吉尼亚·伍尔芙认为，一位作家一年只需要 500 英镑和一个“属于自己的房间”就“足够”了。这表明不同收入水平的人都可以过上美好生活，只要他们的基本物质需求得到满足即可。

利用闲暇时间过上“睿智、愉快和满意”的生活，凯恩斯所说的这种“可能性”实现了吗？这个问题目前还不能回答，因为在今天，闲暇仍是工作的附属品，而非替代品。辛苦工作一天之

---

* 事实上，我们可能想到两种效应。要么富人减少工时的速度快于穷人，因为他们对额外收入有较少的需求；要么富人和穷人以同样的比例减少工时，但富人起始的工时数较少，因此可缩减的绝对工时数也较少。

后，大多数人只想躺下休息，而假期则被用来为下一个阶段的工作“充电”。此外，对于商界的领导者而言，工作和闲暇已经融合为一个整体。在高尔夫会员俱乐部参加会议的企业高管会同时举办社交聚会，甚至在度假时保持工作上的邮件往来，这在凯恩斯看来都是有目的而为之：他们不是为了享受休闲时光，而是为了工作。如果非要说有什么区别，那就是当今富裕阶级的文化已变得目的性更强，而不是更弱，受到的烦扰更多，而不是休闲时光更多。

凯恩斯的预测为何会失败

平均工时下降并未和收入增长同步，可以从三个方面加以解释。有人说，人们的工作时间之所以到现在还这么长，是因为他们喜欢工作，或是因为他们被迫如此，又或是因为他们想要得到的更多。

工作的乐趣

列宁说过：“不劳动者不得食。”凯恩斯遵循他那个时代的经济学，认为工作是为获取必需品所付出的代价。正如亚当·斯密所写的那样：“每件东西的真实价格……取决于为获得它而付出的艰辛。”抑或像杰里米·边沁所说的那样：“如果劳动真正地被人接受，热爱劳动就是自相矛盾的说法。”[13] 这样的看法并无新意，因为《圣经》早已告诉我们，人们受罚做工，乃作为其违抗上帝之意的救赎。但最近，有人指出工作意味着“劳动和辛苦”这个古老的等式并不成立，或者虽然这个等式成立，但其准确程度正在逐渐减弱。工作不再是经济学家所说的“劳动”，而是“对劳动的热爱”，是激励、认同、价值和社交的来源。简而言之，工作不只是人们达到目的的手段，它还提供内在的满足感。这就是人们会继续工作，而且工作时间超过了他们的“需要”的原因。

快乐工作的倡导者认为经济学家将工作视为无趣的劳动，它必须以获得的收入作为补偿，这种观点也许适合过去大多数人必须从事的重体力、机械、乏味的工作，但并不适合现在的工作。到了后现代，工作强度不再那么高，工作也变得较为有趣，更富挑战性和创新性。这些特点尤其适用于专业岗位，而且解释了为什么高薪者比低薪者的工作时间更长。我们有一个日益壮大的创意产业，与过去相比，对工作的选择更多是出于必需性。人们不仅从购物中认知自我需求，在工作中也是一样。批评者补充说，凯恩斯对商业有一种布鲁姆斯伯里式 * 的蔑视，这导致他忽视了人内在的满足感，即便在他那个时代，许多人已经在工作中发现了这种内在的满足感。[14]

与“热爱工作”相对的据说是“害怕闲暇”。经常有人问，

---

* 这里指的是布鲁姆斯伯里文化圈，它是 20 世纪英国艺术界具有世界性影响的精英沙龙，由一大批具有卓越才华和深刻思想的人组成，信奉宽容和怀疑精神，蔑视维多利亚时代英国的审美情趣和道德习俗。——译者注

如果人们不需要工作，那他们会干什么呢？酗酒或吸毒，还是整天看电视？提出这种问题的人认为，人类天性懒惰，所以工作是让他们有价值、走正道、避免堕落的有力选择。他们还认为工作提供了强制的社交机会，而闲暇却迫使人们独处。汤姆·拉赫曼的小说《我们不完美》描绘了一位工作狂记者，他说："我害怕过周末，我希望没有假期，因为在假期里我不知道该做些什么。好像周围的人都在提醒我：我是一个失败者。"[15]

领取报酬的工作是帮助我们获取内在满足感的因素之一，但大多数人不只是为了面包而工作，否认这一点是不明智的。人们长时间地工作也许是为了友谊，或者是为逃离家庭生活的烦恼和乏味。但是，工作的"愉悦"程度是否与日俱增，这一点并不明确。有些工作变得更有趣，比如互联网使工作更像游戏，也增加了工作中的休闲机会；只需点击一下鼠标就可以浏览脸书网站。工作环境也被设计得越来越"有趣"。* 但是，亚当·斯密认为专业化将导致技能与工作分离，也会导致很多工作报酬减少。所谓"技能"，通常是机械化的一种委婉说法，工匠、机修工、建筑工、屠夫、面包师的技能已经退步了，很多工作也沦为例行公事，令人麻木。现代超市和呼叫中心的常规工作被冠以"数字泰勒主义"，

---

* 比如位于爱丁堡的苏格兰皇家银行总部是一栋壮观的现代建筑，它建在一条商业街上，现代化的便利设施应有尽有：咖啡店、药店、花店、发廊等。2009 年，这家银行破产了。再比如，道格拉斯·爱德华兹写道："谷歌总部'比家里好玩多了'，那里有电子游戏、跳跃球、装着玛氏巧克力豆的箱子、果汁吧台和一架钢琴。但是，缺乏组织架构的负面结果就是催生不安全感：谷歌是职场人士的天堂，但我感觉自己不配待在这里。"

这是在向传送带的发明者致敬。[16]大幅削减成本减少了人们“面对面的时间”，但现在这是一个社交新名词。许多工作的“创造性”只是一种品牌推广，比如，一家著名的快餐连锁店打出这样的广告：勤奋而热情的厨师每天都在创新。即使对于高级金融人才来说，工作带来的快乐也远不及工资和奖金带来的满足感。[17]那些高薪人士愿意比过去工作更长的时间，这也许并不是因为他们对工作的兴趣增加了，而是因为他们对收入越发缺乏安全感。只有一小部分工作可能变得让人喜欢，但大多数工作仍旧不为人所爱。

尽管人们大多认为工作是快乐的，而且害怕自己无所事事，但是，在包括美国在内的多数发达国家，工人更喜欢减少工作量，而不是增加工作量。一项针对未来就业选择的调查表明，人们缩短工时的愿望广泛存在，即使知道这可能意味着工资较低，有 51% 的被调查对象选择更短的工时，而只有 12% 的被调查对象选择更长的工时。[18]相似的调查结果在日本也出现过。在美国，两个数据较为平衡，但被调查对象仍倾向于更短的工时，而不是更长的工时（37% ：21%）。[19]人们的选择是在假设情况下做出的，这并不代表当面临真实情况时他们也会那么做。不过，至少存在着对更短工时的偏好。

工作愉悦感的增加或者闲暇恐惧感的增加，也许可以成为解释工时不再下降的原因之一，但不可能是主要原因。亚当的诅咒*也许

---

* 因受蛇的诱惑，夏娃和亚当偷吃了禁果。于是，耶和华对亚当说：“你既听从妻子的话，吃了我吩咐你不可吃的那棵树上的果子，她必为你的缘故受诅咒。你必终身劳苦，才能从地里得吃的。”这就是所谓的“亚当的诅咒”。——校译者注

减弱了，但并未完全消除。

工作的压力

马克思主义者认为，资本主义制度下的工人被迫工作的时间超出需要工作的时间，或者因为他们“受到剥削”，所以他们的工资少于他们为雇主创造的价值，而雇主对劳动力市场的控制使这成为可能。20 世纪中期，社会民主主义盛行，强势的行业工会能够帮助提高工人的实际工资，国家也可以利用税收制度将富人的非工资收入再分配给穷人。但是，这些做法使利润受损，富人的情况相对恶化。

到了 20 世纪 80 年代，这种情况得到改变，工时也不再减少。对平滑的工时曲线的解释似乎是这样的：工人们没有减少工时，因为事实上他们的实际收入并未增加，也就不会诱使他们减少工作时间。工人们也许能在工作和闲暇之间自主做出抉择，但在资本主义制度下，发号施令的是资产阶级。

数据显示，自 1980 年以来，美英两国财富与收入的不平等加剧，富人从中获益最多。

众所周知，1970 年，一位美国首席执行官的收入不到普通工人收入的 30 倍，而如今，这个数据是 263 倍。[20] 在英国，2000 年富时指数有限公司首席执行官的薪酬是普通工人收入的 47 倍；到 2010 年，这个数字达到 81 倍。20 世纪 70 年代晚期，美国 1/5 的最富裕阶层的收入是 1/5 的最贫穷阶层的收入的 9 倍；在英国，这个数字是 4 倍。[21] 图 1–5 表明富人的收入在国民收入中所占的比例日益上升，这解释了为什么虽然大多数国家的人均收入增加了，但个人收入的中位数并未上升太多。在美国，该数据保持了 40 多年不变。《卫报》的拉里·艾略特写道：

> 在英国，从事专业工作的中产阶级的处境不错，在东南部尤其如此，但收入低于他们的人却举债度日，因为他们的实际收入已经停滞，拿最低工资的人必须依靠减免税收才能存活。处于社会最底层的是没有工作的人，他们很多人都是失业家庭的第二代甚至第三代。[22]

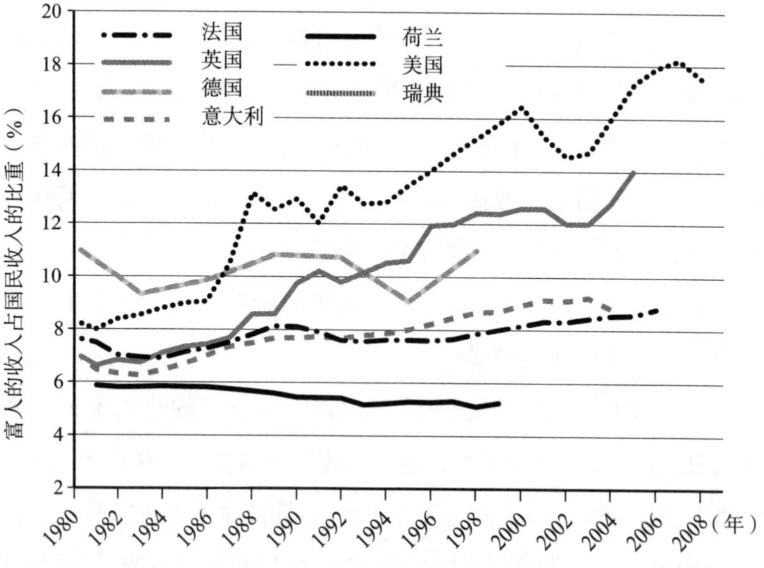

图 1–5　1% 的最富有者的收入比重

资料来源：世界最高收入数据库（http://g-mond.parisschoolofeconomics.eu/topincomes/）。

影响收入分配的主要因素是服务业的增长，以及税收制度未能抵消收入增长的不平衡。在凯恩斯时代，发达国家的制造业占总产出的 80%，服务业占总产出的 20%。如今，这个比例被颠倒过来。服务业的工资水平一般比制造业低，部分原因是服务业达不到像制造业那样的自动化水平（想想教师、护士、美发师、出租车司机），还有一部分原因是服务业不能有效地组建起工会。美英两国收入再分配失灵意味着为了摆脱贫困，从事服务业的底层工人不得不增加他们的工时，这在零售、酒店及个人服务业中尤其突出。*

由资本家主导的劳动力市场，它的某一特性吸引了社会学家朱丽叶·斯格尔的注意。在《过度劳累的美国人》一书中，她认为竞争压力以及工人权益缺乏保护，促使雇主要求他们的雇员工作更长时间，而不是将工作分配给更多的工人，因为那样会给雇主带来培训和管理的额外成本，还不包括法定带薪假期、医疗保险以及其他福利。正像斯格尔所说："如果公司雇用较少的人，让他们工作更长时间，比雇用更多的工人（还要给他们提供福利）来做同样多的工作更有利可图。"[23] 结果，劳动力队伍分立成两部分，一部分是正在缩减的全职长期员工，他们的工作量可能超过了实际所需；另一部分是人数不断扩大的失业者和半失业

---

* 在美国，1984—2004 年，20% 的最低收入者的工时增加了 26%。但是，并非所有富裕国家都是这样。在经济合作与发展组织成员国，最低收入者的工时平均下降了 5%~10%。参见《立场有别：为什么不平等持续增加》，巴黎：经济合作与发展组织，2011 年。

者，工作量不能满足所需。

在这种情况下，消费者保护主义成了工人的保护伞。工人渴望闲暇，但闲暇却被剥夺。为了减少他们的挫折感（并让他们听话），社会给他们提供了一系列无用且令人麻木的消费品。购物被称为“零售疗法”，成为对不高兴或压抑体验的一种补偿，这种称谓诙谐但却准确。人为地创造需求，确保了工人对职业道德的坚守。正如斯格尔在她的题为《走向消费新政》的论文中所说：“或许正好有这样一条经济道路，它需要较少的工作和消费，比需要更多工作和更多消费的路径更受欢迎。如果这个选择受阻，那么我们购买很多商品这一事实就无法证明我们天生具有消费的欲望。我们也许只是恰好买了正在销售的商品。”[24] 换言之，我们调整了自己的偏好，买了我们可以买到的商品，而不是我们想要的商品。

这种在收入和闲暇之间进行权衡的“左派”观点并不具有说服力。不可否认，自20世纪80年代以来，个人收入中位数与人均收入的增长是不同步的，这一事实可以解释自那以后工时为什么没有减少。还有一部分学者对消费行为的解释更不可信。即便消费者的喜好可以偏离其真实需求，但也不可能完全独立于真实的需求，不可能借助“生产设备”或其他东西简单地“灌输”给我们。社会学家安德烈·高兹如此描写生活在资本主义制度下的个人：“采取行动的不是‘我’，而是社会制度的逻辑经由‘我’这个‘其他人’在发挥作用。”[25] 广告可以刺激人的欲望，但它不能凭空创造欲望。（比如，广告几乎无法说服我们去买狗的排泄物。）广告若要打动人心，就必须与人性中某些既有的倾向相吻合。

因此，对工时未能下降的结构性解释，必须从人类欲望和内在满足感等方面加以补充。

永不知足

凯恩斯假设人对物质的需求总会有满足的一天，但是，倘若人都是贪得无厌的呢？按照字典的定义，贪得无厌是指对自己拥有的东西永不知足。有一条针对“拥有一切的人”的广告说道：“这些‘浪漫的’斋浦尔帐篷（售价 3 800 英镑）能在花园中挤出来非常棒的娱乐空间。”[26] 问题是，为什么“拥有一切的人”总是想要更多？

有两种方法可以回答这个问题，第一种是探究个人欲望的本质，第二种是结合其他人的欲望加以考虑。两种方法的对立更多是人为。欲望是个人行为，但它们被表达、被鼓励或被压抑的方式则是社会行为。研究人员选择哪种方法，很大程度上取决于他是否对建立个人心理的事实感兴趣，或者假设这些事实是给定的，他能否想到这些事实对社会的影响。

关于不知足的第一种解释出现在提勃尔·西托夫斯基于 1976 年写的那本颇有影响力的《无快乐的经济》中。西托夫斯基只是把不知足的原因归结为“坐立不安”，即我们开始厌倦拥有的东西。当我们的所有需求得到满足后，产生了一种心理，它不是满足后的平静，而是不知足，就像身体痒痒需要挠一挠一样，必须要用新鲜的事物来缓解这种状况。随着财富的增加，厌倦感也在增加，这使人们更疯狂地寻找刺激性的体验。人的本性就是对所拥有的东西永不知足，所以我们会不停地工作，去寻找更刺激的体验。

对不知足的第二种解释集中在某些商品固有的稀缺性上。顶级度假胜地、优美的园林以及许多其他罕见的物品不是社会上所有人都能享受到的，无论他们多么富有。需求不断升级对固定的供给造成压力，导致这类商品价格持续上升，超出普通人的物质承受范围。但是，人们没有接受这个不幸的事实，而是继续渴求最好的商品，虽然他们不可能拥有一切。这是不知足的另一个重要来源 。

凯恩斯的学生罗伊·哈罗德把这种稀缺商品称为“寡头”商品，他在一篇文章中隐晦地打碎了他的导师的美好愿景。[27]那些世界名画就是经典的例子，它们不会再生。不可否认的是，每个人都可以在博物馆里看到这些作品，这是以一种“民主”的方式共同分享这一类特殊物品的解决办法。但是，就个人满足感而言，排队去博物馆观赏这些名画远不如在家独自欣赏更舒适。

寡头商品不一定是真正稀缺的，也可能只是“社会性稀缺”，即数量的增加会摧毁它们炙手可热的程度。只有限制人数，“未被破坏”的度假胜地才会保持热度不变。哈罗德写道：

一位年轻人也许雄心勃勃，想着以后富有了，就可以住

> 进纽约最好的社区，坐在最佳位置上观看演出和歌剧，去最高档的夜店休闲娱乐……投资在世的最好的艺术家的作品。如果他靠寡头垄断来积累财富，他就有可能做到这些，但民主社会可能永远也实现不了这些。如果分配不平等普遍存在，较富有的人给这些稀缺商品的定价将大大超过普通人的承受能力。

哈罗德对此做了进一步探究。他发现，只有少数富人才请得起佣人，“住在大庄园里，拥有私人花园、马厩……游艇”。但是，财富分配越平均，就越请不到佣人，也越负担不起费用。在尊贵生活所需的个人服务消失之后，节省劳动力的发明可以填补其空缺。

经济学家弗雷德·赫希给哈罗德的寡头商品贴上了新的标签——“地位商品”，因为能否拥有它们并不取决于我们收入的绝对水平，而取决于我们相对于其他人的地位。“地位商品”不是每个人都能拥有的，[28] 不管社会整体的富裕程度如何，它们永远属于最富有的人。因此，为获得这些商品而展开的竞争永远都不会停止。事实上，这种竞争还将随着经济的增长而加剧，因为家庭收入中用于购买“地位商品”的支出越来越大。“地位商品”的存在，使凯恩斯所希望的每个人都“满足”的社会愿景变得黯淡，因为他们不可能都住进最好的别墅，或者买到剧院里位置最佳的票。

对不知足的第三种解释非常接近经济学家对人的看法，即人是追求效用最大化的经济人。在这一领域做出开创性研究的是美国经济学家加里·贝克尔。[29]凯恩斯把闲暇看作人普遍渴望的福利，但也有人把闲暇视为成本，即不工作的成本。贝克尔指出，在剧院待一晚付出的不仅是票价，还有机会成本。贝克尔认为，个人会权衡赚钱和花钱哪个好处更大。换句话说，选择工作还是闲暇基本上是时间分配问题。闲暇不是免费的时间，而是有成本的时间。你的收入越高，时间就越值钱。如果贝克尔是正确的，那么随着财富的增加而出现工时下降的先验条件就不存在。另外，随着不工作的成本增加，工时将会上升，这样的看法同样是合理的。

瑞典经济学家斯塔凡·林德的《烦恼的有闲阶级》一书对贝克尔的分析进行了延伸。林德的主要观点是：如果人们准备停止工作，那么闲暇的回报必须和工作的回报一样高才可以。增加闲暇时的产出，主要方法是用工具填满它。“就像工人工作时采用更多的工具和设备将会有更多的产出一样，如果消费者在每个单位时间里用到的‘小玩意’越多，那么他们从闲暇中获益也更多。”[30]去海边或度假胜地时，如果不带上烧烤用具、防风用品、潜水服、冲浪板、网球拍、足球、沙滩排球和高尔夫球杆，就算不上完美假期。

林德的论述可以用来解释现代人的工时为什么没有如凯恩斯预测的那样下降。汽车、游船、房车、电视机、DVD（数字多功能光盘）播放机都属于耐用消费品，我们在闲暇时使用它们的次数越多，就需要越多的收入购买它们，这等于把我们牢牢地拴在了工作上。

与生俱来的不安于现状、偏好地位性竞争、追求个人效用最大化，这些对不知足所做的解释都没有把某人想要的和其他人拥有的做比较。从这个意义上说，这些解释都不切实际，因为人的需求总有一种社会性。因此，社会学对不知足的解释主要着眼于需求的相对性。无论物质财富达到什么水平，我对自己拥有的都不会感到满足，因为总有人比我拥有的多。财富通常被用于消费，一旦对财富的竞争转变为对地位的竞争，它就变成了零和游戏，因为按照定义，不可能每个人都拥有高地位。由于我在名牌商品上花费更多，所以我获得了地位，却导致其他人失去地位。当其他人花费更多重获地位时，我的地位又会降低。要想维持和获得地位需要增加收入，为此我们的工作时间不会缩短。

令人费解的是，凯恩斯很了解地位消费。他在一篇随笔中写过一段重要的题外话，他认为人的需求分为两个层级：

> 无论我们的同胞处于何种境地，我们都能感知到那些绝对意义上的需求。而那些相对意义上的需求，只有当我们超越同胞拥有优越感时，才能感知到自己对优越感的渴望，从这个方面来看，第二类需求确实会高于第一类需求。而且，社会整体消费水平越高，第二类需求就会越高。但绝对意义上的需求并非如此，它可能很快就得到满足，以至我们可能意识不到。当第一类需求得到满足时，我们倾向于将更多精力投到非经济目的上。[31]

可是，凯恩斯提及社会性催生不知足这头怪兽之后，却又弃之不顾。他那篇文章的其他观点都建立在“所有需求都是绝对的”这个基础之上。为什么会有这样的疏忽？也许凯恩斯认为“相对需求”不太重要。在凯恩斯生活的时代，大部分家庭支出都用在面包、住房、衣服、采暖和其他公共设施上，而竞争性消费只占总消费的很少一部分。如今，这种情况被颠倒过来。从严格的意义上讲，家庭的大部分支出都不是用在购买生活必需品上，而是用于购买能提高地位的商品，即使穷人也是如此。“物质商品”的概念得以扩展，它包括任何可以买卖的商品，比如想法、旋律，甚至是身份。

经济学家和社会学家已经明确定义了三种旨在提高地位的商品，[32] 其细节是技术性的，但机制是相似的。第一种是攀比商品，指的是因为其他人有所以我也想要的商品。某种程度上是出于嫉妒心理，或者想和别人一样。这两种欲望在孩子身上表现得特别强烈，促使家长更努力地工作，以满足孩子的需求。第二种是虚荣商品，指的是因为别人没有所以我想要的商品。虚荣商品迎合了人们对差异性、专属性和“与众不同”的欲望。它们不一定是最贵的，但能让它们的拥有者产生优越感。举例来说，也许包括不知名的地下乐队、异类电影和充满异国风情的饭店。攀比商品和虚荣商品当然互不排斥，许多虚荣商品会突然变成攀比商品，并遭到爱慕虚荣者的抛弃。这种现象在艺术界和时尚界很常见。

兼具以上两种商品特点的是“凡勃伦物品”，这是为纪念美国伟大的炫耀性消费经济学家托斯丹・凡勃伦而命名的。有人之所以想拥有这种商品，是因为它们的价格昂贵，而且因昂贵而知名，它们所起到的作用实际上是为财富做广告。在仍然讲究等级的商业世界里，坐头等舱、商务舱还是经济舱，体现了此人在公司中的职位级别。凡勃伦物品的另一个作用是“炫耀效应”。众所周知，几乎所有明星都喜欢奢侈品，这是奢侈品具有吸引力的主要（甚至全部）原因。价格越高，该商品就越具有专属性，能拥有者寥寥无几。如果这类商品的价格下降，其需求可能也会下降。有一个笑话生动地表达了这一点。两名俄罗斯新富相遇，一人问：“你的领带值多少钱？”另一人答道：“1 000 美元。”第一个人又说：“真是运气不好，我的领带花了 2 000 美元。”

如果在攀比中胜出，就会出现更挥霍的消费，但这并不是绝对的，也不是攀比的动力。拥有金钱也许是成功的一个明显标志，但也没必要炫耀自己拥有昂贵的物品。过去，花钱是告知世界“我有钱”的主要方式，但通过类似《星期日泰晤士报》公布的富豪榜这样的排名，某人的收入和财富被公开，对金钱的竞争已与对商品的竞争分离开来。在商界高管中，金钱受欢迎是因为它不仅是消费工具，还是成就的标志。正如历史上最富有之人哈罗德森・拉斐特・亨特所说，金钱“只是记录得分的一种方式”。

不可否认，炫耀性消费也能带来好处，很多慈善活动的出发点都与炫耀有关：用自己的财富、权力或地位给他人留下深刻的印象，帮助城市修建宏伟的建筑，帮助博物馆陈列出伟大的艺术品。如今，我们在美国亿万富翁的身上也看到了同样的行为，他们正在争相做慈善。但是，正如凯恩斯的朋友、艺术批评家罗杰·弗莱指出的那样，只有在文明高度发达的社会，势利的行为才会催生大量令人想要拥有的商品。[33] 今天的大多数捐赠行为都带有功利性目的。

显然，不知足的个体因素和社会因素相互交织。许多所谓的“社会性稀缺”商品之所以稀缺，是因为它们对虚荣的消费者有吸引力，或是因为它们提供了炫耀性消费的机会。比如，“一流”大学的学位除了可以提供拥有“一流职位”的机会，还有满足人们虚荣心的作用。有品位的人也许只是因为稀缺性商品是“生活中最好的东西”而喜欢它们，通过拥有这些商品，来证明他们是有品位、有财富的人。林德提出带上各种精巧的装备去度假的想法，不仅反映了渴望获得与自己工作地位相对等的消费”，也反映了和其他人的装备进行比较的心态。找不到不知足的个体因素和社会因素的重合之处，这在很大程度上归咎于我们划分学科的方式，这种划分方式强行在对人类行为的理解方面设限。

但是，我们没必要在关于不知足的不同解释中做出选择，或者按照重要程度对它们进行排序。如果不知足的程度超过某一点，它会导致我们离美好生活越来越远，只要意识到这一点就足够了。

那么，是否存在不符合这种逻辑的可能性呢？我们将在第 3 章看到，不知足的倾向一直遭到哲学家和道德家的谴责。它植根于人性和人的社会性，而非资本主义这种特定的经济制度所独有。但是，资本主义通过释放人们之前受习俗和宗教所禁锢的不知足倾向，点燃了我们内心的欲望。

第一，资本主义的竞争逻辑促使公司通过操纵消费者“欲望”等方式开发新的市场。广告毫无顾忌地利用我们的不满足心理，不断地在我们的耳边鼓吹：“只有消费‘更多’，我们的生活才不会死气沉沉、平庸无趣。”正如通用汽车研究实验室前负责人所说，广告是在“有组织地创造不满足”。[34]

第二，资本主义极大地拓展了地位竞争的范围。在经典著作《论美国的民主》中，托克维尔注意到，美国的“普遍平等的条件”是滋生功利和贪得无厌的本性的肥沃土壤。[35] 在欧洲，托克维尔声称没有人关心挣钱这件事，因为较低阶层的人对挣钱不抱希望，而较高阶层的人一想到挣钱就觉得俗不可耐。但是在美国，工人们相信通过辛勤工作就有可能获得享受奢华生活所必需的财富。在美国，社会平等和收入不平等并存，这成为资本主义的基本状态，驱使每个社会成员都在相互竞争。财富的不平等程度越大，竞争的压力就越大。经济学家理查德·弗里曼写道：“如果工资相差悬殊，人们就有巨大的动力增加所得，比如选择长时间地工作。”在贫富差距大的国家，工人的工作时间往往更长，从事薪资水平差异较大职业的工人又往往比从事其他职业的工人工作得更加努力。[36] 这可能就是美国人和英国人比欧洲人工作时间更长的原因。

第三，自由市场一直对“一定数量的金钱就意味着足够”这种想法抱有敌意，认为这种想法无能却高人一等，压抑了我们改善生存条件的渴望。亚当·斯密设定了基调，他写道：“对自己的处境十分满足，以至不想做出改变或改善的人很少，即使有这样的人，他的满足也转瞬即逝。”[37] 亚当·斯密认为积极进取之人长时间地被优雅生活的标准制约（这种情况在欧洲国家比在美国严重），但这些人最终克服了所有障碍。以前，银行家一有能力就购买房产，然后从商界退出；现在，他们也许还会购买房产，但也会持续地关注和投资股市，以此积累更多的财富。如今，与 90 多年前不同的是，如果有人用“我的钱足够过上绅士生活”来解释他为什么不工作，那就太荒谬可笑了。

第四，资本主义通过使经济不断货币化加剧了不知足。这可以从两个方面来看。一方面，资本主义倾向于使越来越多的商品和服务市场化，也就是说，可用货币交换的商品和服务的范围不断扩大，越来越易于人们进行直接比较。在土地可用货币计价以前，很难对两处房产的价值进行直接的比较，而今天，这样的比较毫不费力。越来越多我们重视的东西被定价，从而进入关联竞争的范畴。比如，教育越来越不被视作过上美好生活的方法，而是增加人力资本价值的手段。

另一方面，通过扩大以货币计价的商品和服务的范围，资本主义点燃了人们对金钱的狂热爱好。正如马克思为了提醒我们而援引的歌德的那句话所说：金钱开始“爱上它自己”。[38] 期货、衍生品和其他金融产品的交易者不需要知道自己最终交易的商品是什么，他们活在纯金世界里，失去了对商品价值的感知。如果说玩世不恭意味着知道所有东西的价格却对它们的价值一无所知，那么，世界金融的中心就是玩世不恭的滋生地。

凯恩斯的错误在于，他认为被资本主义释放出来的贪欲可以因充裕而得到满足，人们自此以后便能自由地享受文明的成果。这是因为他认为人的欲望是有限的，但他没想到资本主义会产生一股创造需求的新动力，冲破习俗和良知的束缚。尽管今天的我们更加富裕，但我们实现美好生活的起点相比他那个时代更低。资本主义在创造财富上取得了前所未有的进步，但是我们却无法把这些财富用于文明建设。

人们建立了一种体系，把贪欲从道德的牢笼中释放出来，但却几乎无法把贪欲重新关进道德的牢笼，或控制住它。我们怎么会做这样的事呢？这是第 2 章要探讨的主题。

第 2 章

失控的浮士德式交易

你是救赎的天使，还是会拖我入地狱？

——塔季扬娜，歌剧《叶甫盖尼·奥涅金》

对于资本主义文明，凯恩斯怀有一种矛盾的情感。为了得到好的结果，这种文明将坏的动机放出了牢笼，而把道德打入冷宫，直到我们达到富足状态，每个人才有可能过上美好的生活。凯恩斯写道：“谈论上面所说的这一切现在还为时尚早，至少还得等上 100 年。而现在我们必须自欺欺人地把美的说成丑的，丑的说成美的，只是因为丑的有用，而美的不能带来实惠。在相当长一段时期内，我们仍然还得把贪婪、高利盘剥和谨慎奉为神明。因为只有这些才能把我们从经济必要性的沼泽中带出，走上康庄大道。”[1] 凯恩斯明白，在意识层面，资本主义文明给以前被视为邪恶的动机发放了通行证，以换取未来的回报。资本主义文明和黑暗势力达成了交易，作为交换，它将确保我们如愿以偿过上美好的生活，不再有辛劳、烦恼、暴力和不公。我们称这种交易为“浮士德式交易”，以纪念那位把灵魂出卖给魔鬼的著名博士。作为回报，他得到了知识、快乐和权力。

故事起源于乌托邦这个古老的梦想，随后演变成打造人间乐园的历史性计划，在过去的 300 年里，它激发了西方人的想象力，直至现在人们仍旧在为此努力。人类的雄心抱负要有道德底线，这种理念构成了现代之前有关美好生活的所有概念的基础，但在追逐乌托邦的过程中，这一理念消失殆尽，蛰伏中的创造力和破坏力被释放出来，并被寄予厚望：将人类带向成就高峰，成为自然世界的主宰。在这段历史进程中，最伟大的思想家试图想象出一种终极状态，也就是说，到了那时，人类会感到十分满足，从此过上美好的生活。但事实上，我们却发现自己创造的机器失控了，我们掉进了没有目的地追求进步和永无止境地追逐财富的陷阱。

乌托邦：从理想到历史

世人一直梦想着这个世界没有苦难，没有不公平，尤其应该没有工作。亚当和夏娃被安置在伊甸园，“树从地里长出来，可以悦人的眼目，其上的果子好作食物”。直到后来，亚当、夏娃堕落，上帝惩罚他们必须辛苦劳作才能有饭吃。“肥沃的土地主动献出其丰饶的物产”（赫西俄德），“每条河流都流淌着葡萄酒……鱼儿会把自己烤熟，上到餐桌上来”（特勒克莱德斯），这些就是希腊诗人梦想中的“黄金时代”。[2] 几个世纪以来，这些古老的梦几乎没有变化。在中世纪的安乐乡里，到处都是烤猪，它们的背上插着餐刀，四处走动。《巨石糖果山》是 20 世纪 20 年代的一首流行歌曲，它描绘了这样一个世界：母鸡下的是半熟的鸡蛋，酒从岩石上淌下来，只有蠢人才会去工作。

这些民间流传的乌托邦之梦世俗且天真，反映了人们对闲散、舒适生活的渴望。哲学家宣扬的公民乌托邦则不太讨人喜欢，他们认为人的欲望应受理性政府的约束，而不是轻易就能满足。这种观点可追溯至柏拉图的《理想国》，它描绘了一座由文明的精英守护者治理的理想之城，他们共同分享包括女人在内的一切，并且规定了与女性繁衍后代的婚嫁年龄。1516 年，托马斯·莫尔写出《乌托邦》一书，赋予这一理念正式的称谓。这部作品的笔触同样冷漠淡然：各个阶层的人共同拥有财产，而不是只归统治者所有；人们一天只工作 6 个小时，但工作时间的缩短不是依靠技术进步实现的，而是通过定量配给饮食来严格控制人的食欲，结果“生活中的小乐趣受到了严重破坏”[3]；饮酒被禁止，所有人都穿着一模一样的灰黄色衣服；闲暇时光不是用于消费（没有什么东西可用于消费），而是“快乐地学习、辩论、阅读、吟诵、写作、散步以及玩游戏”[4]；“每个人都在盯着你，所以，你实际上是在被迫工作，并以适当、合理的方式打发空闲时间”；女人要服从男人的命令，多次通奸的人要被处死。[5]

所有在现代文明之前出现的乌托邦都有一个共同特征：它们都不符合历史事实，要么是神话，要么属于永远无法重现的过去（伊甸园、黄金时代），要么根本就没有在世上出现过。柏拉图的理想国纯粹是一种想象，是飘浮在经验世界之上的梦境。正如莫尔的乌托邦对应的希腊词汇“outopia”所表达的那样，这是一个“不存在的地方”。除了凭借理想自身的说服力之外，柏拉图或莫尔对于如何实现自己的理想一无所知。（柏拉图充满希望地谈到要让哲学家成为国王，但我们不清楚他对此到底有多认真。）问题是，历史并没有如当时设想的那样为实现乌托邦提供契机。它没有体现出进步的动力，就像四季轮回一样，只是一种从诞生、兴盛到衰亡的周期性过程。强大和扩张之后是奢侈和堕落，如此周而复始。尼科洛·马基雅维利简洁地总结了这种特点："勇猛产生安定，安定助长安逸，安逸导致混乱，混乱带来毁灭。反之，毁灭萌生秩序，秩序催生勇猛，接踵而至的是荣耀和好运。"[6]1891 年，教皇利奥十三世宣称："一个世纪里发生的事就好像另一个世纪里发生的事。"[7]到了 20 世纪，我们看到的则是斯宾格勒、汤因比和索罗金的循环历史观。

犹太教先知，尤其是以赛亚，率先提出了另外一种历史观，即历史是正义与邪恶斗争的故事，并且以正义获胜达到高潮。这种观点认为历史的进程是有方向的，而不是周期性的；是正义的，而不是邪恶的。它取代了马基雅维利的历史观，并期盼一个完满的结局，也就是"豺狼必与绵羊羔同居，豹子与山羊羔同卧"。这种历史观被早期的基督教沿袭下来，终极时刻即"基督的再次降临"。《启示录》预言将出现"一个新天新地"，在那里"不再有死亡，也不再有悲哀，哭号，疼痛，因为以前的事都过去了"。

千禧年的种子深植于基督徒的意识之中，随时准备在艰难或动荡的时候萌芽。但是，主流基督教教义却审慎地与之保持距离。圣·奥古斯丁曾是柏拉图学派的成员，他没有把他的"上帝之城"设置在历史的尽头，而是完全置于时空之外，不过，"人类之城"却要听任古老的周期性命运的摆布。因此，神的历史和世俗的历史被严格区分开来，但是两者交织的可能性始终存在。弗洛拉的约阿希姆是 12 世纪的一位神秘主义者，在圣父、圣子、圣灵三位一体的基础上独创了一套关于人类历史的理论体系。圣父时代因基督降生而终结，圣子时代即将结束，圣灵时代即将来临，届时，所有基督徒将在一个新的精神王国里团结起来，不再受法律条文的约束。可以确定的是，约阿希姆指定的那个年份到了，又过去了，但什么都没发生，于是，他的教义被贬斥为邪说。[8]

与浮士德式交易相关的想法是，邪恶属于救赎计划中不可或缺的一部分，这种想法隐藏在基督教许多理论的背后。正像很多神父观察到的那样，如果亚当没有堕落，基督就不会降临到这个世界上。那么，亚当的罪就是一桩“快乐”的罪，是“幸运”的堕落。但是，开这种先例是危险的做法。圣保罗反问道：“我们是否应该继续犯罪，以便让恩泽广存？”回答是坚定不移的：“上帝不许！”除此之外，基督教正统观念从未给出其他答案。为了实现未来的良善而容许现在的邪恶存在，这完全是天意。人类绝不能顺从天意，而要遵从国家的法律，法律绝对禁止邪恶。

但是，随着正统基督教派的控制在欧洲宗教改革后有所松动，圣保罗的问题被重新提出。雅各布·伯麦是 16 世纪路德教会的神秘主义者，他在上帝身上看到了一种黑暗、动态的特质，他称其为“深渊”。约翰·弥尔顿笔下的撒旦是一个高尚、善辩的人物，而不是中世纪那个丑恶的半人半羊形象。威廉·布莱克说过一句著名的话：弥尔顿是“邪恶的同党，而他自己却不知道”。布莱克本人比伯麦和弥尔顿更激进，他把邪恶看作一股充满生气的、富有创造性的力量，是对静态的、谨小慎微的美德的一个必要补充。威廉·布莱克在《天堂与地狱的婚姻》中写道："没有对立就没有进步。吸引与排斥、理性与能力、爱与恨，它们都是人类生存所必需的东西。这些对立产生了宗教人士所谓的善与恶的概念。善是被动的，它源于理智；而恶是主动的，它源于冲动。"[9]

当凯恩斯写《我们后代的经济前景》那篇文章时，这种神秘主义传统中的诸要素可能萦绕在他的脑海里。（顺便说一句，凯恩斯对炼金术非常着迷。）但是，凯恩斯之所以支持浮士德式交易，更直接的原因在于经济学的纯粹世俗传统。

经济学家：从贪婪到自利

文艺复兴发明了（或重新发现了）利用人类欲望管理社会的方法，而不是把欲望当成邪恶加以矫正。马基雅维利写道，贤明的国君对待子民的方式应该是让他们有自主性，而不是对他们提出诸多要求，利用子民的浮躁、虚伪和贪婪心理来达到自己的目的。政治上，对德行的检验是以成功为标准，而不是以良善为标准。马基雅维利的教义令基督教道德家们大为震惊，以至"老尼克"在英语中成了"恶魔"的代名词。但是，他的想法还是引起了他人的注意。托马斯·霍布斯和约翰·洛克都追随马基雅维利，他们把政府描述为和平地满足人类的欲望，而不是压抑人们的欲望所做的设计。在这些"现实"的国家教义背后是一种值得称赞的雄心壮志，那就是把人类生活中的暴力风险，尤其是宗教暴力降至最低。18 世纪是更加和平的年代，尝试将人类的激情转移到有益的事情上，这个任务就落到了经济学家的肩上。

在科技时代之前，拜金主义在道德上被视为可耻的行为，而且具有破坏性。奥古斯丁斥之为人类罪恶的行为，甚于对权力或性的迷恋，道德型政治家往往也对此表示赞同。经验表明，贪婪和奢侈会伤及文明国家的元气，使它们成为还未受到财富玷污的、好战的野蛮人的猎物。这个古老的模式支持塞勒斯特和其他罗马人的循环历史观，它也出现在马基雅维利、孟德斯鸠和吉本的思想里。

过多的财富会导致社会堕落，这样的想法存在于武士贵族阶层或者有市民武装的共和政体中。但是，在现代之前的欧洲国家中，军人是一种特殊职业，这种想法就没有太大意义了。当时，君主有充分的理由鼓励人们创造财富，增加财政收入，以此招募雇佣军，或者供养常备军队。如此看来，财富积累可被看作获得权力的手段，而不是削弱权力的不道德行为。如果财富和权力相辅相成，那么经济周期最终可能会被打破，从而使持久的经济进步成为可能。

18 世纪初，这套新的思想体系成为欧洲主要商业强国的施政基础，如英格兰和荷兰。但是，这两个国家仍然持有贪婪和奢侈是不道德行为的理念。如此一来，虚伪就成了不可避免的结果，直至被一名荷兰裔英国三流作家伯纳德·曼德维尔（1670—1733 年）以讽刺的手法戳破。

曼德维尔是经济学界的马基雅维利，他致力于帮助人们努力看清人性的本来面貌，而不只是相信道德家的说教。有些人明明享受到了贪婪和高利贷的好处，但嘴上却反对这么做，曼德维尔对这些人的虚伪进行了抨击。他曾写过一句著名的话："美德是政治的产儿，正如谄媚是傲慢的生父。"[10]这是曼德维尔可怕的一面。作为医生，他专攻"疑病症和歇斯底里症"。闲暇时，他会写些讽刺文章和政治小册子。批评家对他的冷嘲热讽感到震惊，在有学问的人看来，他的作品闪耀着邪恶的灵感。[11]

曼德维尔最出名的作品是《蜜蜂的寓言》，创作方式有点与众不同。这是一首长篇打油诗，带有哲学意味，描述了一个难以对付的蜂群的命运，蜂群显然比喻的是 18 世纪的英国。曼德维尔笔下的蜜蜂沉溺于"欺诈、奢侈和骄傲"，但借助"国家的手腕"，它们成功地将这些"恶行"转化成工商业的"利益"：

> 贪婪，恶之源，
> 它是受诅咒的有害恶习，
> 是挥霍的奴隶，
> 高尚的罪。
> 还有奢侈，
> 雇用了上百万穷人，
> 可憎的傲慢雇用了百万人还多，
> 嫉妒和虚荣，
> 就是工业大臣。[12]

美德出现后，繁荣不再，蜂巢被毁，蜜蜂们开始变得节俭，却导致财富缩水。这种描写深受凯恩斯的喜爱，他在《就业、利息和货币通论》中引用了《蜜蜂的寓言》的好几个段落。曼德维尔的观点很简单——你可以富有而言行邪恶，也可以穷困而德行高尚，但不能集富有和美德于一身。你想要哪一种呢？

曼德维尔对邪恶、傲慢的处理方式适用于王朝复辟之后的英国，但半个世纪以后，一种世俗的清教主义取而代之。现在，把邪恶视为新进步科学的基础是不可原谅的做法，讽刺就更不可以了。但是，当时进步的思想家们很快就找到了一种让曼德维尔的讽刺不再自相矛盾的方式，那就是重新定义善与恶，使它们与经济的效用和负效用保持一致。大卫·休谟是这个新方法的倡导者，他写道："似乎任何道德体系都会抨击邪恶，但它在总体上却对社会有利，这是一种自相矛盾的说法。"[13] 于是，人们逐渐弃用"贪婪"这个词，而改用中性的"自利"。而且，"贪婪"一词只用于形容病态的或犯罪版的财富获取方式，比如囤积或诈骗。同时，普通商业活动被形容为一种虽然不英勇却有益的事。约翰逊博士说过："在人可干的事情中，很少有比挣钱更纯洁的了。"与他同时代的法国人孟德斯鸠则谈到了"商业贿赂"。[14]

一旦赚钱这件事不再受道德的谴责，它就被人们完全以因果关系来看待。休谟的朋友、苏格兰哲学家亚当·斯密一马当先。1776 年，他在个人著作《国富论》中指出，人类天生受到自我改善欲望的驱使，在自由竞争的条件下，好像被"一只无形的手"引导着去增加公共福祉。牛顿的机械论自然观因此延伸至经济学领域，自私自利承担起地心引力的角色。这是一个革命性的观点。传统道德将社会看作一个致力于公益的企业，但对于亚当·斯密而言却恰恰相反，他认为社会纯粹是自利个体之间的一种因果关系。不可思议的是，亚当·斯密称上帝为“宇宙的指挥者”，上帝只是启动了大自然这部机器，让自利的个体去自行谋求利益。正如诗人亚历山大·蒲柏说的那样：“因此，上帝和大自然构成了总体框架，使利己主义和社会融为一体。”[15]

亚当·斯密有关自利的学说不仅把贪婪变成了美德，还把传统美德变成了恶习。奢华的炫耀性消费行为被抛弃，取而代之的是“节俭”或“储蓄”。在亚当·斯密的政治经济学中，禁欲主义被定义为有道德的自利，也是社会进行资本积累的直接原因。* 施舍不受鼓励，因为它助长懒惰；淫欲极其有害，因为它会让人无心赚钱和积累财富。正如弗洛伊德后来所说，财富的增长需要压抑人的本能。

亚当·斯密的经济学是知识经济化的胜利，它是奥卡姆剃刀定律在人类社会行为方面的创造性应用。狂暴的激情被简化成自利这个单一的动机，赋予经济学独特的分析能力。正如马基雅维利的政治学所宣扬的那样，经济学不必再为理解和管理多变且矛盾的激情而担心。出于自身利益而追逐财富成为人们的主要动机，它将所有其他动机归于一边。亚当·斯密不像追随他的人那

---

* 在以下经典著作中，新教在经济领域的重要性得到了充分体现，比如马克斯·韦伯的《新教伦理与资本主义精神》，理查德·托尼的《宗教与资本主义的兴起》。

么吝啬，除了有“自利”的动机，他承认还有一个“同情”的动机，并在《道德情操论》中对后一种动机进行了详细论述。但是，随着经济学的形成，这些复杂性逐渐被消除。对人类“实际是什么”而非“应该是什么”的研究，变成了一座无法攻克的数学堡垒，蛊惑了它的追随者，并且令其他所有人的声音都弱化成徒劳的抗议。

亚当·斯密对自利的辩护并没有令所有人信服，却让经济学有了“夺走美德的光辉和消除恶习的刺痛”这样一个名声。托马斯·里德是早期的批评者之一，他指责亚当·斯密的道德理论是用公平掩饰自利的工具。埃德蒙·伯克唱起了古典保守派的挽歌：“骑士时代一去不复返，代替它的是诡辩家、经济学家和数学家的时代，欧洲的荣耀将不复存在。”[16] 对商业主义的抵制来自美国和法国的革命者，他们想回到古罗马的“共和美德”时代。

亚当·斯密自认为反驳了曼德维尔的“自利体系”，但事实上，他并未完全抛开这个体系。[17] 曼德维尔的核心观点是“利用邪恶的欲望完成有益的事业”，它存在于亚当·斯密“看不见的手”的理论之中，通过将“邪恶”重新定义为一种无害的人性，就洗刷掉了它身上的魔鬼气味。“效用”和“偏好”这些中立的词语让资本主义的浮士德式交易的邪恶气息消失于无形。

亚当·斯密只在很少的场合才表露出他对曼德维尔的亏欠心理。其中之一就是《道德情操论》中的一段文字，它描述了富人的恶行如何有益于整个社会的利益。（顺便说一下，也就是在这段文字里，亚当·斯密首次提出了“看不见的手”这个原理。）他写道：

> 虽然他们只在意自身的利益，他们追求的唯一目标是满足自己的虚荣心和欲望，但是他们与穷人分享了自己所有的成果。他们被一只“看不见的手”引导着，完成了生活必需品的分配，这与把土地平均分配给地球上的所有居民几乎没有什么两样。因此，他们在非有意为之而且不知情的情况下，为社会增加了福祉。[18]

在此，亚当·斯密公开地重新拾起有关贪婪、虚荣和贪得无厌的传统道德观念。

尽管竭力掩盖，但亚当·斯密仍然无法对商业体系对工人的生活和性格产生的恶劣影响视而不见。他对劳动分工的扭曲效应的描述要早于马克思：

> 如果一个人一生都在从事几种简单的劳作，其结果或许总是相同的，也可能相差无几。他会没有机会运用其理解能力或发明能力去找到解决难题的方法；他会自然地失去这种能力，变得愚蠢和无知。这导致他不能理解或参与任何理性的对话，也不能形成任何慷慨、高尚或温柔的情感，最终他对许多人，甚至是个人生活中的日常职责都不能形成任何公正的判断。[19]

尽管底气不足，但亚当·斯密还是总结说，希望有朝一日教育能消除这些使人变得愚钝的倾向。然后，他就把这个话题丢到了一边。显然，他考虑过大头针工厂单调乏味的劳动分工是为了获得未来的利益必须付出的代价。

现在有必要暂停一下，来看看亚当·斯密推翻古典善恶组合的“得”与“失”论。“得”指的是促进经济增长的动机获得了释放，只要对社会有利，个人欲望就会得到许可；而“失”指的是失去作为集体成就的社会福利，其结果是个人在市场中追逐私利。契约的逻辑与互惠的逻辑分离开来，而在大多数人类文化和社会中，互惠的逻辑是经济不可分割的一部分。随着经济的发展，我们越来越难以区分“欲望”和“需要”。从这个角度看，凯恩斯是新古典经济学的继承人，这也是他所阐述的“满足”的概念显得离奇有趣的原因。

亚当·斯密的著作写于工业时代到来之前，他没有想到经济可以无限增长。事实上，他和同时代的人根本未谈及增长，而是谈及“改善”，这是一个隐含了道德和物质条件的词汇。这条路的尽头是“静止状态”，在这种状态下，改善的可能性为零。所有古典经济学家心中都有一个这样的终点，只是富足的程度各有不同。

托马斯·马尔萨斯和大卫·李嘉图是亚当·斯密观点的传承者，但他们没有亚当·斯密那么乐观。马尔萨斯写《人口原理》是为了挑战威廉·戈德温的乌托邦观点，即财产重新分配将使全民富足成为可能。该书的逻辑是直截了当的循环论：如果没有道德上严格的“遏制”措施，人口将不可避免地超过土地的供养能力，人口的变化还将影响收入升降的周期。1817年，李嘉图出版了《政治经济学及赋税原理》一书，在马尔萨斯观点的基础上加上了“土地报酬递减”的看法。经济学家所能做的无非就是对过去的理论进行适当的修正，由此，经济学获得了“沉闷的学科”的名声。

19世纪中期，在工业化开始发挥作用之后，约翰·斯图尔特·穆勒将一个更加乌托邦主义的愿景呈现在人们的眼前。穆勒认为，在既有的富裕水平上，假设人口增长得到控制，英国就有可能让其居民过上美好生活。他认识到“欲望”的相关特点，但不明白为什么如果想要收入分配更平等，就应该抑制竞争。

> 我承认，我没有被某些人抱持的人生理想所迷惑。这些人认为，人类的正常状态是挣扎求生，以及彼此蹂躏、倾轧、推挤和踩踏，它是人类最渴望的命运，而不是工业化进程的某个阶段令人不快的症状。它也许是文明进步中的一个必要阶段，即使那些目前有幸免受其害的欧洲国家还是不得不经历这一切……但人类社会的最佳状态是没有穷人，没有人会渴望变得更富有，也没有任何理由担心自己会被他人挤到后面。[20]

在穆勒之后，无论是沉闷的还是乌托邦式的，“静止状态”这个概念退出了经济学领域，直到凯恩斯使之复活。

浮士德与魔鬼的赌局

被世俗科学的理性语言弄得难以理解的真相却出现在诗歌里，这令人吃惊，也令人困惑。为了实现经济增长而与邪恶达成交易，经济学家无法公开承认这一点，只能用掩人耳目的形式，美其名曰“成本”。在《浮士德》神话中，我们找到了这种交易的完美象征。《浮士德》是独一无二的现代神话，并非传承自古代异教传统或《圣经》。它代表了一种不同于古典文化和基督教主流教义的思想，即在凡世中，邪恶不仅是一种需要抵制的消极力量，还是一种富有创造力的积极力量。

《浮士德》的故事原型是一个真实的人物，即德国学者约翰·浮士德（约 1480—1540 年），他的成就被有些人归于他与魔鬼达成了交易。在该故事的最早版本中，浮士德只是一个中世纪人物，身兼炼金术士和魔术师的双重身份，善于借助魔鬼的力量达到引诱和欺骗他人的卑鄙目的。但随着人生阅历的变化，他舍弃了炼金术士的过往，变成了一个独特的现代人物，一名力图征服自然的科学家，并因为自以为是而遭到可怕命运的折磨。

伊丽莎白时代的剧作家克里斯托弗·马洛写出了第一部有关浮士德的戏剧作品。在《浮士德博士的悲剧》这部戏中，浮士德的罪行是追求无限的知识和至高无上的权力。他不但梦想着征服女性，还梦想着拥有成就伟业的权力：用一道铜墙把德意志围起来，让莱茵河环绕着威滕伯格流动，让学生们穿上绸缎衣服，把西班牙赶出荷兰。事实上，浮士德博士把魔鬼赋予他的权力浪费在了鸡毛蒜皮的事情上，当魔鬼要求他履行约定时，可怕的结局出现了。但是，他的雄心壮志并没有完全遭到鄙视。“在50年的时间里，浮士德从一个历史人物以及之后的传奇性骗子……演变成文艺复兴时期一个为权力而疯狂的悲剧英雄。”[21]

当马洛构思作品中的浮士德形象时，脑海中想的也许是与他同时代的哲学家、政治家弗朗西斯·培根。弗朗西斯·培根被称为“现代科学之父”，他是第一个提到征服自然的人。为了颠覆古代和中世纪的思辨方法，他提出了“探求真理”的方法。他的名言是：“人的知识与人的力量合而为一，只要不知道原因，就不可能产生结果。”马洛察觉到了培根想法中的“魔鬼”气息。他为培根的想法盖上了一个浮士德式的棺罩，至少在欧洲，这个棺罩再也没有被打开。

19世纪初，浮士德成为持续努力的现代人的象征：虽然容易犯错，但还是值得被爱的。歌德的《浮士德》可被视为政治经济学家对“幸运的堕落”的文学表达。上帝派遣魔鬼靡非斯特去把人类（浮士德）从睡眠中唤醒，借助靡非斯特的力量，浮士德做出各种可怕的事情，但最后他的灵魂得以升天，因为他付出了“极大的努力”。浮士德从缺德的恶作剧者升级为世界史中的英雄，这反映了基督教正教力量日渐式微。它代表了一种异教思想：在与魔鬼的交易中，最终获胜的是人类。

歌德的第一个创新之处是以“天堂里的序幕”作为其作品的开端，说的是上帝与魔鬼靡非斯特的交易。人类是按照上帝的形象创造的，有进步的潜能，但天生懒惰，缺乏好奇心。“人很容易消沉，不久他们就什么也不想做了。”所以，上帝向靡非斯特提出一项交易：只要他持续地使人类保持活跃，他就可以待在这个世界上，不然就会被放逐到“尘土”，在创世之时上帝已经将尘土委托给了蛇。靡非斯特看到了让人类过上罪恶的享乐生活的机会，于是他告诉上帝“我不担心会输掉这场赌局”，他有信心把上帝的仆人浮士德引入歧途。歌德的第二个创新是把浮士德与靡非斯特的传统交易变成一场赌局。靡非斯特会无限期地向浮士德提供服务，而不是传统的 24 年期限，如果他能让浮士德完全满意，靡非斯特就有权支配浮士德。浮士德接受了这个赌局，因为他知道靡非斯特提供的快乐、奢华和富有权力的生活永远也满足不了他。浮士德告诉靡非斯特，如果他本人宣布对现有的事物感到满足，那么他将接受永远的诅咒。“这一刻如此短暂，我希望它不要逝去，并说出‘你真美，请停留片刻’，然后，就让这一切结束于此。你可以用锁链把我拴住，为我敲响丧钟。我对此表示完全接受，你也不用再服侍我。”于是，浮士德开始了他的新生活：“我想要的就是整天享乐，除此之外，我别无所求。”[22]

“幸运的堕落”这个主题贯穿于浮士德的所有行为中，浮士德犯下的每一宗罪都是他改善人性的前提。在书的第一部分，浮士德爱上了一位单纯的乡下女孩格雷琴，以至要为了她而“停止时钟”。但是，靡非斯特想要延长在人世间停留的时间，便通过为浮士德提供任何他想要的女人而破坏了这段爱情。当一系列由魔鬼引发的灾难导致格雷琴死亡时，浮士德发誓将证明自己值得她的爱。因此，犯罪是救赎的必要前提。

“幸运的堕落”这个主题贯穿第二部分的始终。在第二部分，歌德将马洛戏剧中奇幻的内容改编成情节有所发展的故事。格雷琴去世数年后，浮士德来到查理五世的宫廷。他没有像马洛戏剧中描写的那样，为了取悦皇帝而召唤亚历山大大帝的灵魂，而是利用魔法让整个王国变得富有，让皇宫有钱举办奢华的化装舞会。歌德的寓意是清晰的：金钱是建设精神文明的一种工具。该作品的结尾部分讲述的是，上了年纪的浮士德被封为一处帝国采邑的地主，并着手建设封地，他修建了防洪堤坝和运河，填海造田。但是随着计划的推进，他需要驱逐（靡非斯特改为谋杀）固执的农民菲利蒙和博西斯夫妇，他们拒绝从故土搬离，这显然暗示的是18世纪把农民从土地上赶走的圈地运动。浮士德打算不借助魔鬼的帮助去完成这件事，他感叹道：“现在，我几乎可以说：‘时间，请停留片刻吧，你真美。’我的努力不会消失，多少年甚至无论何时都不会。想象着这种无与伦比的快乐，我现在正在品味和享受这个生死关头。”[23]

刚一说出“我现在正在品味和享受这个生死关头”这句致命的话，浮士德便倒地毙命，正像他曾发誓说的那样，他会死于满足。这应该是人生最美好的时刻，它激发了浮士德建造人间乐园的渴望。但是，歌德使用技巧给浮士德的满足状态设置了条件，以回避这样的结论：魔鬼只能帮助人类达到现在的程度，完美属于天堂。所以，他在上帝和靡非斯特之间分配战利品的方式是：魔鬼获得浮士德的身体，而上帝获得浮士德的灵魂，因为浮士德非常努力。

歌德自称《浮士德》是一本“疯狂的书”[24]，却从未解释“它是什么意思”。就像所有伟大的诗篇一样，它既精辟又难懂。用哲学话语说，它最重要的遗产就是辩证法，其宣扬的理念是进步取决于持续的“否定”或对传统道德的颠覆。这个概念从歌德传到黑格尔，再传到马克思，成为一笔重要的思想遗产。

如今，我们不太愿意为了取得进步而放纵邪恶。歌德笔下的靡非斯特式的赌注让我们觉得十分荒谬，这种做法只在忘记了邪恶现实的年代才会出现。1948 年，德国哲学家卡尔·雅斯贝斯写道：“我们遇到的境况让我们没有兴趣读歌德的《浮士德》，如果我们确实想读，那么我们会去读莎士比亚、埃斯库罗斯的作品或者《圣经》。”[25] 歌德不相信人类的完美，但他也不相信原罪。另外，他认为欧洲已经永久地超越了野蛮时代，否则他就不可能把靡非斯特刻画成一个尚可亲近的魔鬼。对于我们这个时代而言，歌德在道德问题上的态度似乎不太严肃。这正是托马斯·曼的小说《浮士德博士》的言外之意，令人费解的是，它保留了马洛的作品名称，却把浮士德这个人物变成了疯子，这是受到诅咒的世俗版本。

资本主义真的会灭亡吗?

卡尔·马克思喜欢歌德，因为在歌德的作品中，他利用靡非斯特这个人物揭去了自亚当·斯密以来经济学家们盖在资本主义的浮士德式交易上的面纱。马克思揭露了资本主义真实的曼德维尔色彩，即贪婪和不满足。但是，他也加入了某些曼德维尔缺乏的内容：他确信资本主义的代价不是个人为了自己或家人的利益而自愿承受的，而是资产阶级强加给他们的。想要摧毁这股势力，并在地球上建立正义的王国，就必须走暴力革命的道路。

马克思对资本主义的批判基本上是道义方面的，他认为资本主义太不公正，它会走向终结。资本主义迫使工人与其生产工具分离，与其特殊的人类本质分离，从而易于受到剥削。资本主义把“人类多产的生命”奉献给了“金钱制度”，牺牲使用价值以获得交换价值。在这方面，马克思继承了亚里士多德及其中世纪追随者的传统，正如理查德·亨利·托尼评价的那样，他是“最后一位经院哲学家”。

尽管资本主义不公平，但它却是人们脱贫的工具。简而言之，它是另一种“幸运的堕落”，是天意发挥作用的一部分。在1853年报纸上发表的一篇文章里，马克思点评了英国在印度的统治方式，认为它唤醒了一个停滞的社会，“不管英国犯下何等罪行，但它成了历史无意识的工具”，[26]自此，马克思主义者对资本主义的批判辩证地体现在：一方面，资本主义是必须被推翻的邪恶力量；另一方面，它又成了进步的工具。

黑格尔的辩证法是解决马克思对资本主义矛盾心理的最佳思辨工具。在黑格尔的哲学中，历史是理性增长的，是约阿希姆所描绘的世俗化。人类意识或理解的每个局部、不完整的阶段都会对自身产生否定或拒绝，它会被一个更完整、更高层次的意识吸收，直到获得绝对的理性。在这个过程中，现实是由思想决定的。因此，历史使命“由特定的国家或阶级不知不觉地完成，尽管它们既带来罪孽，也不乏热情”。[27]

马克思接受了黑格尔的哲学理念，但受其早期政治经验的影响，他对于黑格尔的“普鲁士是纯粹理性国家”这种说法表示怀疑，并把黑格尔笔下的思想冲突改变成阶级冲突。马克思认为历史就是一部阶级冲突的故事，存在决定意识，反之则行不通。在马克思看来，宗教是有产者用来蒙蔽无产者的精神面纱，目的是让无产阶级意识不到自己的真实境遇。

马克思只弄懂了“辩证唯物主义”的一个阶段，即从封建主义过渡到资本主义。[28] 在这个过程中，财富越来越多，在政治上处于从属地位的“市民”变成了资产阶级，他们推翻了基于土地的封建制度。资产阶级是第一个系统性剥削劳动人民的阶级，他们利用攫取的剩余价值进行生产和投资，而不是用于购买奢侈品、发动战争或修建教堂等。反过来，资本主义又成了生产力进一步提高的阻碍，所以，它必须被无产阶级推翻，并以共产主义取代它。

在技术层面，马克思需要解释为什么资本主义注定会灭亡。它理应结束，剥夺者理应被剥夺，否则正义就得不到伸张。但是，资本主义为什么会消亡，它将如何消亡？马克思一生的大部分时间都在尝试解决这个问题，但并未找到答案。虽然马克思出于正义需要这么做，但他却没有办法证明这一点。

1848年，马克思写出了凝练有力的《共产党宣言》，这是马克思在成为经济学家之前对辩证法的最清晰的表述。对于资本主义的浮士德式交易的特点，没有人比马克思描述得更加淋漓尽致。资本主义创造的生产力比过去一切世代创造的全部生产力还要多、还要大，[29]它把一切民族，甚至是最野蛮的民族，都拉进了文明社会……它按照自己的想象创造了一个世界。[30]但是，由此付出的代价也是巨大的："所有固定僵化的关系，以及与之对应的古老而受推崇的偏见和评价，都被一扫而空。一切固化的东西烟消云散，一切神圣的东西均被拉下神坛……"[31]

马克思是第一位给资本主义的毁灭性赋予恰当的道德权重的经济学家。像亚当·斯密和歌德一样，他把这种毁灭性视为取得进步必须付出的"代价"。但因为马克思写作《共产党宣言》时，工业革命已经开始了80年，他明白无论是代价还是进步，都比这两人想象的大得多。虽然如此，在马克思看来，资本主义打破了"固定僵化的关系"，是因为它残酷地释放了人类的本性，同时却也催生了能够摧毁它的武器和阶级。

但是，《共产党宣言》的辩证思路至此突然中断，取而代之的是瑰丽之辞。作为对玛丽·雪莱的小说《弗兰肯斯坦》的回应，马克思把资本主义比作"再也无法控制被其魔法召唤来的地狱力量的一位魔术师"。[32]资本主义创造了自己的"掘墓人"。[33]马克思相信这一时刻终会到来，《共产党宣言》发表20年后，他在《资本论》中信心满满地预言道："资本主义私有制的丧钟就要响了，剥夺者就要被剥夺了。"[34]

马克思坚信资本主义必将覆灭。《共产党宣言》发表之后，他在大英博物馆花了 20 年的时间试图证明这一点，却没有成功。马克思关于资本主义的灭亡提出了两种设想，即社会主义和周期性经济危机。他对前者的论述最为透彻，这基于中年时与李嘉图的交锋中所产生的剥削理论。马克思认为，通过掠夺工人劳动力之外的一切，资本家从工人身上榨取到大于工人工资的价值。这个差额就是“剩余价值”，它是利润的来源。然而，随着机器越来越普遍地取代工人的劳动，利润率将下降，因为购买机器的成本不可能低于安装它们的费用。如果资产阶级试图通过增加“剥削率”来维持剩余价值，那么最终将会引发无产阶级革命，摧毁资本主义制度。但是令马克思没有想到的是，通过技术投资，劳动生产力有可能提高。这会促使实际工资增加，而不会造成利润率下降。

马克思认为资本主义所面临的另一个致命危机是周期性经济危机。“当经济危机来临时，不只是大批产品被摧毁，大部分产能也会被摧毁……因为有过多的文明、过多的工业和商业……资本主义社会的容量过小，以至无法容纳它们创造的财富。”[35] 这些表述指向消费不足理论，但马克思随后并未赋予其很大的意义。该理论后来由英国自由主义者约翰·阿特金森·霍布森和德国马克思主义者罗莎·卢森堡加以延伸。卢森堡问道，假如实际工资的增长停滞，体力劳动者们如何获得足够的购买力，去消费越来越多的产品呢？“毕竟，投资的唯一目的是生产出可以获取一定利润的产品。如果产品卖不出去，资本家为何要投资呢？”[36]20 世纪30年代，凯恩斯也问过相同的问题；21世纪前10年，西方国家的实际工资相对而言低于资本的回报。因此，这个问题仍然中肯。

鉴于资本主义的“垮台”存在着巨大的不确定性，马克思对资本主义之后的世界未能给予更多的关注也就不足为奇了。他的朋友兼革命战友恩格斯认为，在“必然王国”之外还有一个“自由王国”。但是，马克思不想因为“未来的小饭馆”而徒添烦恼。在《〈政治经济学批判〉导言》的序言中，马克思有一段著名的论述：“无论哪一个社会形态，在它们所能容纳的全部生产力发挥出来之前，是决不会灭亡的；而新的更高的生产关系，在它存在的物质条件在旧社会的胞胎里成熟以前，是决不会出现的。所以人类始终只提出自己能够解决的任务。”[37]这是马克思放弃他那个年代的乌托邦梦想的方式，他认为人们可能“上午打猎，下午捕鱼，傍晚从事畜牧，晚饭后从事批判，这样就不会使我老是一个猎人、渔夫、牧人或者批判者”。[38]列夫·托洛茨基的预测进一步认为，在共产主义社会里，普通人会“达到亚里士多德、歌德和马克思那样的高度，在此高度上进而将达到新的顶峰”。[39]

未兑现的承诺：从马克思到马尔库塞

《资本论》于1867年出版，在这之后的100年里，社会主义革命并没有出现在所谓的条件成熟的国家，而是在马克思认为条件还不成熟的国家取得了胜利。1956年，约翰·肯尼思·加尔布雷思把关注的焦点转移至财富病。他的著作《富裕社会》阐明，西方国家的公民现在很富裕，生计问题不再紧迫。简而言之，凯恩斯所说的富足时代（提前）到来了，是时候放慢增长速度去享受美好生活了。加尔布雷思的想法相当严肃，他认为应当把更多的新财富投入公共服务之中。但是，他的观点被 20 世纪 60 年代的年轻激进分子接纳，并被转化成更加激进的行为，他们的偶像不再是马克思，而是弗洛伊德。

20 世纪 60 年代，社会中弥漫着一种特别容易让人兴奋的气息，这在那个时代的人身上留下了永久的烙印。虽然乌托邦著作和乌托邦社群一直存在，但这是乌托邦有史以来第一次从阴影中走到了阳光下。时间虽然短暂，但却既有理论，又有实践。彻底摆脱辛苦、烦恼、冲突和战争的乌托邦之梦，差不多俘获了那个时期年青一代的思想和心灵。自由的爱和富足是所有乌托邦梦想的特点，这一次也不例外。嬉皮士头上戴着鲜花，他们拒绝物质匮乏时代所要求的职业道德，因为世界似乎不再需要他们为了生计而工作。在这个狂欢时刻，性、毒品、音乐、神秘主义、反战运动和革命的浪漫主义混在一起。

这一时期乌托邦的物质基础是“令人愉快的不断增长的收入”[40]，这让出生于 20 世纪 40 年代的婴儿潮一代摆脱了对工作的不安全感。“二战”过后的 25 年里，发达国家的人均收入不但比以往增长得更快，而且更稳健，甚至发展中国家也有这种趋势。人们对资本主义危机的担心消失了。[41] 这个问题不再是实现富足的障碍之一，而是享受富足的障碍之一。

对于这一时期倡导乌托邦的哲学家而言，花园里引诱人的蛇不是资本主义，而是技术。西奥多·罗斯扎克提出了“技术集权主义”，[42]它疯狂的特殊嗜好是核武器竞赛，正当世界处在重回天堂的节骨眼上，核武器竞赛却成了对世界的毁灭性威胁。《奇爱博士》这本书记录了这场噩梦。虽然技术也让人类摆脱了贫穷，至少北美人的情况如此，但技术是把双刃剑。正如耶鲁大学法学教授查尔斯·赖克所说：

> 技术让“人性的改变”成为可能，长期以来，人类寻求改变，却因为物质匮乏而不得。事实很简单：当每个人都有足够的食物和居所时，便不再需要把社会建立在“所有人彼此敌对”的假设条件之上。我们所说的人性是“必要性”的产物，即稀缺和市场机制的必要性。新的人性（爱和尊重）也遵守必要性法则，即只有共同努力，我们才能收获技术时代的果实。[43]

20世纪60年代晚期，虽然学生抗议蔓延到了西方世界所有的教育机构，但其核心还是在美国。原因包括美国有“乌托邦”实验的传统，美国人比欧洲人更富有，以及美国卷入了越南战争。也许最重要的因素是，美国年轻人接受高等教育的比例更高。与大多数欧洲的年轻人相比，美国许多年轻人进入职场的时间更晚，可能相差五六年的时间。马克思主义者把大学看作培养新一代革命者的工厂，在理论的推动下，激进主义成为一种校园现象。

在这些人当中，没有谁比流亡哲学家赫伯特·马尔库塞更有影响力，他利用大量的日耳曼学识宣扬性解放的新学说。1955年，马尔库塞出版了《爱欲与文明》，1964 年出版了《单向度的人》，它们被抗议学生奉为“圣经”。他提出的“压抑的宽容”为激进分子定义了美国文明的特质。马尔库塞遵循犹太弥赛亚主义的传统，即“所有关于真实可信的人类价值的讨论都被归结为末世论”，它“开启了一扇通往不知悔改和乐观的乌托邦大门，却不能用一个基于未被救赎世界的概念来描述”。[44]

尽管马尔库塞的文章常常晦涩难懂，但他也是一个爱开玩笑的人。他说唯一真正进步的态度其实是否认的态度，“凡存在的就不可能是真的”也是他的妙语之一。因为共识即真理这一既定事实其实是对真理的否定，只有通过“否定之否定”才能发现真理。“批判理论”是他从传统智慧中找到的解放思想的工具。一名曾在加利福尼亚州圣迭戈大学听过他的课的学生写道：“马尔库塞有一种独特的天赋，能让康德、黑格尔和马克思与一群学生产生关联，看上去就像在为一部由好莱坞拍摄的青少年电影分配角色一样。”[45]

《爱欲与文明》对西方文明进行了弗洛伊德式的解读，但其中看不到弗洛伊德的悲观主义。弗洛伊德所说的“死亡本能”不是人性固有的，而是存在于对人性的压抑之中，尤其是西方资本主义制造的“额外压抑”里。由于工作自动化，这种压抑现在被视为多余的，但它仍被有权势的人保留着，因为这可以为他们的利益服务。

等到写作《单向度的人》时，马尔库塞对革命的期盼已经弱化。他写道："对社会变革的容纳，也许是先进工业社会最奇特的成就。""消费主义、广告、大众文化和意识形态"使个人融入资本主义秩序，实际上摧毁了"批判哲学"的任何希望。[46]现代社会不再需要恐惧，因为它拥有了技术。

《单向度的人》描绘了一个充斥着"快乐意识"的噩梦世界，除了它的背景是当代美国之外，还堪比《美丽新世界》中的反乌托邦。技术赋予每一种本能有限且受约束的表达方式。对立的思想无须受压制，因为这种情况不会再发生。文化被比作购物，异见则交由精神病专家处理。问题在于这是一个快乐的世界，马尔库塞形容它为"压抑性的俗化"，压抑"恰好达到能促进需要得到满足的程度，这就需要不停地为赶上同类而进行激烈竞争，而且要有计划地淘汰旧物……"[47]人们不必再追求解放，因为它已经被装在漂亮的礼物盒里送走了。战争会继续，但只在"外面"，即在发展中国家。

在一个被快乐意识主宰的世界里，变革的社会基础消失了。工人阶级成为既定秩序的支持者，完全拒绝属于"政治无能"。自动化也许能让人们从工作中解放出来，但技术仍控制着他们的思想。真的是这样吗？"处于社会底层的是放逐者、局外人、其他种族和肤色的被剥削者及被压迫者，以及失业者和没有机会工作的人"[48]，他们是革命的新幽灵。但是，他们比马克思设想用来震慑资产阶级的幽灵要虚弱得多。马尔库塞总结道："这只是一个机会。"

我们当然知道乌托邦不可能实现，这并不令人感到惊讶。乌托邦是完美化的社会，它绝不会在现实世界中存在。为什么人们实现乌托邦梦想的努力没有取得很大的进展？

最明显的原因是，西方经济无法兑现普遍富足的承诺。实际情况是，20 世纪 60 年代的抗议运动后，奉行凯恩斯主义的国家很快就垮台了，这些国家都是建立在即将实现富足的期望的基础上，乌托邦的梦想破灭了。工作不稳定的局面重现，更平等的收入分配趋势被逆转，技术带来的毁灭又回来了。在里根和撒切尔夫人主政时期，资本主义社会恢复了以往的海盗式掠夺精神，而通过政府的管理实现普遍富裕的梦想逐渐消退。

但是，即使以过往的速度继续增长，20 世纪 60 年代的乌托邦梦想也注定无法实现。马尔库塞开始意识到资本主义有“包容”社会变革的能力。事实证明，经过修正后，年轻人的性、毒品和摇滚文化与现有经济力量的延续完全相容，从而促使资本主义成功地将性革命商业化，并把它吸收、转化为可以销售的产品。无论是犯罪还是革命，暴力成为娱乐业的一个标准组成。资本主义制度展现出遭受痛击却不会被打倒的巨大能力，它就像一个巨大的拳击沙袋，无论受到多大力气的捶打，还是会反弹回来。

马尔库塞选择“包容”这个词说明他预先做出了自己的判断，包容也涉及多元主义。自由民主社会给许多反对贪婪的人以栖身之所。对于马尔库塞来说，政府和行业工会都是压抑体系的一部分，必须完全予以否定。类似地，对于法西斯主义和民主的本质上的差异以及各自的恐怖程度，马尔库塞也未能给予适当的重视。他对“死亡愿望”的过度强调深受纳粹大屠杀和核毁灭威胁的影响。他对核避难所的描述表达出他对“快乐意识”的最大讽刺：那面铺着定制的地毯，却像消费型社会那样混乱。

马尔库塞无视“原罪”这个显而易见的事实，这是他的根本错误，也是所有空想社会主义者的错误。他把所有与性有关的邪恶（嫉妒、色情作品、施虐狂等）都看作被资本主义压抑的产物。如果消除这种压抑，性将自动恢复到孩子般天真无邪的状态。这是一种肤浅的哲学，弗洛伊德从未认可过它。性欲从根本上与权力、脆弱性密切相关，这意味着对它的控制不是一种转瞬即逝的现象，而是文明得以生存的基本条件。

马尔库塞不仅忽视了这一点，还忽视了欲望的程度。他认为欲望的增长是由邪恶的生产机器导致的，只有从这些生产机器中解脱出来，欲望才会下降到“自然”水平。他并未意识到欲望是会增长的，除非受到道德规范的制约，否则不会停止。20世纪60年代的享乐主义顺其自然地导致了20世纪80年代的消费主义。

我们认为资本主义建立在浮士德式交易的基础之上。贪婪的魔鬼获得了行动的自由，前提条件是要让人类脱贫致富，然后永远消失。一个富足的天堂将会随之到来，所有人都能自由地过着过去只有少数人才能享有的快乐生活。在马克思、穆勒、马尔库塞和其他人的作品中都能找到这个神话的不同版本。虽然时间和机制各不相同，但他们都认同，无论如何，快乐时光迟早会到来。不然，辛劳、肮脏和心理扭曲又是为了什么呢？资本主义需要一个光芒四射的愿景，否则它所带来的羞辱将令人无法忍受。

但是，就像童话故事告诉我们的那样，魔鬼只会从字面而不会从精神上兑现承诺。诚然，我们现在比以往任何时候都更富有，尽管没有达到凯恩斯预期的水平，工时也已经有所下降。但是富足的天堂并没有到来。可以预见的是，在未来，不懈地追求物质利益仍然是我们大多数人要做的事情，就像穆勒说的："彼此蹂躏、倾轧、推挤和踩踏。"经济的康庄大道本应引领我们进入"乐土"，但现在我们却看不到它的尽头。

如第 1 章所述，凯恩斯的错误在于，他假设人的物质欲望是有限的，总有一天会完全得到满足，我们便可以自由地追求"较高层次的东西"。然而经验告诉我们，物质欲望没有止境，它会无穷无尽地增长，除非我们有意识地抑制它。资本主义的存在恰好依赖于欲望的无限膨胀，这就是为什么尽管资本主义取得了各种成功，它还是不为人所爱。它虽然可以给予我们不可估量的财富，但却夺走了财富的最大益处——让我们意识到知足。

过去的思想家不会有这些幻想。虽然他们也像凯恩斯一样，认为攫取是人的内在目的或目标，但与凯恩斯不同的是，他们不认为一旦目标达成，人会乖乖地停止攫取行为。他们知道，积累财富的冲动总会倾向于过度，只有靠意志才能抑制它。他们没有想过让这种冲动摆脱道德的约束，因为他们看不到可以让其取得较好效果的"辩证法"。古代智慧在这一点上是一致的，就连享乐主义的代表人物伊壁鸠鲁也认为，快乐是通过压抑所有不必要的欲望来实现的，其中包括对财富的欲望。

启蒙运动之前的经济学思想常被视为顽固和无知的大杂烩，因而不受重视。但是，当代社会未能实现乌托邦，这使之前的经济学思想开始受到较为友善的对待。现在，我们很清楚的一点是，资本主义不具备自动演化为更高级制度的特点。如果放任它，欲望会让我们既无休无止也漫无目标地追逐财富。那么，让我们重温现代之前那些几乎被人忘记的人物，他们也许掌握着解决当下困境的秘密。

第 3 章

财富的价值

谁是富人？无所求者。谁是穷人？吝啬之徒。

——奥索尼厄斯

在浮士德式交易出现之前，关于财富的思考受到“有限”这个概念的约束。虽然对于这些限制的具体内容存在争议，但它们的存在从未受到质疑。维吉尔、马基雅维利和圣方济各虽然在观点上有所分歧，但都同意这一点。印度和中国古代的思想家也同意这一点，我们将在本章看到相关介绍。

亚里士多德为现代经济学思想提供源头，有两个原因。第一，与极端的前辈柏拉图不同，亚里士多德没有试图依靠纯粹推理构思出一种理想的社会。他的目标只是把受过教育的同代人的观点组织起来，形成一个体系。在评价亚里士多德的经济学著作时，约瑟夫·熊彼特认为它“正派、单调、略显平庸，其中更多的是有些浮夸”，虽不无讽刺之意，但并非完全没有道理。[1]第二，亚里士多德的经济学思想对 12—17 世纪所有的经济学理论都产生了主导性的影响。他创建了一个经济学思想体系，尽管被多次修改，但一直延续了下来，直至被亚当·斯密的经济学理论体系所取代。

“亚里士多德的经济学著作”这种说法自然不合时宜，因为他根本没有听说过经济学这门学问。亚里士多德知道的是“家政管理”，“经济学”是从这个词演化而来的，前者指家政管理的艺术，比如酿酒所需要的葡萄的栽培技术或者惩罚奴隶的方法。我们现在所知道的亚里士多德经济学，是从他的《政治学》和《尼各马可伦理学》中摘取出来的两部分内容，分别讨论的是获取和交换，这两个焦点关乎道德和政治。商业作为公共生活的一个侧面，像其他所有侧面一样，受到正义和美德的制约。亚里士多德的理论中不包含经济学，因为当时还没有现代意义上的经济，即不存在拥有独立运行法则的社会领域。

亚里士多德不知道“经济学”是一门学问，这并不令人感到惊讶。公元前 4 世纪，雅典仍是一个以农业为主的社会，家庭是基本的生产单位，家庭中的成员包括男主人、他的家人、被赡养者、奴隶和临时雇工。大多数家庭都是自给自足的，以交换为目的的生产规模很小，而且仅限于某类商品。人们虽然广泛使用货币，但资本或信用几乎不存在，货币拥有者直接将钱埋在土里。在这样的社会里，交易和借贷行为自然被理解为出于私人目的，因此既有友好的一面，也有不友好的一面。具体的商业动机不为人所知，但被视为一件阴险反常的事情，而不是正常社会功能的一部分。道德的视角是全方位的。*

像所有物种一样，人也是有目的性的，即达到一种满足或者已经实现目标的状态，这是亚里士多德伦理思想的第一个原则。亚里士多德将此目的等同于美好的生活，这是唯一不用追问原因的事情，因为提出这个问题没有任何意义。除了追求自身的完美以外，生活别无目标；为了某个遥远的目标（比如革命或公司品

* 这一解释具有争议性。我们走到今天，遵从所谓的“原始主义”学派，该学派认为在古代经济和现代资本主义之间有一条鸿沟。参见斯科特·米克尔的《亚里士多德的经济学思想》，牛津：克拉伦登出版社，1995 年。

牌）而牺牲完美是愚蠢的，甚至是糟糕的。但是，这并非允许自我沉溺。在流浪汉梦想的世界里，母鸡下的是半熟的鸡蛋，酒会从岩石上淌下来，但在亚里士多德看来，这个人并没有追求美好生活的欲望。欲望需要培养，并能指向真正令人满意的目标。道德教育是一种情操教育。

如今，道德辩论受到两种势力的左右，一方认为道德是一种责任，另一方认为道德是主观的自我表现。然而，很少有人拥护亚里士多德的美好生活理念。对于倡导责任的一方而言，亚里士多德的理念过于以自我为中心，并且有自我夸耀之嫌。环保积极分子也许会说："我的责任不是过上一种美好的生活，而是拯救这个星球。"而对于认为道德是一种自我表现的另一方来说，前者看上去就像一种可怕的家长作风。诚然，每个人需要根据自己的喜好和信念找到"美好生活"的答案。歌手弗兰克·辛纳屈唱道："用自己的方式"，对此我们表示鼓掌赞同。责任和自我表现这两种观点驱使我们对现代的道德生活分而治之，一个负责约束我们和同胞的交往，另一个负责管理我们的个人认知。如此一来，哪还有空间留给美好生活。

相比之下，在古代社会，"如何过得最好"这个问题是道德辩论的核心。其答案从古希腊政治家伯里克利提出的政治扩张主义，到伊壁鸠鲁及其追随者提出的哲学寂静主义，不一而足。亚里士多德对这一辩论的主要贡献是提供了一种中和的观点。对于公民道德和军人荣誉，他不吝赞美之词，但最终还是回到哲学层面，那是一种充满欢乐的生活方式，"纯洁和稳固到令人惊讶"。[2]

（亚里士多德显然对现代哲学一无所知。）然而，重要的不是这场辩论的细节，而是所有参与者都同意以下两种假设。第一，如果不考虑品位或信念，某种生活方式会比其他的生活方式更好。第二，最好的生活方式就是有闲暇的生活方式。对于古希腊人来说，工作完全是达到目的的手段，所以，他们连争取美好生活的权利都没有。只有不具备外在目的性的活动才可以进入备选名单，首要的便是哲学和政治，它们都是非工具性表达。正如我们将会看到的那样，这些看法将作为遗产而留存于世。

亚里士多德认为，美好生活不仅需要卓越的品质和才智，比如勇敢、节制、慷慨和智慧等，还需要某些必不可少的“外部商品”。“除非获得必需品，没有人能过得很好，甚至无法存活。”[3]亚里士多德眼中的必需品包括耕地、种地的奴隶、住房、衣服和家具等。至于这些具有使用价值的“物品”的确切种类和数量则取决于生活方式。政治生活的必需品较多，而哲学生活的必需品较少。但是，正如苏格拉底的那些“苦行僧”追随者所说，没有哪种形式的美好生活是完全无须这些具有使用价值的物品的。无论简朴或豪华，任何形式的美好生活都对使用价值有所需求。人一般只需要一定数量的衣服、床和房子，如果超过这一限度后继续囤积，比如伊梅尔达·马科斯拥有 2 700 双鞋子，那绝对是疯狂的行为。一个正直的和有节制的人只需要购买能使他过上美好生活的东西，然后就会停止囤积。

但是，除了使用价值，财产还有另一种价值，我们再次借用马克思的说法，称其为“交换价值”。使用价值和交换价值的关系让亚里士多德备感困惑。* 使用价值多种多样，而且无法做比较。床和猪以迥然相异的方式有助于人们过上美好生活：一个用于睡眠，另一个是食物。这张床可能比那张床好，但要说一张床比一头猪好显然是无法比较的，更不用说价值相差 5 倍。然而，如果我们用一张床交换一头猪，或者以货币衡量它们的价值，这就相当于我们预先设定了一个衡量标准。这种从“不等”到“相等”的转换是亚里士多德始终都没有解开的谜。交换是一种形而上学的丑行，违反了事物性质的唯一性，许多后来的思想家也遇到了同样的烦恼。德国社会学家格奥尔格·齐美尔哀叹道，这是“生活的具体价值沦落为货币的媒介价值”。[4] 凯恩斯也是一个真正的亚里士多德派，他认为“商店就是商店，而不只是九九乘法表的一个应用场景”。[5]

尽管“交换”让亚里士多德备感烦恼，但他并没有激进到直接谴责它。他接受自己提出的交换是“获得财富的天然艺术”这种说法，即把生活中的美好事物供应给家庭和国家。但是，当这种获得财富的天然方式遇到另一种非天然方式时，问题就产生了。货币是伊甸园中的毒蛇，因为它让人联想到一种可能性：购买商品不是为了使用它们，而是要卖掉它们以获得更多商品，这是以物易物者所不知道的事情。货币原本只是一种交换工具，但它很快就成为自身的一个目标，而使用价值却沦为工具。房子、

* 马克思的说法非常契合亚里士多德的叙述，这并非偶然，因为马克思深受亚里士多德的影响。

农田和器具真正的使用价值被剥夺，转化成众多中立的货币价值存储物。工具变为目的，目的变为工具，这种颠倒的状况随着高利贷的出现达到极致，因为后者“以钱赚钱，而不是从其代表的自然物品上获利”。[6]

在这个过程中，有两件事让亚里士多德尤其困惑。第一件事是，这个过程让每项人类活动的恰当目的从属于赚钱这个附加目的。“有些人把所有技能或艺术都转化成了致富手段”，[7]这种堕落行为的结果随处可见：医生只想着收费，士兵为钱而打仗，博学者以才智换取收入，技艺也跟着遭殃。亚里士多德以希腊德尔斐生产的刀为例，这种产品有点鸡肋（就像我们如今使用的沙发床一样），主要用于切割。亚里士多德认为，如果主要是为了赚钱，而不是为了产品本身，产品的质量就有可能很差劲。通用汽车公司首席执行官托马斯·墨菲说过：“如果通用汽车的目的是赚钱，而不是生产汽车，那么有品位的汽车爱好者最好别买通用汽车。”

困扰亚里士多德的第二件事是贪得无厌。如我们所见，使用价值有一个控制端，即美好生活，超越这一点是没有意义的。相比之下，货币则没有这种控制端。作为一种纯粹的流通工具，它的用途就像人的欲望一样五花八门，而且没有止境。如果有充分的理由将财富从 1 000 英镑增加到 1 万英镑，就有同样充分的理由将财富从 1 万英镑增加到 10 万英镑。当然，有形财产也可以无休止地积累，但这种行为要么是明显不理性的（如伊梅尔达·马科斯），要么释放出一种信号，表明目标商品被当成价值存储工具。金钱是一种拥有多少都不嫌多的东西，原因很简单，“足够”这个概念不适用于金钱。世上存在完美的体魄和美满的幸福生活，但不存在足够多的财富。

不只是亚里士多德对不知足有所担忧，很多古希腊人也有同感。诗人兼立法者梭伦说过：“人对财富的追求是无止境的。”传说中的迈达斯国王被赋予点石成金的魔力，但他最终却饿死了，这是一个牺牲使用价值来换取交换价值的典型例子。希腊喜剧作家阿里斯托芬的戏剧作品《财神》聪明地诠释了相同的主题。财神普洛托斯的仆人切米卢斯对他说：“永远不会有人讨厌你。”

> 人拥有的其他东西都有过剩的时候，比如爱、面包、文化、干果、荣誉、蛋糕、勇气、无花果、抱负、大麦面包、权力、汤等。但是，对于钱却没有人嫌多过。如果一个人拥有 8 万德拉克马，他就会想要拥有 10 万德拉克马；一旦他得到了 10 万德拉克马，他又会说，除非拥有 25 万德拉克马，否则就白活了。[8]

对无边无际和无限状态的存在持否定态度，是包括天文学和数学在内的古希腊思想的一般特征。亚里士多德认为，作为完美的天体，行星做的一定是圆周运动，也就是有限的运动。毕达哥拉斯非常讨厌无理数。古希腊人认为没有无止境的工作，也没有无穷无尽的浪漫，他们绝不是浮士德那样的人。

虽然古希腊哲学家对“需要”（need）的解释千差万别，但他们都像亚里士多德那样，坚持认为“欲望”（want）应以“需要”为限。出生于锡诺帕的第欧根尼是一个突出案例，他是公元前 4 世纪的犬儒学派成员，住在一个木桶里，当看到一个孩子用自己的双手接水喝后，他把自己唯一的碗也扔了。当亚历山大大帝问道能为他做点什么时，第欧根尼答道：“我希望你不要挡住我的阳光。”伊壁鸠鲁与第欧根尼是同时代的人，但伊壁鸠鲁是一个更温和的禁欲者。与其说他是素食者和禁酒者，还不如说他是“美食家”，他告诫人们：“快乐不在于欲望的满足，而在于将其减少到绝对最小值。”他的信徒们聚集在花园里对话和学习，远离市场的喧闹。

关于哲学家藐视富人的传说从古希腊传到了古罗马，这种藐视与上一章提及的罗马共和国的简朴传统相契合。对贪婪、奢侈以及无节制的性的谴责，成为攻击富人的一种标准武器。古罗马诗人贺拉斯激昂地抨击守财奴：“无论酷暑还是严冬，无论刀山还是火海，都不能阻止你获利。除非你成为世上最富有的人，否则什么也拦不住你。”[9] 罗马每个学派的哲学家都赞同节俭；同时，不具备哲学思想的人受到禁奢令的制约。正如我们必须训练自己一旦吃饱就不再吃一样，我们还必须训练自己一旦获得了足够多的财富就停止积累财富，无论个人还是集体，都要这样做。

亚里士多德和其他古代哲学家会如何理解现代的困境呢？他们不会对贪婪和挥霍的个例感到吃惊，因为古代世界也有像迈达斯和克罗伊斯这样的人。他们不会对欲望激发出的活力感到吃惊，这在古代世界也存在，只不过规模较小。但是，如果他们看到我们没有把这些事情看作一种邪恶，而是把它们看作社会机制中正常且不可缺少的一部分，甚至看作生命力的标志时，他们一定会诧异至极。亚里士多德认为不知足只是一种个人的恶行，他绝对想不到我们会把政治上精心设计的集体不知足称为“增长”。正如法国哲学家伯特兰·德·儒弗内尔形容的那样，“永远想要更多”的文化给亚里士多德留下了道德受损和政治疯狂的印象。

古代欧洲和古代亚洲的金钱观

出于某种原因，亚里士多德经常被人视为推崇奴隶制寡头政治的思想家。他对美好生活的憧憬恰恰反映了它所形成的时间和地点。它没有给自然之乐、孤独之乐、艺术创作之乐或宗教狂热留出空间，而这些都是基督教和浪漫主义教导我们应该欣赏的东西。当然，它是专属于希腊绅士的，妇女、野蛮人和奴隶被排除在外。这种为公元前 4 世纪雅典的社会秩序所做的辩解能给今天的我们带来什么好处吗？

对亚里士多德的评价大多都很有道理，但也忽略了他思想中最深刻、最持久的内容。亚里士多德对美好生活的愿景可能是狭隘的，但是美好生活的确存在，而且金钱只是实现美好生活的工具，他的这两个假设是世界上所有伟大的文明共有的，并非西方文明所独有。通过严格阐释这两个假设，亚里士多德建立了一个智识架构，使之能够广泛地适应不同的道德构想。犹太教、基督教和伊斯兰教的信徒都可以运用这个框架，甚至在与西方文明差异很大的古印度和古代的中国，我们也能发现类似的框架。虽然有如此广泛的共识，但我们却热衷于把积累当成目的，而且为了积累而积累，这很反常。因此，我们有必要对一些情况加以解释。

基督教的诞生表明人们对经济的态度发生转变，但并非变革。基督教要求教徒们不要忘记田野中的百合花，这是对贪婪和奢侈的道德谴责。基督教徒有别于他们的异教祖先，只是因为他们把弃世作为一个群体行为，而不是个人的独立行为。“兄弟之爱”取代了“自给自足”，成为弃世的动机。基督教认为穷人是“大地的继承者”，因而对他们有一种特殊的怜爱；金钱是“不义之财”，因而对它有一种恐惧。[10] 毕竟，正是金钱诱使犹大背叛了耶稣。这种反商业主义正好属于古典主义和犹太教道德情操的一贯范畴，基督教新在别的地方。

基督教对古代的影响主要体现在二元论上，二元论指的是积极生活和沉思生活。正如我们所见，这两种观点之间的争论是古代辩论的核心内容。现在，沉思生活获得了绝对领先的地位，它与禁欲主义是一致的，而世俗的积极生活则退居次席。同时，工作仍然是地位卑下的“第三等级”的职责。中世纪继承了亚里士多德的两个假设，即某种生活方式是美好的生活方式，而且是不再需要工作的生活方式。它与古代世界的唯一差异在于，中世纪简单地确立了到底什么才是美好生活。

由于古代世界和中世纪世界之间的这种连续性的存在，当亚里士多德的著作于13世纪早期通过信仰伊斯兰教的西班牙人传回信仰基督教的欧洲时，人们已经做好接受它们的心理准备了。在《神学大全》一书里，有一段典型的亚里士多德式的文字。托马斯·阿奎那写道："因为物质有助于达成目的，所以人们渴望得到物质是很自然的事情。因此，只要这种欲望被限定在既定目的的容许范围内，就没有什么过错。贪婪超过了这些限制，因而有罪。"[11] 不用说，这位"天使博士"在"目的"的概念上与亚里士多德大相径庭，因此，需要有一种不同（但差异也不太大）的商品概念来支持它。但从结构上讲，这两种解释是相同的。它们都认为人类为了实现美好生活而限制对财富的追求，也都认识到人性中的强大力量有超过这些限制的倾向。

亚里士多德对高利贷的谴责俘获了中世纪人的心。他的论证核心听起来就像一个文字游戏：利息之所以被称为利息，是因为它是金钱的后代。但因为金钱天然不能生育，这使它的"后代"既不自然，又令人憎恨。对于神学来说，这种把利息描述成有某种魔鬼血统的说法是令人无法反驳的。在12世纪格兰西所著的《教会法汇要》中，有一段文字堪称精辟："借助高利贷最卑鄙狡猾的设计，黄金不断地产出黄金。永远不会满足，贪心没有尽头。"[12] 放高利贷通常被视为与变态行为同等恶劣的罪行，但丁把犯下这两种罪行的人一同扔在地狱的第七层。同时，代表贪婪和放高利贷的人物形象也出现了，他们通常是身材矮胖的男人，冷酷无情，手握钱袋，长着鹰钩鼻，有时还会排泄出硬币。这些形象的确很怪异，但不失为一种真实的心理反应。古往今来，艺术家、作家将金钱的生产力和子宫的繁殖力进行类比。在美国小说家纳撒尼尔·霍桑的作品中，迈达斯把自己的女儿变成了黄金。因此，他唯一的“后代”就是金钱。

但是，如果不考虑修辞学，中世纪晚期基督教的基本倾向与商业是相融的。这是资本主义扩张的第一个伟大阶段，教会也无力制约它。关于高利贷和公平价格的教义逐渐受到限制和弱化，最终被废止。但是，跟新教教会不同，天主教教会从未完全放弃让经济活动从属于一个更高目的的计划。马克斯·韦伯写道：“这种为获取财富而获取财富的行为实际上是可耻的，它之所以被容忍存在，只因为它是人们生活在这个世界上不可替代的必需品。”[13] 如佛罗伦萨主教圣安东尼所说，直到今天，财富为人而存在，人不是为财富而活，这个服务于人类目的的经济秩序仍是天主教经济思想的核心。

在古印度，人们不会对美好生活进行纯粹世俗的讨论，在它的文化里，道德问题和礼制、宗教问题没有严格的区别。*然而，婆罗门的古代法典《法经》却清晰地表达了古印度人对财富和贸易的态度，而且与我们前面所述亚里士多德和经院哲学家的态度并无不同。《法经》阐述了生命的三个目标：法律、财富和

---

* 正如阿马蒂亚·森近期提醒我们的那样，古印度不缺乏世俗的智力生活，参见《惯于争鸣的印度人》。印度在数学、天文、形而上学和逻辑学上取得重要成就，并产出从非宗教角度撰写的管理学论文。但是，相对于理论和思想而言，道德仍与神话和礼制紧密相关。

快乐。三者都很好，但层次不同：法律高于财富，财富高于快乐。“当法律和利润发生冲突时，选择利润”的人便要接受严厉的惩罚来赎罪。把玩弄法律作为获取财富的手段也十分恶劣。经文写道：“让他为世俗的利益而不遵守法律吧，要是那样的话，在丰收之时法律也不会结出果实。一个人栽种一棵芒果树，除了可以得到果实，他还得到了荫凉和芳香。同样，如果一个人守法，那么他会获得其他好处。即便未获得其他好处，至少也不会危害法律。”[14] 这让我们想起亚里士多德的话：“有些人把所有技能或艺术都转变成致富手段。”像亚里士多德一样，《法经》也渴望保护更高目标的完整性，以对抗金钱的力量—— 一种可以让任何事物与其他事物进行交易的力量。

古代印度种姓制度结构，也隐含着将职业等级化，并把财富置于从属地位的思想。《法经》按高低顺序列出了四个等级：最高等的是婆罗门，即僧侣；第二等是武士和国王；第三等是农民和商人；第四等是劳工和工匠。人们对于这种等级划分与社会现实在多大程度上是相符的一直存有争议，但作为印度传统文明的理想的自我形象，它一直施加着一种重要的规范性影响。

印度种姓制度是一种社会愿景的具体表达，这种愿景与中世纪欧洲的三种社会阶级极其相似。两者都有等级高低之分，都是教士排第一，战士排第二，劳动者排第三。两者的主要区别在于商人的地位：在印度，商人的等级排在农民之上；而在欧洲，商人的地位不确定。[15] 但是，两者有一点完全一致，即相比于宗教和政治活动，劳作者的等级一般都很低。婆罗门只在需要时才被允许耕种或经商，而且也不可以把钱借给别人收取利息。* 他们的职业是指导和主持祭祀，或者成为隐士和云游四方的苦行僧。不管怎么说，这只是理想状态。实际上，就像欧洲的修道士一样，婆罗门因为拥有主持祭祀的特权而变得极其富有。但是，一个被忽略的理想也是理想。种姓制度的顶层是名义上禁欲、沉思的阶层，它的存在与西方化的、开放的商业世界观相排斥。在古代印度，不管金钱在现实生活中占有多大的比重，它都不会成为价值的最终裁决者。

西方人对于贪得无厌的顾虑已为人所知，《法经》对此也有所反映。对财富的欲望和对生命本身的欲望一样强烈，却都是徒劳的："人上了年纪，头发和牙齿会呈现出衰老的迹象。但是，对生命和财富的欲望却不会随着人的年纪增长而出现衰老的迹象。欲望，就连傻瓜也觉得难以放弃。它不会随着年龄的增长而减弱，它是一种伴随终生疾病。唯有放弃它的人才能找到幸福。"[16] 在这一点上，东西方文化之间的一致性被打破了。西方文化认为贪婪是堕落，或是欲望指向的错误方向，而婆罗门认为贪婪是欲望内含的奴性表达。因此，亚里士多德和阿奎那劝导我们，欲望要与其对象相称，而古印度的经文则极力主张要根除它。"无欲之人才能免受欲望的束缚……才能见到梵天"[17]，这一理想在佛教中被称为"涅槃"，它和禁欲主义所说的无欲心情或宁静的概念类似，除此之外，西方文化没有与之相称的同义词。

---

* 《法经》在利息问题上有分歧。《阿帕斯檀跋法经》、《磐达耶那法经》和《瓦西什陀法经》禁止收取利息，但《乔达摩法经》允许。

在粗心的欧洲人眼里，古印度和古代的中国拥有共同的“东方智慧”。但实际上这两种文明几乎不相容，就像它们各自与西方文明都存在着巨大差异一样。古代中国的高雅文化是统一和世俗的，如同古希腊和古罗马的文化，但与古印度的文化不同。因此，它能够创造出某种西方意义上的“道德”，即自由、理性地探究人的善行。与西方国家和古印度的思想家不同，古代中国的思想家对逻辑漠不关心，警句、片段和诗意是他们偏爱的表达方式，并且对涉及连环推理的长篇大论也没有兴趣，但后者却是经院派哲学家和古印度玄学家的最爱。[18]

古代中国与西方国家、古印度还有一个不同之处，即对于成为苦行僧的冲动缺乏信任，甚至备感怀疑。在古代中国，经商或放高利贷不是一种耻辱，求财也不会受到信教人士的蔑视。相反，人们会毫不掩饰地赞美金钱。这种态度上的分歧在今天依然显而易见。中国的许多商店和饭店都摆放着财神和笑面大肚弥勒佛的神像，这和它们在印度的原型相去甚远。逢年过节，人们会把现金放入红包送给孩子。在西方人看来，最奇怪的当属中国人“烧纸钱”的习俗，纸钱是送给极乐世界的人以供其开销的冥币。但是西方人确信，天国的圣城里不存在肮脏的钱财交易。

尽管中国人爱财，古代中国的文明却不倡导为积累财富而积累财富。同样，即便不如在欧洲国家和古印度所表达的那样明显，追逐财富也是从属于理想目的的。对儒生而言，财富是获得教育资源和公职的手段；对倾向于哲学思想的传道之人而言，金钱让他们有时间获得体验。这两种理想大体上与西方的积极生活和沉思生活相对应，只是它们不被视为对立的或者有等级的，而是属于独立且互补的两种生活方式。“进则儒，退则道”，这在中国是一句名言。逻辑上的矛盾因美学上的和谐而得到化解，这是典型的中国式解决之道。

孔子理想中的官员都是受过教化之人。他所谓的“君子”应学习六乐、六书，尤其要学习“礼”，即仪式礼节的规则，如此才能正直且有智慧地为国家服务。孔子倡导“君子不器”[19]，意思是人才应得到全面培养，而不是成为专才。孔子“博学而笃志”的理念备受推崇，后被吸收进中国的科举考试中，从605—1905年，它成为当时的人入朝为官的唯一路径。这是官僚政治中央集权制的典型代表，确保了1 000多年以来国家的官职都掌握在饱读诗书的文人手里，但他们对其他事情却几乎一无所知，这是晚清时代中国走向衰败的一个重要因素。

儒家学者型官员的受教育之路可不是小工程。他们要花数十载背诵典籍，掌握八股文复杂的写作技巧，即便如此，成功者也是凤毛麟角。然而，让家中的男丁通过科举考试是每个商人和乡绅的梦想，因为不管从事私营职业是多么有利可图，从事公职者的社会地位都要高出很多。俗话说：“万般皆下品，唯有读书高。”我们在西方国家和古印度遇到的问题在古代中国再次出现，即在“较高”和“较低”的生活方式之间存在一个鸿沟，无论用多少金钱都无法填平它。人们求官很少是为了内在的荣耀感，而是为了获得贪污受贿的机会，教育则被视为一种令人生厌的花费。虽然如此，那些无私的学者型官员的理想仍旧鲜明，确保了金钱永远不会主宰整个古代中国社会。

古代中国的官员被免职是常事，此时，他们会转向道家传统寻求慰藉。如果儒家是清醒和现实的，那么道家就是诗意和理想主义的。诗人李白的诗句“浮生若梦，为欢几何”[20]就是写照。道家的心境虽伤感，但却不悲惨，因为即使万物无常，瞬间的美好还是可以从不断的变化中费力谋求到的。玩味这样的瞬间即道家的生活艺术，其精髓在《三十三不亦快哉》中体现得淋漓尽致，这是 17 世纪的文学批评家金圣叹及其友人在寺庙中写下的感悟。以下为其中的五则：

> 饭后无事，翻倒敝箧，则见新旧逋欠文契不下数十百通，其人或存或亡，总之无有还理。背人取火拉杂烧净，仰看高天，萧然无云，不亦快哉！
>
> 朝眠初觉，似闻家人叹息之声，言某人夜来已死。急呼而讯之，正是城中第一绝有心计人，不亦快哉！
>
> 夏日於朱红盘中，自拔快刀，切绿沉西瓜，不亦快哉！
>
> 推纸窗放蜂出去，不亦快哉！
>
> 看人风筝断，不亦快哉！[21]

以上是作者对美好生活的观察，它与我们迄今所见的任何一种美好生活都不同。金圣叹的文字没有反映哲学或宗教理想，也没有表达对完美或自我牺牲的追求，只是记录了一些并不连贯的幸福时刻，有些是慷慨的，有些是异想天开的，有些则完全是幸灾乐祸之举。直到两个世纪以后，浪漫主义才教会西方人，让他们的思想自由自在和漫无目的地游走。

金圣叹所描写的美好生活花费很少，甚至无须花钱，这是它们具有吸引力的重要原因。如果金圣叹描写的是用熊掌炖汤喝，或得到一块美玉的快乐，那只会让我们感觉怪异。但是，他描写的是作为人会经历的基本且普遍的事情。跟享乐主义一样，道家也是一种简单快乐的哲学。它的典型代表是隐士，即离开俗世隐居起来，吟诗作画，或与友人一起喝茶品茗。但是隐士不是苦行者。渔夫和牧羊人可能会成为他画作中的点缀，隐士却绝对不会亲自从事这种卑微的工作。跟其他地方一样，在古代中国，贫穷的乡野生活是用来寄托情思的，而不是用来亲身体验的。

在古代中国的文献中，对金钱腐化作用的讨论不像亚里士多德的观点那样明确，但其态度在公元前 1 世纪的历史学家司马迁的笔下表达得淋漓尽致：

> 富者，人之情性，所不学而俱欲者也。故壮士在军，攻城先登，陷阵却敌……为重赏使也。……今夫赵女郑姬，设形容，揳鸣琴，揄长袂，蹑利屣，目挑心招，出不远千里，不择老少者，奔富厚也。……吏士舞文弄法，刻章伪书，不避刀锯之诛者，没于赂遗也。农工商贾畜长，固求富益货也。此有知尽能索耳，终不余力而让财矣。[22]

就像亚里士多德和《法经》一样，司马迁对金钱的能量感到震惊：它能让一切事务按照人的意图发生扭转。作为一名笃诚的儒家学者，他对朝廷的残暴荒淫感到格外沮丧。但同时，他似乎也认为没有什么事情可做，世界原本就是这样。他的讽刺语气反映了一种听天由命的心态，而没有改革者应有的热情。

欧洲国家、古印度和古代中国的文明都呼应了亚里士多德的基本观点，即认为商业应完全服从于政治和沉思，但同时又担心商业会导致其他活动服从于它的目的。它们还认为因贪财而崇拜金钱是精神失常的表现。三种几乎完全独立的伟大文化之间竟然达成这样的共识，因此，我们应该驻足思考。在关于人类善行的问题上，世界各地的观点不会都是错的。不管崇拜增长的人告诉我们什么，金钱在本质上仍是我们享受美好生活与美好事物的工具，而不是目的。毕竟，牺牲健康、爱情和闲暇，只换来一捆纸币或一串银行密码，还有比这更愚蠢的行为吗？

美好生活的梦想黯然失色

尽管还残留一些反响，但美好生活的概念已不再是西方世界公众讨论的话题。政治人物会以选择、效率或保护权利为借口自圆其说，但他们不会说“我认为这项政策会使人们过上充实、文明的生活”。私底下的讨论往往是人云亦云。当老师要求学生们思考道德或审美问题时，学生们却告诉老师答案见仁见智，而且口气傲慢、令人生厌。有多少老师会碰到这种情况呢？

事情发展到这种地步，它所产生的后果就是从所有的禁锢中释放出人们贪婪的本能。如果没有美好生活，获取财富就没有绝对目标而只有相对目标，即与其他目标相比“一样多”或“更多”。既然相对目标要与其他人共享，那么它必然在我们向前抓取它时远远地躲开。假设有两个人朝某个城镇走去却迷路了，虽然他们还在继续向前走，但现在的目标却成了一个人走到另一个人的前头，这正是我们当下处境的写照。所有的内在目标消失，只留给我们两个选择：走在前面或落在后面。为位置而争是我们的宿命，如果可以选择，最好是处于领先位置。

我们如何解释美好生活概念黯然失色的原因呢？在上一章，我们对“邪恶动机因结果良好而被允许”这一思想追本溯源。我们也查阅过曼德维尔、歌德、马克思、马尔库塞和凯恩斯的作品，他们都毫不含糊地认为“邪恶的动机的确是邪恶的”。他们可能促使别人产生这样的想法：公平的是不正当的，不正当的是公平的。但是他们自己并不相信。近几十年诞生的两种思想体系——现代自由理论和新古典经济学——取得了胜利，合力冲击了“公平”与“不正当”的含义。这两种思想体系实际上垄断了公众的言论，迫使古老的道德传统边缘化，成了反文化的观点。

1971 年，约翰·罗尔斯出版《正义论》一书，自那以后，自由主义者坚持认为，关于良善的对立概念之间存在中立。* 他

* 除了罗尔斯，知名的“中立主义者”还包括罗纳德·德沃金和罗伯特·诺齐克。其他自由主义哲学家对中立主义者的观点持批评态度，代表人物是约瑟夫·拉兹。但是，在更广阔的政治舞台上，中立主义者的影响力更大，而非他们的批评者。

们声称国家不应对这种或那种道德观有所偏向，而应该让公民自由地追随道德感的引领，这样才能与其他的自由权利相协调。当然，这种哲学理念不可能被普遍接纳。法国对穆斯林妇女戴头巾的态度就不够中立，任何自由的国家也不会以中立的态度对待毒品。但是，从辩证的层面上看，罗尔斯式的理想胜利了。今天，即使政策带有明显的家长作风，也会有人替它辩护，说它们有助于人们做出选择，或阻止对第三方的伤害。比如色情作品之所以被禁止传播，是因为它利用了女性或刺激男性强奸女性，这种理由令人半信半疑，而它真正的恶劣之处——低级趣味——却无人提及。在此，跟其他领域的影响一样，中立原则对公众讨论产生了寒蝉效应，将原本的道德辩论变成了次要且无益的技术探讨。[23]

国家中立的原则现在已经得到了很好的贯彻，以至我们会忘了它具有革命性。直到 20 世纪 60 年代，自由主义学说倡导的基本上是包容原则，而非中立原则。二者的区别是显著的。包容不仅意味着没有偏见，更宣扬一种积极的伦理德行：克制、平静、愉悦和对隐私的尊重。包容不排斥公众对某种道德或宗教教义的偏爱，它只强调竞争对手应该得到关心和尊敬。最后，包容不需要容忍不可忍受之人或事，而中立则必须贯彻始终。在对待恋尸癖和新纳粹等问题上，包容的国家不会像中立的国家一样陷入两难困境。

从包容立场到中立立场的转变主要有两个原因。第一个是自由新教教义的衰落，它曾是包容文化的支柱。第二个是道德和文化越来越多样化。20 世纪 50 年代以后，欧洲国家向大批的非白人、非基督徒移民敞开大门，而在美国，盎格鲁 – 撒克逊白人新教徒的优势地位受到黑人、天主教徒和犹太人的冲击。由于这些变化无论多小或只是象征性的，只要对一种宗教或文化传统公开表示偏好，就会被认为有失人格。讽刺的是，对中立的需求除了来自少数族群，还来自带有愧疚感的昔日精英，他们当中的很多人喜欢生活在容许竞争对手忏悔的文化中，而不是生活在公平但专制的世俗主义文化中。[24]

对大众生活的去道德化产生较大影响的是经济学这门学科，现在全世界的大学和商学院几乎都开设了这门课。如果不算粗略地加以概括，你会发现经济学家们刻意避免就“欲望”发表意见。约翰 · 肯尼思 · 加尔布雷思写道：“评论想得到更多食物的合理性，以及想得到更高档汽车的贪婪，没有什么能比这更明显地表明一个人在经济学常识方面的不足了。”[25] 至少在一定限度内，经济学家都会赞成满足欲望。至于欲望本身，他们则漠不关心。

经济学家的特质是这门学科的产物，该学科起源于经验主义者对亚里士多德的反抗。英国哲学家约翰 · 洛克是这场反抗运动的代表人物，他写道：“过去的哲学家徒劳地探究至善存在于财富、肉体的欢愉中，还是存在于美德或沉思中，这就好比争辩苹果、李子或坚果哪个最好吃。”[26] 洛克谨慎地承认，天堂和地狱的存在让我们对善行产生了极大的兴趣，但他又补充道，若非如此，没有哪种生活方式会优于其他生活方式。在“欲望已知性”

的口号下，这种怀疑主义的观点逐渐发展成经济学主流。欲望不再是一支会中靶或脱靶的箭，它是一个明摆着的事实，无辜且无错。没有内心渴望的美好生活，只有一系列想要得到的生活。

一旦这种现代之前的经济思想的基石被移除，其他构件就会迅速坍塌。最先倒塌的是“需要”和“欲望”的区别。在古典经济学中，“需要”是客观的，指的是对生活或美好生活的需求。相较而言，“欲望”是一个心理现象，它存在于产生欲望之人的脑海里。“需要”和“欲望”是相互独立的：孩子生病需要吃药，他却不想吃药；读者想买布莱克的书，但没有必要是第一版。乞丐谈论的是他们的“需要”，而不是“欲望”。[27]

若把美好生活的概念丢在一边，现代经济学就没必要再区分“需要”和“欲望”了。“阿瑟需要一件夹克”，这句话应被理解成“阿瑟需要一件夹克，是为了……”，省略号代表的是阿瑟的某些欲望。情急之下，经济学家也许不得不承认生存需要的存在，但他们可能也会补充说，即使这些需要也是以求生欲望（通常是可靠的）为前提条件的。另一种常见的做法是将“需要”解释为一种特殊的“欲望”，也就是那些对价格变化相对不敏感的“欲望”。它有一个专门的术语，即“缺乏价格弹性”，但这只是对“需要”这个概念的修正，而不是解释。毒品不存在价格波动，但瘾君子并不是“需要”海洛因。他们也许会谈论“需要打一针”，但除了当他们面临生命危险，否则这种说法是不正确的。

随着“需要”和“欲望”的区别坍塌，继而与它们密切相关的“必需品”和“奢侈品”的区别也坍塌了。在传统意义上，“必需品”是生活或美好生活所需要的东西。“除非获得必需品，否则人类不会过上好的生活，甚至无法生存。”[28] 相反，“奢侈品”是人类想要但不需要的东西。此外，这两个词汇还承载着不同的道德含义：必需品是人必不可少的物品，即使它们不是最重要的；而奢侈品是一种选择，是可能使人腐化的额外物品。必需品永远不应该为奢侈品做出牺牲。但是，如果美好生活并不存在，那么“必需品”仅指食品和房屋这样的维持生活所需的物品，或者满足特定社会角色的物品。从这种意义上说，它们只是在传统上而非天然有别于奢侈品。坐头等舱出行是高级经理的必需，却不是背包客的必需；室内卫生间在今天的英国被视为必需品，但在 50 年前却没有人这样认为。

第三个坍塌的是“足够”或充足的概念。如果亚里士多德派所说的“足够”意味着“过上美好的生活”，那么对于现代经济学家来说，它则意味着“足够满足欲望”。比利 · 宾特一边看着食品柜里的火腿，一边感慨道“这不够啊”，这是对后一种意义的说明。从欲望的相对意义来理解，如果我们问“多少钱才够”，人们只会耸耸肩回答“你想要多少”。当然，如果足够意味着“足以满足欲望”，就不存在超出“足够”的“欲望”。不道德的贪婪行为也会立即消失。

最后一点相当重要，现代经济学还消灭了使用价值这个核心概念。正如我们所见，对于亚里士多德而言，物品的使用价值是对美好生活的独特贡献。比如葡萄酒可提升就餐品质、增进友谊，饮食和友谊都是人的重要财富，因此它们有使用价值，而高浓度的毒品既不能提升饮食品质，也不能增进友谊，或带来其他利益，所以没有使用价值。

亚里士多德关于使用价值的概念被亚当·斯密、李嘉图关注，当然还有马克思，他们对这个概念进行了强有力的批判。到了 19 世纪后期，经济学家开始弱化这个概念，部分原因在于这是对马克思经济学的回应。新方法的开拓者、奥地利经济学派的创始人卡尔·门格尔写道："价值并不存在于商品中，不是商品的特性，也不是独立存在的事物，而是经济人对所出售商品重要性做出的判断。"[29] 这个新的概念被称为"效用"，自此，效用广为人知，成为经济学的衡量标准。效用纯粹是一个描述性概念，它表达的是"我想要什么"，而不是"我应该要什么"。如果我喜欢把钱花在毒品而不是葡萄酒上，那么毒品对我的效用就更大。

效用的发现被视为经济分析的一大进步，因为它似乎解决了亚里士多德的"永恒"的问题，即使用价值和交换价值的关系。让亚里士多德感到困惑的是，一头猪和一张床以不同的方式为美好生活做出贡献，但它们的价值却可以用单一的货币尺度来衡量。如果从这个新的角度看，这个问题就迎刃而解了。如果使用价值是"消费效用"，交换价值是"交换效用"，用门格尔的话说，两者只是"价值这个一般现象的不同表现形式"[30]。"把一种价值转变为另一种价值"这个形而上的问题不复存在，只剩下一个技术问题，即确定消费品将在什么时候被交换而不是被使用。然而，正如思想史中常见的那样，亚里士多德的问题与其说是真正得到了解决，还不如说它是被另一个容易解决的问题取代了。

不再纠缠于使用价值和交换价值之间的区别有其重要性。从亚里士多德到凯恩斯，交换价值或其纯粹的化身“金钱”已被视为一个明显而可疑的追求目标。维吉尔谈到了应受诅咒的“拜金欲”。对凯恩斯而言，如果是“为了占有”，而不只是“作为享受生活和实际生活的手段”，贪财就是一种“半犯罪、半病态的癖好，需要交由精神科医生来处理”[31]。但是，如果现代的正统观念是正确的，凯恩斯在此所做的区分就没有意义。与其所衡量的商品不同，金钱本身不可能是一个特殊的生活目标。《威尼斯商人》中的夏洛克对金钱的热情压根就不是一种积极正向的热情，而只是对未来消费而非现在消费的一种偏好，或者在某种程度上来说是对风险的规避。有些人将此看作一种智识进步的标志，我们却倾向于把它看作经济思想的倒退。

我们对现代之前的经济思想做了各种区分，比如区分需要和欲望、必需品和奢侈品，以及使用价值和交换价值。但它们都基于这样的假设，即某些生活方式在本质上优于其他的生活方式。而现代经济学摒弃了这一假设，它不再渴望实现公平，而只想创造条件，以便人们得到他们想要的“好处”。经济学家罗伯特·弗兰克对这一正统观点进行了总结：“鉴于有关美好生活的定义众多且相互矛盾，也许我们对社会制度最期待的是赋予我们每个人最大的自主权，以塑造适合我们自己的生活。”[32]经济学家没有重塑人性的雄心壮志，他们接受人们现实的样子，而不是希望他们应该成为什么样子。考虑到以天堂和乌托邦的名义制造的所有恐怖描述，对他们来说，这似乎是一个恰当的立场。

批评家也许此时会问：为什么我们会把经济学家说的话特别当回事呢？毕竟，他们只是众多学者中的一群，甚至是不受欢迎的一群。经济学不只是一门学问，它还是我们这个时代的神学，如果想让当权者洗耳恭听，所有利益相关者都必须使用这种语言，不管其地位高低。经济学之所以拥有特殊的地位，部分原因在于其他学科未能在政治讨论中树立权威性。哲学一直都是公众生活中的一股强大力量，直到 20 世纪初，它才沦落为在用词方面“吹毛求疵”的学问。在韦伯和塔尔科特·帕森斯的带领下，社会学虽然获得了一些影响力，但未能发展出一套可以抗衡经济学的理论体系。历史学匍匐于权力的脚下。诗人和批评家曾经自诩为“未被公开承认的世界立法者”，英国诗人、文学批评家艾略特和英国文学评论家 F. R. 利维斯曾短暂地重新树立起这一观点，但现在已遭抛弃。

经济学在众多学科的角逐中胜出，这反映了更广泛的社会变化，或许我们可以说是制度性权威的衰弱。美好生活的理想受到教会和土地贵族的推崇，作家、艺术家和大学教师这一知识阶层也大力提倡，从而对英国产生了极大的影响，并且一直延续到 20 世纪。在工业城镇，共享的工作模式催生了多种生活方式，虽然在亚里士多德看来可能还不够“好”，但至少是非常纯粹的最大化。所有这一切现在都已不复存在：不能再扮演政治角色的贵族加入了富人的行列，知识分子只是一个不具有影响力的小群体，老派的教会还躲在它们原来的保护伞下，工人阶级散乱弱小，成不了气候。在这种情况下，新古典经济学携原子论和主观主义迅速发展，填补了社会思潮的空缺。

在此，我们剖析一下两种传统思想——后罗尔斯自由主义和新古典经济学，它们都禁止对这种或那种生活方式公开表示好恶，都不反对由个人来决定哪种生活方式是“好的”，只要能实现这种生活方式即可，而不需要过分努力。（如果它们的“效用函数”是这样形成的，谁会有资格否定它们呢？）但是，这种让步并没有达到应有的慷慨程度。对于人类这样的社会动物来说，美好生活基本上是跟其他人共享的生活。它的原产地不在个人的脑海里，而在一起做事的群体的共同喜好中。也许我想一整天都待在城镇广场上玩法式滚球，但如果没有一同玩的伙伴或者没有场地就玩不成。除非是那种完全靠单打独斗就能实现的愿望，否则集体参与对于人类成就的取得是必不可少的。

当然，没有什么力量可以阻止自由社会中的个人聚在一起共享美好生活。这突显了美好生活更深层的含义，即美好生活在本质上是公共的。群体要想获得持续的活力，就要依靠对周边文化的认知，否则，它会因群体成员之间的不信任和愤恨而突然崩溃。在一个醉心于满足私欲的世界里，美好生活是一个少有人会想到的问题，只有怪人和狂热分子才会想到它。它的支持者容易受到如下想法的困扰：他们承受不了竞争的压力，他们的空想可以掩饰其失败。因此，虽然自由社会的确允许人们对美好生活有期待，但出于同样的原因，它对所有美好生活的愿景又表现得十分冷漠。

美好生活的理想是一种普世的人类愿景，它会出现在世界各地。我们认为消灭它是适宜的，应该成为我们至高无上目标的不是美好生活，而是生活本身，我们应该享受生活的舒适、便利和长久。德国哲学家尼采预见到我们这个时代的存在："当人类再也不能射出他那渴望超越自己的箭时，弓弦将会忘记如何发出嗖嗖之声！"[33]

在第 1 章里我们探讨过欲望的无限膨胀，本章对其原因做出了解释。不知足的倾向一直为人们所承认，但之前却被禁令和相反的理念所限制。现在，那些禁令和理念不复存在了。因为它与人类任何美好的愿景毫无关系，再加上受到嫉妒和厌倦心理的煽动，欲望就像神话中的九头蛇一样不停地长出头来。

但是，黯淡的前景不是不可改变的。在古代，美好生活的愿景只局限于少数上层人士，他们依靠其他人（经常是奴隶）的劳动而生活。普通人只能维持基本的生活水平，无力超越。现在，有史以来第一次，我们有机会纠正长期的社会不公正。我们已经具备了充足的物质条件，可以让所有人过上美好生活，或至少有过上美好生活的可能性。美好生活的愿景不再和人类社会的公平需求相冲突。

但是，如果美好生活不是偶尔才有的，而是全体社会成员无法企及的目标，就像"最好"和"最高"不是所有人都可以做到的一样，那该怎么办呢？如果它是一种固有的势利或对立的概念，是以其他不那么美好的生活方式的存在为前提的，又该怎么办呢？这种怀疑貌似有理，却令人不舒服。大多数古典的道德理念都流露出对卑微之人和卑贱之人的蔑视，就连基督教的美德背后似乎也隐藏着以下假设：穷人总是与我们同在。如果美好生活的理念建立在尼采所说的“距离产生的痛苦”之上，那么它似乎与我们大多数人所珍视的民主势不两立。

为了打消人们的疑虑，我们在此做出说明，我们所说的美好生活的愿景不是以与其他不美好的生活方式形成对比为前提的。这摒弃了大部分古典道德理念。我们不希望让亚里士多德之类的人的理想复活，这些人都生活在自身的优越感中。但是，并非所有古典的道德理念都应受到怀疑。虽然历史上美好生活的概念和特权联系在一起，但这并不表示在逻辑上它就一定需要特权。绅士只是一小部分精英人士，但绅士的举止基本上适用于所有人。对于尼采的悲观主义，我们必须加以抵制。

那么，我们的任务就是找回那些仍然存在的智慧碎片，不论是从过去的传统中，还是从我们的潜意识中找到它们，我们就可以重建美好生活的愿景。如果我们成功地完成此任务，也许就能以民主化的形式重新体验伟大的古典文明的优秀之处，即使没有它们的创造性活力也一样。靡非斯特的成功将被否决。

在概述我们对美好生活的愿景之前，我们必须提一下其他几个意欲阻止“增长”产生强大破坏力的有益尝试。第一个有赖于“幸福”的概念，第二个有赖于“可持续性”的概念。我们赞同这两个目标，但认为它们误判了我们反对无限增长的真正理由，这个理由关乎道德，而非功利。

第 4 章

幸福的幻影

人活着的目的应该是让自己开心，但人们终其一生忙碌又受罪，想到这些还真是让人不解。

——亚里士多德

很长时间以来，知识分子指责经济增长并没能使人们感到幸福。1751 年，让 – 雅克·卢梭写道：“科学和艺术的进步对增加真正意义上的人类福祉没有助益。”[1] 相反，它激发了妒火、野心和没有意义的好奇心，从本质上讲，这些情感不可能获得完全或普遍的满足。真正的幸福是朴素的品位和简朴的美德的产物。它以古代的斯巴达，而不是现代的巴黎为典型代表。

近些年，卢梭的抱怨再次回温，统计学充当了新的进攻武器。正如新领域的称谓“幸福经济学”所表明的那样，发达国家的人们虽然整体上感觉很幸福，但并没有变得越来越幸福。据报道，英国人的幸福水平自 1974 年以来几乎没有变化，而国内生产总值大约增加了一倍，其他发达国家也表现出相似的状况。超过某一个水平线，绝对收入和幸福似乎就没有关系了。因此，幸福经济学家建议发达国家将它们关注的焦点从国内生产总值转向国民幸福总值（GDH）。他们的呼吁并非无人理会，2010 年，时任英国首相戴维·卡梅伦发布了一项“幸福指数”，作为对传统的宏观经济指数的补充。现在，幸福已经成为严肃的政治议题。

经济增长与人类社会发展的终极目标的脱节，着实把幸福经济学家吓坏了。他们想提醒我们切记一个古老的真理，即财富为人而存在，人不是为财富而活。遗憾的是，他们还没有完全从正统思想中解放出来。就像其较为传统的同行一样，他们基本上把幸福看作一种追求最大化的问题。这种方法有不小的缺点：它太过相信调查数据的准确性；更令人担忧的是，它把幸福看作简单且无条件的，可用单一维度加以衡量，却没有考虑幸福的来源和对象；你所拥有的金钱的多少成为重中之重。这些想法是错误的，也是危险的。一般说来，幸福适时适地出现才是好的，悲伤的时候还是要悲伤。不考虑目的，而只把“幸福”当成政府的主要目标，这无疑是幼稚的做法。阿道司·赫胥黎在《美丽新世界》一书中对其进行了戏剧化的描写，令人难忘。我们不想只是简单地让驾驭“幸福”的人取代驾驭“增长”的人。

幸福是什么？

我们都知道幸福是什么，即父母对孩子有所期待，浪漫的女性期盼美满的婚姻生活。但是，若要阐明幸福的定义，我们会遇到一些令人困惑的矛盾。幸福是“本质上存在争议的概念”之一，围绕着它的争论既得不到解决，也不会被搁置。总而言之，幸福是一个哲学概念。

西方世界对幸福问题的首次深入探讨，见于希罗多德所著的《历史》一书的开篇，讲的是雅典的梭伦拜见超级富有的吕底亚国王克罗伊斯的故事。克罗伊斯问梭伦，他在来这里的路上是否遇到“比其他人更幸福”的人。梭伦显然忽视了这个可以借机奉承克罗伊斯国王的暗示，反而说出了泰洛斯这个名字，称泰洛斯是他见过的最快乐的人。对此深感不快的克罗伊斯要求梭伦解释原因，梭伦回答道：

> 首先，泰洛斯生活在一个富裕的城邦，他的儿子们都很优秀、正直，他看着他们都有了自己的孩子，而且孙辈们也都长大成人了。其次，他去世时财富颇丰，而且死得光荣。你是知道的，在依洛西斯城发生的雅典与其邻邦的战争中，他挺身而出，痛击敌人；虽然他在这场战役中战死，但他死得其所，雅典人在他牺牲的地方为他举行了公葬，并向他致以崇高的敬意。[2]

我们对这段文字所表达的幸福概念既熟悉又陌生。我们能理解为什么梭伦会提及泰洛斯的财富和他出色的儿孙，因为这些很自然会让人感到幸福。比较难理解的是，梭伦为什么会强调泰洛斯的光荣牺牲和葬礼。虽然泰洛斯的死会让他的亲人感到光荣，但这不会给泰洛斯本人带来什么好处。（当然，泰洛斯临死时可能也会感到些许幸福，思忖着自己的光荣献身。但这似乎不是梭伦的本意。）这个谜题的关键在于，通常被翻译成“幸福”的希腊语词汇“eudaimonia”与英语中表示“幸福”的词汇指代的不完全是同一种感觉，前者指的是一种被人钦佩和渴望得到这种钦佩的心态——事关他人的评价，而不仅是个人的感觉。如果这个概念让今天的我们感受到一种很奇怪的多重性——有幸福的因素，有成功的因素，有美德的因素，那是因为我们是这场概念性革命的继承者（之后详述）。这场革命让我们再也无法理解幸福的概念，而纵览大部分西方历史，以及在今天的许多非西方国家里，幸福的概念是十分清晰的。

梭伦的故事凸显了在苏格拉底之前的幸福概念的另一个特点：对命运的依赖。泰洛斯的死对他的幸福至关重要，不只是因为他死得光荣，还因为他的死确保他将来不会再经历失败。梭伦有一句名言，“在某个人去世之前，不能说他是幸福的”，后来，当克罗伊斯国王被他的对手活活烧死时，他想起了这句话。希罗多德的寓意很明显，在一个由善妒之神统治的不确定的世界里，夸耀幸福的言行既显得狂妄自大，又显得愚蠢。

幸福是命运的恩赐，它既不稳定，又可取消，这是梭伦眼中的幸福。它是古希腊文学的核心主题，其中悲剧作品最令人难忘。但从公元前 5 世纪末起，它开始遭到所谓的哲学精英和反文化运动的抨击。哲学家们表示，幸福是智慧和美德的成果，这两者皆处于我们力所能及的范围内。苏格拉底和柏拉图甚至声称没有什么可以夺走一个好人的幸福，即使磨难也无可奈何。亚里士多德通常较为通情达理，他反驳道，即使幸福源于美德，它仍会受到运气的影响，因为美德本身或至少美德的发挥需要有利的条件。没有人会说普里阿摩斯是幸福的，因为他遭受了丧子之痛和亡国之辱。[3]

除了伊壁鸠鲁的享乐主义，几乎所有古代的幸福愿景都存在客观性，它们都提出了一个问题：“对人类来说，什么是美好生活，或者什么是最完整、最圆满的生活？”他们并不关心人们的心理感受。基督教仍处于这个架构中，但又将这个架构拉扯得变了形，达到矛盾的极限。幸福仍是人类的生存目标，但在任何世俗的美好事物（财产）中却看不到它的身影，甚至在哲学家颂扬的品德美和心灵美中也找不到它的踪迹。相反，它存在于通常被视为不幸的事物中，比如贫穷、孤独、迫害和死亡。耶稣说：“当人们辱骂你、迫害你、对你恶言相向时，你是有福的人。”虽然与梭伦朴素的幸福概念相去甚远，但它仍符合希腊语中“eudaimonia”这个词汇的含义。

英语单词“happiness”（幸福）原本与希腊语词汇“eudaimonia”同义，指的是享受好机会或幸运，处于一种受祝福的、令人羡慕的境况。莎士比亚笔下的人物亨利五世，在阿金库尔战役前对将士们说，“我们是少数，幸运的少数”，他预料到他们非死即伤。这种古老的语汇虽然仍出现在习惯用语中，比如“生日快乐”是“happy returns”，“走运”是“happy chances”，但它们在现代英语中多多少少被新的定义所取代，新定义是愉悦或满足的心态，它可以追溯到 16 世纪。哲学的发展在语义的转变上发挥了作用。正如笛卡儿和洛克所主张的那样，如果意识是人性的本质，那么幸福必然是内在的东西。曾经被视为构成幸福的要素，比如财富、荣誉、名气等，现在只是幸福的众多成因之一，而且因人而异。争论哪个“是真的”幸福实属荒谬之举，如同第 3 章洛克说的那句话，你无法争辩“苹果、李子或坚果哪个最好吃”[4]。

这种转变的影响是深远的。如果幸福如传统所言的那样源自良善，又如哲学宣扬的那样是一种愉悦的心境，那么结论就是，良善可以带来一种愉悦的心境。这种观点后来发展为功利主义，功利主义自19世纪开始一直在英国公共道德的传统中占据主导地位。功利主义的古典形式边沁主义将“正确的行为”定义为能使总体幸福感或快乐最大化的行为，这两种行为是等同的。幸福或快乐的来源无关紧要，重要的是程度。边沁有一句名言：“如果能给人带来同样的快乐，那么大头针和诗歌一样好。”[5]这种毫无趣味的信条对技术专家、治国论者极有吸引力，引发了他们的想象。它取代了混乱的观点，让人们看到了用机械的规则解决道德和法律纷争的希望，边沁提出了所谓的“幸福微积分”，但如何在现实中运用这种微积分，他从未做出完整的解释。边沁发明的公式有7个向量，分别是强度、持续时间、确定性、近似度、繁殖力、纯度和广度，这个公式及其向量可谓一出科学推理的哑剧。衡量标准的问题一直困扰着功利主义，直至今天。

功利主义和古典政治经济学植根于同样的土壤。边沁与李嘉图、詹姆斯·穆勒是好朋友，詹姆斯的儿子约翰·斯图尔特·穆勒对边沁的观点做出了重要修正。要说有什么区别的话，那就是19世纪末的边际主义革命强化了两者之间的联系。早期的经济学家主要把目光集中在扩大生产上，而边际主义者则强调消费的快乐。这一新做法的开创者威廉·斯坦利·杰文斯写道：“付出最少的努力以最大限度地满足我们的欲望，以最少的不愉悦感为代价换取最大程度的满足感，即让愉悦感最大化，这是经济学的问题。”[6]《数学心理学》（*Mathematical Psychics*）一书的作者埃奇沃思才华横溢，性格却很古怪，他认为，为了弄懂这个经济问题，我们必须假设有一个“快乐测量仪”，它应该是测量快乐程度的“最完美的工具”。

> 快乐测量仪时不时地会变动。它灵敏的指针会随着热情程度的不同而波动，也会因智力活动而平稳下来。有时在零附近徘徊，有时又跃至无限大。各种变化被仪器自动记录下来……我们只需加入另一个表示感觉的维度，整合全部时间的所有感觉，就可达成纯粹功利主义的目的。[7]

自古希腊以来，我们对幸福感的测量已经取得了长足的进步。但是，泰洛斯的快乐测量仪可能不会有太好的表现。

20 世纪最初的几十年，经济学家对经济学的心理学基础产生了担忧。当时行为主义蔚然成风，经济学对人类心理状态的假设被视为不科学的做法。幸运的是，大多数经济学理论都可以被重建。结果表明，经济学家需要做的只是假设消费者有一套不变的偏好，并且体现在他们的行为上。如果这些偏好得到满足，就可以说这些偏好具有“效用”。例如，如果别人给我一个苹果和一个梨，而我选择了梨，就意味着梨比苹果带给我的效用更大。但是，这没有表明我的心理状态，而只表明了我的行为倾向。快乐测量仪和其他方法因被认为与经济学毫不相干而被冷落。

20 世纪初至 20 世纪 30 年代，一批伟大的经济学家进行了理论重建，使得经济学对人类心理这个事实保持着漠不关心的态度。从经济学的角度看，人是否是利他主义者、利己主义者、享乐主义者、受虐狂或任何其他什么人都不重要，重要的是他们有某些偏好，并据此采取行动。但是，这种形式主义是要付出代价的。19 世纪时经济学的假设是，人拥有的财富越多就越幸福，这充分发展了边沁的效用论。但是，现代经济学的假设是效用最大化，意思是“充分满足消费者的偏好”；而充分满足消费者偏好本身是否意味着幸福，经济学家们对这个问题闭口不谈。经济增长计划看上去就像跑过界的兔子，双脚在悬崖边跳动，脚下却已然踏空。

20 世纪三四十年代正值全球经济衰退和世界大战，这个问题被当成学术问题而弃之不谈 。20 年后，经济学家对这个问题的研究逐渐变得迫切起来。一系列具有影响力的书籍开始质疑“效用”能否等同于幸福，比如，加尔布雷思的《富裕社会》、马尔库塞的《单向度的人》和提勃尔·西托夫斯基的《无快乐的经济》。卢梭式的焦虑重新被点燃：如果技术进步创造新欲望的速度跟满足旧欲望的速度一样快，该怎么办？如果人类渴望的是相对优势而不是绝对优势，市场竞争变成了零和博弈，又该怎么办？这些问题迫使经济学家必须跳出他们的学科领域，踏进以前的禁区，即心理学。

与此同时，心理学领域正经历着一场革命。行为主义者对内省的否决被撤销，自我报告得到允许可以作为证据。幸福调查率先在 20 世纪 40 年代的美国开始，此后每 10 年重复一次，规模和复杂程度在不断增加。有些经济学家对“效用”这个纯形式化的概念感到不满，对他们来说这些调查数据无异于天赐之物，因为它不必依赖消费者的选择就可以衡量幸福感，成为评估增长利益的严格标准。经济学再度成为研究如何帮最多的人实现幸福的科学。

幸福的悖论

1974 年，经济学家理查德·伊斯特林发表了一篇题为“经济增长可以大幅改善人的命运吗”的著名论文。在世界多个国家开展了关于幸福感和国民生产总值的全面调查之后，他得出的答案是“可能不会”。幸福经济学自此蓬勃发展，但是，并没有很多人对伊斯特林论文的核心提出异议，这个核心发现即所谓的“伊斯特林矛盾”。我们可以用三个简单的图表对它加以说明。图 4–1 表现的是英国 1973—2009 年人均国内生产总值和人们生活满意度的变化情况。从中不难看出，国内生产总值几乎一直在增长，但生活满意度却没有什么变化。来自其他发达国家的数据也显示出相似的特点。这些发现确实令人吃惊：在过去的 36 年里，人们的生活水平得到大幅提高，但这种增长却压根没有给他们带来额外的幸福。也许卢梭是对的，更多的金钱并不能让我们更幸福。

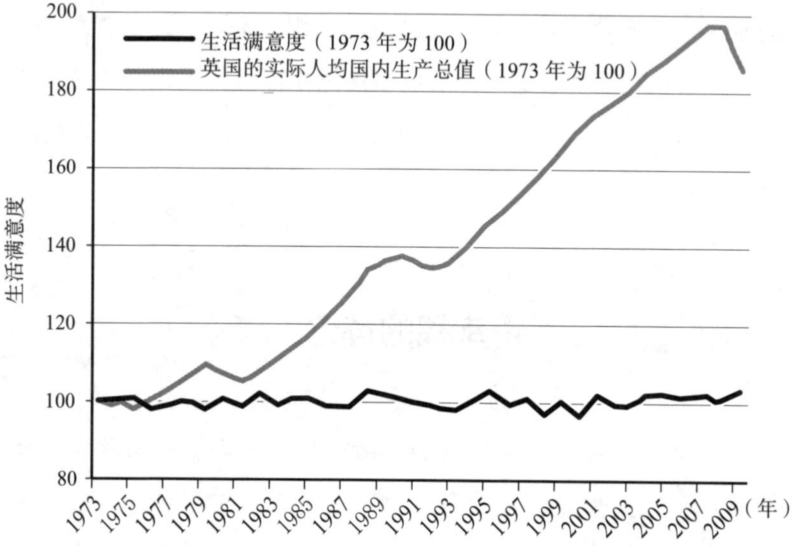

图 4-1　英国 1973—2009 年人均国内生产总值和生活满意度的情况

资料来源：欧洲晴雨表，幸福感世界数据库（http://worlddatabaseofhap-piness.eur.nl/index.html）；英国国家统计局。

表 4-1 是基于 2005—2008 年开展的一次民间调查的结果。它表现的是英国两类人的幸福感情况，这两类人分别是 10% 的最高收入人群和 10% 的最低收入人群，对幸福感的评价分成“非常幸福”、“比较幸福”、“不太幸福”和“一点儿也不幸福”四个等级。很明显，幸福的富人比较多，而穷人大多不幸福。同样，在世界其他国家也发现了与此类似的情况，其中既有发达国家，也有不发达国家。

表 4–1 英国不同收入者的幸福感

	最低收入人群	最高收入人群
非常幸福	43.9%	55.0%
比较幸福	44.0%	43.1%
不太幸福	7.1%	1.8%
一点儿也不幸福	5.0%	0

资料来源：世界价值调查，2005—2008 年。

乍看之下，图 4–1 和表 4–1 的数据似乎相互矛盾。表 4–1 的数据表明更多的钱的确会使人们更幸福，而图 4–1 的数据却不是这样的。但是，它们并非真的相互矛盾。为了理解这个问题，我们必须假设幸福程度受相对财富的影响，而非绝对财富。换言之，富人的幸福感来自于对自己身处社会上层的满足感，而穷人的不幸福感则源于对自己身处社会底层的失败感。无论社会的整体财富如何变化，富人始终处于上层，而穷人处于底层，所以，总体的幸福水平不会变化。

心理实验似乎也证实，对大多数人来说，重要的是相对收入而非绝对收入。假设有两个世界，在其中一个世界里，一个人每年能赚 5 万美元，平均工资为 2.5 万美元；在另一个世界里，一个人每年能赚 10 万美元，平均工资为 20 万美元。[8] 当研究人员要求一些哈佛大学的学生做出选择时，大多数人选择了前者。虚荣心无疑是一部分原因，当然还有别的原因，比如想要出人头地。美丽的乡村别墅、未受破坏的度假胜地、一流的学校，生活中有许多好东西基本上都数量有限，只有最富有的人才能享用它们。如第 1 章所述，即使在最富裕的社会，人们也会拼命地追求财富，正是由于此类能彰显社会地位的商品或寡头商品的存在。

但即便一切都归因于相对收入，图 4–1 中那条始终保持水平的线仍是一个谜。绝对收入与幸福感难道毫无关系吗？笔记本电脑、电子书阅读器、足疗、出国度假以及其他的一切，难道没有增加我们的整体幸福感吗？幸福经济学家喜欢提醒我们注意人的适应能力：大多数物质利益对幸福感只有短暂的影响，之后又会恢复至原来的水平。因此，虽然收入稳步增长，但幸福感却没有丝毫变化。对于幸福感未与财富同步增长，另一个流行的解释是“不平等”。正如我们在第 1 章所见，在过去的 30 年里，英国的人均收入已经翻番，但收入中位数的变化却不大。收入的增加主要发生在富人群体身上。因此，即使绝对收入对幸福感来说很重要，这些统计数字也反映了大多数人的真实感受，因为他们的绝对收入是停滞的。

图 4–2 显示的是，20 世纪 90 年代多个国家的人均国内生产总值和幸福指数情况。如图所示，最不幸福国家的人均国内生产总值都低于 1.5 万美元，超过这一点，人均国内生产总值和幸福指数的相关度似乎就很小了。[9] 这似乎表明，在某一临界值之下，绝对收入对幸福感而言很重要。图 4–2 还表明，人们判断自身相对富裕的标准是国家性的，而不是全球性的。否则，中等收入国家的幸福水平将持续低于高收入国家，但事实并非如此。关于这一点，有人指出虽然实际工资上涨了，但民主德国的工人在两德

统一后反而觉得没有以前幸福了，这大概是因为他们开始拿自己的收入与更富裕的新同胞相比吧。[10]

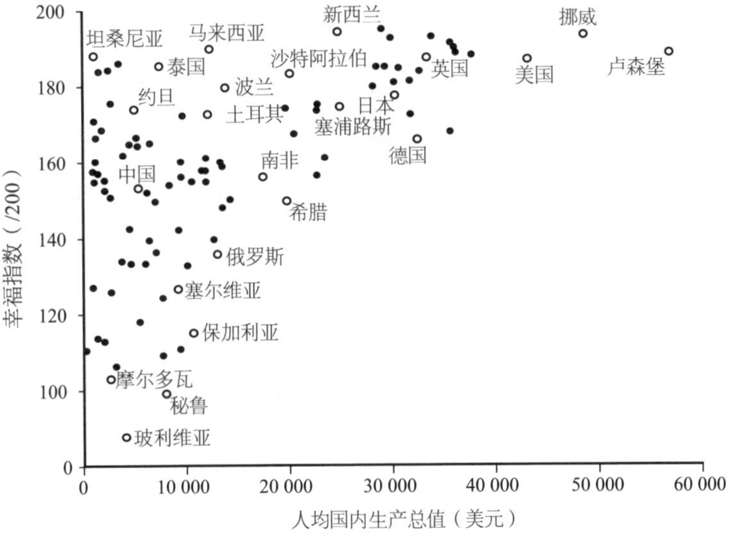

图 4-2　多国的幸福指数和人均国内生产总值情况

资料来源：世界价值调查，2005 年 9 月。

那么，幸福经济学家打算如何提升我们萎靡不振的幸福水平呢？在他们看来，存在两个方面的问题：一是个人的非理性，二是集体的非理性。第一个问题之所以产生，是因为人们高估了从消费品中获得的幸福感，而低估了闲暇、教育、友谊和其他无形资产带来的满足感。第二个问题之所以产生，是因为即使人们出人头地的想法是理性的，但地位竞争的逻辑决定了并非所有人都可以梦想成真。A 的成功必定要以 B 的失败为代价，如此一来，整体幸福感会保持不变，甚至还会下降，因为钩心斗角的争夺会令人不高兴。以此类推，如果有人在聚会上大声说话，其他人也会大声说话，即使小声说话对每个人都有好处。我们处于进退两难的困境中，这是一个博弈论的问题。

可想而知幸福经济学家该如何解决这些问题。如果某类商品既不能持续提升其所有者的幸福感，也不能持续提升全社会的幸福感，为什么不对它们征税呢？这有助于把资源配置到能提升幸福感的东西上，比如闲暇，而且可以增加旨在提升幸福感的公共项目的投入。经济学家罗伯特·弗兰克提倡实行累进消费税制，以抑制奢侈消费，鼓励储蓄。[11] 虽然他没有提及幸福感，但在第 7 章我们会提出类似的建议。其他经常被提及的措施还包括限制工时和某些商品的广告。卡托研究所的威尔·威尔金森指出，美国的幸福指数比大多数欧洲国家都要高。但是，幸福经济学家却更偏好欧洲国家的生活方式，而不是美国的生活方式。[12] 由于双方都没有太多确凿的证据，这场争论势必还会持续一段时间。

幸福经济学的两个谬误

从某种意义上说，幸福经济学并不是新鲜事物。自所罗门和苏格拉底以来，值得尊敬的道德家一再地告诉我们：幸福在于爱和道德，而不在于财富。《圣经·旧约》箴言篇有言：“吃素菜，彼此相爱，强如吃肥牛，彼此憎恨。”人们之所以对幸福经济学的理论感到新奇，是因为它用统计学来包装古老的智慧，并配以各种图表和公式。没有科学的认可，我们就无法确认自己懂得什么。这种自我确证的做法是危险的，原因有二：一是它夸大了幸福感调查的有效性；二是它要求我们给幸福感赋予一种无条件的价值，而且这种价值不依赖于让我们感到幸福的任何东西。下面，让我们分别对这两种错误加以分析。

测量谬误

图 4–1 中那条水平线令幸福经济学家感到十分头疼，原因在于它不但说明了不断增加的收入没有对幸福感产生影响，而且表明过去 30 年来英国社会发生的巨大变化也没有对幸福感产生任何影响。其他国家也表现出相似的特点，比如美国和日本。要么幸福感对社会环境的变化极不敏感，要么幸福的测量方法对幸福感的变化极不敏感，两者之中必有一个是正确的。但是，幸福经济学家对这两种原因都不认同。

我们有理由认为，问题出在测量幸福感的方法上。图 4–1 是根据一份调查数据绘制的，参与调查的人要从四个选项中做出符合自己情况的选择：非常幸福，比较幸福，不太幸福，以及一点儿也不幸福。在幸福感方面，1973 年的初始平均值为 3.15，最大值是 4。因此，幸福感在此期间最多可提升 28%，仅为国内生产总值增幅的 1/5~1/4，但就算这样，也需要所有人都称自己

“非常幸福”才行。事实上，要是幸福感有 10 个百分点的增长，那就需要有 31.5% 的人的选项跃升一个等级，比如从“不太幸福”的等级跃升至“非常幸福”等级，或者从“比较幸福”等级跃升至“非常幸福”等级，这意味着国民幸福水平的显著提升。另外，类似这种“有限制条件”的调查无法记录两端的情况，比如，表现不出最幸福的 10% 的人群变得更幸福了，因为这些人已经属于“非常幸福”的最高等级了。相比之下，如果最富裕的 10% 的人变得更富裕，那么他们对国民生产总值的影响可能是巨大的。简而言之，变化不大的幸福感和不断增长的国内生产总值之间之所以形成强烈的反差，也许只不过是因为两者的测量方法不同。[13]

有些幸福调查使用 10 分或 11 分的等级量表。调查对象会被问及此类问题：“如果用 0~10 的分数衡量，你觉得自己有多幸福？”这样的调查比上述那个口头调查更精细一些，但也带来了新的问题。“非常幸福”、“比较幸福”、“不太幸福”和“一点儿也不幸福”这样的分类尽管粗略，但至少是有意义的。然而，如果满分是 10 分，打 7 分意味着什么呢？即使我们善意地假设，给不同的幸福程度赋值是有意义的，但我们仍缺少如此赋值的必要信息。等级表两端的分值代表什么？零表示你和家人都在忍受痛苦生活的煎熬吗？ 10 代表的就是完美的生活吗？ 5 又代表什么？它指的是两个极端的中间状态，还是一种漠不关心的状态，抑或是幸福感的平均值？显然，许多幸福调查的设计者就是这么理解的，因此，当大部分调查对象给自己的幸福感打 6 或以上的分数时，他们会感到很惊讶。如果 5 指的是幸福感的平均值，那么参照人群是什么？是一个国家，还是全世界？没有人能给参与幸福感调查的人提供这些问题的答案。

说到国际比较，问题就变得更复杂了。其中一个困难是，各国表达幸福的方式多种多样。如果问一位美国人他近况如何，他会说："很好，谢谢。"如果问俄罗斯人同样的问题，他可能会耸耸肩说"一般"，表示情况不佳。如果美国人和俄罗斯人只在如何表达幸福方面有所不同，那么非公开的调查问卷也许会得到事情的真相。但如果他们在如何评价自己的幸福感方面有所不同，那么不管调查问卷设计得如何精细，也别指望能了解到他们的真实感受。研究幸福感的人常常忽略第二种情况。他们假设人们知道自己有多幸福，或者乐观主义和悲观主义的误差在全世界是均匀分布的。但是，为什么要做这样的假设？那些从小到大就把幸福视为成功的象征的人，很不情愿去承认他们是悲伤的，即使面对自己的时候，他们的想法也不坦诚。难道美国和其他西方国家的高幸福指数只不过是一种盛行的"正面思考"现象？我们当然也不应该忘记，在大多数西方国家还有大量的少数族群，文化方面的偏差可能不仅会影响国际调查的准确性，也会导致国内调查的准确性大打折扣。

此外，还存在翻译方面的问题。研究幸福的人必须假设，英文单词"happy"（幸福）在其他语言中有同义词或近义词；否则，比较就会失去意义。但是也不尽然，以《世界价值调查》使用的"幸福"（Xingfu）一词为例，中文的"幸福"意味着优越的生活条件，并强调牢固的家庭关系。打网球或吃橘子不是“幸福”，如果说一名妓女或上了年纪的花花公子是“幸福”的人，那就是在滥用这个词语。总之，中文的“幸福”在含义上比现代英语中的单词“happy”更接近古希腊语中的“eudaimonia”。[14] 在其他语言环境中，幸福调查也会遇到类似的困难。一般说来，跟其他国家语言中的同义词相比，英语中的“happy”较为轻松，没有多少严格的要求，这也许反映了功利主义对盎格鲁－撒克逊文化的影响。情绪语义学泰斗安娜·维兹毕卡曾感叹：“在当下有关幸福的文献中，语言差异有时被研究者完全忽略了。”[15]

研究幸福的人通常不在意调查问卷中的问题措辞或分数等级的设定。他们更在意的是调查结果可以表明幸福感与某些因素高度相关，比如低血压、左脑高度活跃、健康状况良好和微笑。用专业术语来说，调查结果是“有根据的”。但是这又产生了一个哲学性的困惑。如果幸福调查必须与我们所知的幸福因素加以对照，以确定其结果是否正确，那么这样的调查又能获得哪些新信息呢？如果它们与我们既有的知识相符，它们就是多余的；如果不相符，它们就是有缺陷的。因此，幸福调查最多能给我们已知的内容补充更多的细节，它们根本不可能告诉我们任何全新的内容。

与自我报告的幸福感有关的因素有两类：生理因素和环境因素。从生理角度说，研究表明，自认为幸福的人左前脑的脑电波活动往往非常活跃，而且免疫系统强健。[16] 但是，我们是如何知道这些因素能代表幸福感的呢？有研究表明，自我报告的幸福感与和幸福相关的行动、环境之间存在相关性。如果一个人认为自己很幸福，他的亲戚、朋友也会认为他很幸福。[17] 安德鲁・奥斯瓦尔德和斯蒂芬・吴证明，美国各州的生活质量与其居民的自我报告的幸福感之间存在相关性，生活质量主要从日照时数、通勤时间、犯罪数字等方面去衡量。（纽约在这两项的排名都很靠后。）[18]

如果这些研究可信，就表明那些认为自己幸福的人一般来说确定是幸福的。然而，它们无法证明调查结果跟人们幸福的看法没有关系，因为那相当于预先假设我们已经掌握了衡量幸福感的方法，即我们凭常识就能知道是什么让人有那样的想法，以及什么对他们有利。因此，不管自我报告的幸福感作为辅助证据是多么有用，它都不能成为幸福感的最终评价标准。一个简单的思维实验便可以证明这一点。假设有一位妇女，她的孩子们在暴力事件中意外丧生，她的一举一动都流露出她内心的悲伤，但她口头上却说自己很幸福。我们会认为她要么在撒谎、自欺欺人，要么在幸福的表达方式上与众不同（也许她是一位哲学家，对幸福有自己独特的理解）。依据所有的表象来判断，我们不会认为她真的很幸福。幸福调查者认为，幸福不是人内心的东西，并非幸福感的所有者才能看见，幸福基本上体现在行动和事件里。如果不是这样，那么我们谈论幸福这件事将变得不可思议。因此，“我们对自己是否幸福可以做出权威的判断”，这个隐藏在幸福调查背后的假设是错误的。

这样的谬误在奥斯瓦尔德和吴写的文章中有所提及，他们写道：

> 虽然被正式的调查数据所左右是一件很自然的事情，但路易斯安那州受到卡特里娜飓风的重创，却在生活满意度的州际排行榜上名列前茅，这被视为不寻常的现象。于是，人们又做了各种核实。结果发现，在卡特里娜飓风发生之前，在美国心理卫生协会（MHA）及美国药物滥用和心理健康服务管理局（SAMHSA）的应用研究办公室所做的心理健康排名中，该州表现抢眼……但是，卡特里娜飓风有可能改变了该州的人口构成，即那些留下来的人不是该州随机抽样的样本。所以，有必要对这个州生活满意度的排名做进一步的统计调查。[19]

这段话包含了很多信息。虽然奥斯瓦尔德和吴认识到他们应该一直“依据正式的调查数据”，但他们又凭直觉知道飓风会对幸福感产生影响，并因此摇摆不定。在关键时刻，他们会质疑数据，而不是修正自己关于幸福的观点。同样地（虽然此例带有批评的意味），海伦·约翰斯和保罗·奥默罗德指出，在美国，统计数据显示幸福感和暴力之间存在正相关关系。他们正好将其作为统计数字不可靠的证据，认为不存在暴力犯罪会让人更幸福这种可能性。[20] 在这两种情况下，即使统计数据的规模足够大且样本具有代表性，我们仍会对其结果表示怀疑。我们会怀疑调查对象不诚实或受到诱骗，又或者误解了调查问卷中的问题，但不会放弃我们对幸福因素的所有既有认知。

这成为一种束缚。幸福调查不可信，一方面是因为前面提到的措辞问题和测量标准问题，另一方面是因为我们并非评估幸福感的权威人士。因此，无论是以调查问卷的形式，还是以自我报告的形式，幸福调查都需要外部的检验。但是，在某种程度上，如果接受外部检验，幸福调查的存在就显得多余了。它们的功能似乎主要是仪式性的，即给常识性判断打上科学的烙印。

难道幸福调查一无是处吗？显然不是。虽然它们不能大幅度修正我们对什么能使人幸福的常识性理解，但却有可能在不明确或模糊的地方增加我们的理解。比如，有人说同性恋者没有异性恋者幸福，但是调查表明这两类人群的幸福感没有差异。[21] 这一点很有用，我们之所以接受它，是因为它与我们的经验不抵触。（如果同性恋者常常板着脸，并且酗酒，我们就会对调查结果心存怀疑。）同样，调查可以帮助我们把与幸福或不幸福相关的各种因素按重要性进行排序。比如，我们都知道，失业让人感到不幸福，当知道它对幸福感的负面影响甚至超过离婚时，你或许会觉得有趣。[22] 最后，在关于生活状况的信息难以获得或需要付出很大代价才能获得的地方，幸福调查的用处就很大。但在英国和大多数发达国家，有关健康、就业、教育和婚姻等的统计数字都是现成的，可以直接加以利用，而没有必要借助幸福调查获得。

若进行幸福感的国际比较，上述文化和语言的差异会使调查结论很不可靠。就连倡导追求幸福的知名经济学家德里克·博克也承认："比较不同国家的幸福水平，应该慎之又慎。"[23] 毫无疑问，津巴布韦人和海地人认为自己不如英国人幸福，这并非偶然，我们可能也会有同样的想法。但是，我们不必过于羡慕丹麦人的超级幸福感，也不必因为不知道他们幸福的秘诀而失眠。那种创建“国民幸福账户”并把它作为国内生产总值的补充或对立面的做法是徒劳的。[24] 原因在于，这样的账户衡量的只是人们对幸福感的自我评价，它无法衡量幸福感本身。

道德谬误

让我们假设自己拥有一种衡量幸福的可靠工具——超级快乐测量仪，在这种情况下，我们能推进旨在实现幸福最大化的理想吗？答案是否定的。按照幸福经济学家的理解，幸福不是一个恰当的政策目标，这和测量问题无关，而是因为它未必是件好事。把幸福设定为政策目标，无异于展现出一幅令人不安的景象，LSD（麦角酸二乙基酰胺）专家蒂莫西·利里称之为“享乐工程”。

幸福经济学家如何理解幸福呢？他们中很少有人会深入思考这个问题。虽然身为这个领域的佼佼者，但黄有光满足于重复亨利·西奇威克给幸福下的经典的边沁式定义，即幸福是“快乐多于痛苦的部分，快乐和痛苦都有广泛的含义，分别包括各种令人愉悦和不愉悦的情感”。[25] 换言之，幸福是一种主观的愉悦感，而不是客观上满意的状态。其他幸福学家虽然不像黄有光那么直接，但我们必须假设，他们在心理上认同这种关于幸福的理解，否则，他们对自我报告式调查的依赖就成了不可思议的事情。比如，梭伦不需要询问泰洛斯，就知道后者是最幸福的人。

西奇威克关于幸福的心理学概念已经成为现代西方奉行的标准。对于许多人来说，它只是常识。我们并不坚持这一点，我们坚持的是，从心理学的意义上说，幸福不可能是至善的。无法想象，我们所有的苦难和辛劳，到头来竟然徒劳无功。于是，我们的争论就陷入了两难境地：一种是从现代之前的意义上理解，幸福是一种存在状态，无法用幸福调查来衡量；另一种是从现代意义上理解，幸福是一种心理状态，它达不到至善的程度。无论以哪种方式解读，幸福经济学的构想都将以失败告终。

在现代的幸福学研究中，隐含了对幸福的两个认识。但是它们都不可靠，因为它们和我们真正渴望的幸福相冲突，甚至是对立的。让我们对这两个认识分别加以解释。

第一个认识是，幸福感是可以加总的。也就是说，人一生的幸福是一个幸福时刻的总和。这和那种所谓的“整体”观点相反，后一种观点认为，人一生的幸福不可能拆分成一个幸福的片段。如何更好地测量可加总的幸福感，研究人员在这方面存在着分歧。本着埃奇沃思的精神，心理学家丹尼尔·卡尼曼认为，我们应该设法测量每个时刻的幸福感，然后把所有测量结果加在一起。[26]然而，大多数研究者则满足于依赖调查对象对自己幸福水平的评估。但是，这些分歧只在于测量方法的不同。所有研究幸福的人不得不同意幸福感是可以加总的，而不是整体的，否则，我们就不得不听从梭伦的劝告，即在死之前没有人是幸福的。

相较于其他许多语言，现代英语允许我们谈论几分钟甚至几个小时的幸福，这使得我们以为幸福的一生是由许多个幸福的时刻组成的。但是，我们真的相信这种说法吗？让我们比较一下两种人生：一种人生是早年历经苦难后终成大业；另一种人生是年轻时前途一片光明，最终却一事无成。我们自然会认为第一种人生较为幸福，而第二种人生是不幸福的。但是，这两种人生也许包含了同样多的幸福时刻。可我们为什么会认为第一种人生更幸福呢？答案无疑是，它让我们觉得人生之初的苦难被后来的成就弥补了。回顾过去，我们可以把它看作磨炼或学徒期，是成功的人生的一部分。相比之下，人在生命即将结束时遭受的苦难是无法得到补偿的，除非有来生。这是梭伦口中永恒的真理：只有在死亡到来时，一个人一生的整体情况和意义才会为他人所见，或者说盖棺定论。在一个人的生命结束前评论他是幸福还是不幸福，就好比在一出戏剧落幕前判定它是悲剧还是喜剧，都为时过早。

所受苦难无法获得补偿，这不是唯一破坏人生幸福的因素。即使人生充满了幸福的时刻，但如果这些时刻不能加总，这样的人生也不会是幸福的。我们会因此联想到花花公子，格伦康纳勋爵就是这种人，在2010年去世之前，他把自己的财富都挥霍在奢华的娱乐上。据说在临终前，他说："我的一生，就像一场派对，第二天便曲终人散。"[28] 虽然格伦康纳的一生无疑充满了幸福时刻，但我们可能不会认为他是幸福的。

哲学家弗雷德·费尔德曼举了一个类似的例子，可以更清楚地说明这个问题。他建议我们想象奥利弗·萨克斯在《错把妻子当帽子》一书里描述的情节，比如杰米患上了科萨科夫综合症，所有的记忆在他脑海里存留的时间不超过几分钟。他的人生完全是碎片式的，正如费尔德曼所说，属于“短暂且不相关情节的不连贯排序”。[29] 但是，杰米并不知道自己的状况。他享受着人生的每一个瞬间，比如观察蝴蝶、玩跳棋等。杰米幸福吗？费尔德曼赞同幸福的享乐主义理论，他认为杰米很幸福。但是，我们倾向于认为杰米不幸福。当父母希望自己的子女幸福时，他们通常不希望自己的子女过着像杰米这样的生活。这样的想法会把我们推向更客观的幸福理论：虽然杰米的不幸源自他的意识状态的组织方式，但他本人完全意识不到，只有其他人才能看到。

第二个认识是，幸福是单一维度的。幸福经济学家认为，意识状态可以根据幸福感的程度进行排序，这与边沁、西奇威克的观点一致，但与穆勒的看法相左。（某些经济学家甚至认为，可给这些状态赋值，用来代表其幸福程度，但这一观点具有争议。[30]）用专业术语来说，即存在单一的幸福“货币”。日常用语中，幸福、欢乐愉悦满足之间的区别，以及它们的反义词之间的区别都被忽视了。理查德·莱亚德给出了一个巧妙的比喻：就像所有的声响不管音质、音调有什么不同，都被视为或大或小的噪声，所有的心理状态都可以被理解成或多或少的幸福感。[31] 如果无法做到这一点，测量幸福的构想从一开始就注定会失败。

从方法论的便利角度出发，这些假设也许有存在的必要，但它们都有深层次的缺陷。积极向上的情感有很多种，幸福只是其中之一。幸福有不同的特质，不能将这些特质简化为不同的程度。让我们举例说明愉悦、幸福和欢乐之间的差异，同时还要注意其他基本的差异。

先说愉悦。边沁主义把愉悦等同于幸福，希望借此消除模糊之处。该思想认为，愉悦是一种特殊的情感，只有量的不同。因此，如果幸福等同于愉悦，那么幸福也是可以量化的。事实上，愉悦并不是一种特殊的情感，亚里士多德很早以前就已经证明了这一点。他指出，不妨想象几位朋友相谈甚欢，此时他们听到附近有人在吹奏管乐器。假如愉悦是一种特殊的情感，那么我们认为，音乐的愉悦和对话的愉悦结合在一起将会产生加总的效果。但是事实并非如此，乐曲声对他们的谈话产生了干扰，他们无法同时享受二者带来的愉悦感。[32] 总之，愉悦不是一种特殊的情感，它源自不同的事物。为了测量幸福感，而把幸福等同于愉悦是错误的。

无论如何，幸福不等于愉悦，这两个概念的逻辑完全不同。愉悦常常局限于身体（尽管不总是如此），可以想想足疗、头部按摩等。相反，幸福不表现在身体的某个部位上。比如，某人不会因自己的大脚趾或身上的任何部位而感到幸福。愉悦发生在一段明确的时间内，比如从凌晨 12 点到凌晨 1 点。现代英语中的“幸福”有时是有发生时间的，虽然没有那么精确，比如“我今天早晨醒来时感到很幸福，可是幸福感很快就消退了”。但是，正如我们已经看到的那样，有些幸福感是没有时间维度的。比如约翰一生幸福，并非指他在某一个时刻或某一段时间内很幸福。而愉悦总是与时间有关，愉悦只是人生的零碎时点，它无法体现整个人生的状况。

幸福不仅是一种内心的感受，它还代表了一种立场或对现实的看法。幸福是指很高兴地看到某些事情确实发生了，比如我的女儿考上大学了，我的国家获得了独立。当然，也有某些例外。婴儿和动物不因任何事情就会感到幸福，成年人有时也会无缘无故地感到幸福。但即便如此，幸福感通常表现为会对这个世界做出某种举动。幸福的动物对其周围的环境感到悠闲自在，幸福的婴儿率真而且渴望沟通，幸福的人看到的世界是光明的，充满了希望和新鲜感。维特根斯坦说过："幸福的世界和不幸福的世界完全是两回事。"[33]通过改变一个人眼中的世界的面貌，把世界暂时变成一个更友善、更快乐的地方，摇头丸以这种方式产生影响，但药效过去之后，会让人感到十分沮丧，还有受到欺骗的感觉。

正如亚里士多德所说，愉悦也有客体，但它们不同于幸福的客体，愉悦的客体基本上是经验性的。尽管人可以从想象死后的事情或在世界另一端发生的事情中找到乐趣，但人却不能乐在其中。跟幸福不一样，愉悦没有跟人们对世界的信仰密切联系在一起，它能通过幻想和错觉而产生。（虚拟的女人可以让男人愉悦，但只有真正的女人才能使他感到幸福。）而且，即使愉悦涉及实际事物，它也会巧妙地把它们引到经验的轨道上去。请比较一下这两句话："阿森纳队排名第一，让我感到很幸福。""阿森纳队名列前茅这件事，让我感到很愉快。"前者表达了一种心满意足的状态，后者只是人们在读报或看电视时顺嘴说的一句话。

再说欢乐。这种状态比愉悦或幸福更令人兴奋，但也更难以捉摸。人们可以追求愉悦和幸福，但很难追求欢乐。矛盾的是，欢乐被视同为受苦，因此，它在基督教相关作品中有显著位置。

菲莉帕·富特的作品刻画了一位贵格派女教徒，她在经历了很多艰难困苦和迫害后，在传福音时谈及此事却说那是她的“欢乐时光”。富特补充道：“她并未说自己的生活是幸福的生活，如果她这么说，就会令人感到费解。”[34] 如果欢乐与缺少幸福或愉悦不矛盾，那么幸福或愉悦与缺少欢乐同样也不矛盾。在诗作《荒村》中，奥利弗·戈德史密斯对游手好闲的富人的享乐生活进行了严厉斥责。

> 长时间的宴席，午夜化装舞会，
> 奇思妙想将浮华罗列铺排，
> 寻欢作乐之徒远未尽兴，
> 疲累的愉悦已演变成痛苦；
> 尽管时尚的绚烂艺术在诱哄，
> 怀疑之心却在问：
> 这是否就是欢乐？

戈德史密斯并非想否认寻欢作乐之徒对这种生活乐在其中，至少在“疲累的愉悦已演变成痛苦”之前是这样的。他们玩得很开心，但是这种开心不等于欢乐。即使更多的开心也不等于欢乐，两者的区别在于质量，而不在于程度。

因此，幸福不同于愉悦和欢乐。我们说过幸福是有客体的，并且与某件事有关。我们现在可以补充说，幸福的特性来自于它的客体。比如，内心深处的幸福不是以心悸或战栗为特征的，而是与某些人类最重要的良善行为有关，比如爱情、分娩或完成一部重要作品。对此菲莉帕·富特写道：

> 为一份晨报或一个牛奶瓶而与邻居争吵，不管我们认为这种行为是“过激”的，还是无可指责的，从吵架中寻找幸福感是不可能的。那么生育子女呢？就更加截然不同了！我们容易把幸福想成在某种程度上可以从心理学的角度进行解释的事物，进而认为它和它的目标是可以分离的。但是为什么这是错误的呢？为什么意义的共同性不取决于人类对生命中某些非常普遍事物的共同反应呢？[35]

如果幸福的特性源于富特所说的目标，那么我们就没有理由假设幸福感可以按程度进行排序。当然，要是我们愿意的话，我们可以把“激情”分离出来，用它来测量幸福。但是我们为什么想要这样做呢？是什么让“激情”变得如此重要？

为了回答上述问题，我们来看一下怀恩 – 肯迪将军。肯迪是鲍威尔和普雷斯伯格于 1943 年拍摄的经典电影《百战将军》中的男主人公，是一个保守的人物。年轻的肯迪爱上了一名女子，但这名女子却嫁给了他最好的朋友。他对此伤心不已，以至于后来他所有的恋爱对象都和那名女子长得十分相似。但是，我们不会就此推测这位将军因失恋而整天郁郁寡欢，正如他自己所说，他不是那种“长发诗人”，而且他的军旅生涯很成功。那么肯迪幸福吗？如果用“激情”来测量，他肯定是幸福的，而且得分会很高。我们认为他不幸福或至少内心深处感到不幸福，理由在于，我们认为爱情在人生目标中占据核心位置。但是，肯迪自己也许并不这么认为。我们再一次发现，我们在以更客观的方式评估幸福感。

我们已设法说明，如同大多数人的理解，幸福生活不只是愉悦的心理状态，还应体现人类的某些基本的美德和善行。在现代心理学对幸福的理解之下，潜伏着希腊语词汇“eudaimonia”的含义，而不只是像塞缪尔·布里坦所说的“从后门偷着带进来的某位哲学家关于有价值人生的看法”[36]。对那些不能被这个观点说服的人（应该有很多），我们现在提出关于前述困境的第二个问题：如果幸福只是一种心理状态，它又如何能达到至善？至善是我们所有努力的终极目标。倾尽心力创作一件艺术品，辛苦多年养大一个孩子，都只是为了享受其带来的精神愉悦，这透露出一种非常特殊的生活态度。然而，正是这种态度在支撑着我们当下的幸福观。

幸福经济学家认为，心态与幸福是成正比的：越幸福，越美好；越悲伤，则越糟糕。他们还认为幸福和悲伤的客体或场合不具有道德意义。如果幸福本质上不是美好的，那我们试图让幸福最大化的目的到底是什么呢？*

---

* 需要补充的是，大多数幸福经济学家并未提出用什么方式来实现幸福最大化，比如，强制实行脑叶白质切除术。用专业术语来说，他们是“受约束的最大化者”，他们寻求在基本权利和正义的架构里实现幸福最大化。在功利主义的前提下，如何证明这些约束是正当的，这个问题却通常无人探讨。

可是，显而易见的事实是，心理上的幸福并不在于自身的美好，而在于幸福是适当的，至少不是不适当的。当某人 / 物无法保证让一个人感到幸福，或导致他根本得不到幸福时，他却因为某人 / 物而感到幸福，这未必是一件好事。设想某人在听到一场导致数百人丧生的灾难的相关新闻时，却表现出一副兴高采烈的样子，我们也许要问他："你为什么开心，有什么可让你开心的？"再设想有一位学生因为服用了两倍剂量的抗抑郁药百忧解，所以他对即将到来的失败心平气和、漠不关心，正如前文所说，他处在虚幻的快乐之中。我们也许会认为这位学生还不如不服用百忧解，因为他至少能接触到现实情况。（亚里士多德主义者同样会认为这名学生根本不幸福，但他是否应该服用百忧解不应由幸福经济学家来决定。）并非所有没有缘由的幸福都是不好的。我们不想剥夺儿童在生活中无忧无虑的欢乐，也不想破坏一个人在弥留之际的幻觉。但显而易见的是，幸福心态的价值至少部分取决于幸福的价值或其目标的价值。如果这个说法成立，那么，使幸福本身最大化的构想就会呈现出灾难性的一面，而不受幸福目标的支配。

正如存在无缘由的幸福，也存在有缘由的悲伤。悲伤常常是没有缘由的，当然，这可能源于错误的信仰，或者非理性的心理机制，但在其他情况下，我们可以很清楚地察觉到是什么原因导致了悲伤。只要类似的事情存在（它们肯定永远存在），悲伤就只能通过以下方式消除：第一，眼不见，心不烦；第二，改变我们的感受，我们就再也不会在乎它了。这些方法很容易想到。科学家们也许还可以发明一种类似阿司匹林的药物，它能消除所有悲伤或痛苦的记忆。报纸和广播甚至可以不再报道饥荒、地震等灾难。这些方法中可能有的确实会奏效，但却一点儿也不能让我们满意。

许多宗教和哲学流派都把悲伤看作一种适当的反应，这种反应不只是针对个人的悲惨遭遇，还针对人类的悲惨境况。这种认知已从西方基督教中淡出，但在东正教中仍很强烈。英国的俄罗斯东正教会前负责人布卢姆大主教说过："如果你真能看透世事，意识到生命是如此悲惨，你的享乐行为就会有所节制。欢乐则是另一回事。人可以感受到内心极大的欢乐和自豪，同时还能意识到很多人正在受苦，我发现这一点很难做到。"[37] 在其他宗教传统中也可以找到类似的想法，就连肯定生命的异教徒尼采都没时间理会那些并非源于痛苦的幸福。他有一句名言："人们不会为了幸福而奋斗，除了英国人。"[38]

幸福经济学家无疑会认为这是在散播痛苦的种子，并因此不予理会。不必成为俄罗斯的僧侣或德国的哲学家，你也能发现幸福最大化的构想令人不安，无论幸福的目标是什么。某些幸福经济学家已经得出结论。要想得到符合逻辑的结论，就要放弃外在目标，直接动用大脑。黄有光呼吁要进行大脑刺激的相关研究，这种方法能产生"极度愉悦，却不会造成边际效用递减效应"。他兴奋地补充说，唯一可能更有效的方法是基因工程。[39] 理查德·莱亚德热情地谈论改善情绪的药物，它们不只是治疗抑郁症的良方，也是普遍提高人类福祉的方法。但是莱亚德拒绝永久的幸福感，只因为“我们应该抽出一部分时间，让我们的头脑保持敏锐性，以便安排好我们的生活”[40]。否则，我们还不如活在永远混沌的极乐世界里，那样岂不是更好。

美丽新世界还未呈现在我们眼前。莱亚德和黄有光不想迫使我们的大脑接受刺激。正如我们所说，他们是受约束的最大化者，试图在法律的框架内实现幸福最大化。但是，这个限制条件不太能让人放心，因为在美丽新世界中令人最伤脑筋的不是强迫问题，而是幼稚问题，即妄图消灭任何能够破坏愉悦机制的欲望。毕竟，如果黄有光描述的这种获取愉悦的方法进入市场，我们当中有谁能抵挡住它的诱惑呢？

只有针对抑郁症这种很特殊的情况，不幸福才是一种明确的罪恶和国家采取行动的一个合法理由。但是，抑郁自成一类。它不只是极度的不幸福，还是不恰当、不成比例的不幸福，因此它的负面影响才会如此恶劣。（一名悲痛的寡妇也许比一名患抑郁症的男子更不幸福，但她的不幸福是对丧偶的适当反应，而不是一种有待治疗的病症。）抑郁症关乎医学，患者需要接受心理方面的治疗。正像莱亚德说的那样，它不是不幸福这场普遍危机的一部分，与之抗争也不应该被视为使人类更幸福的更广泛运动的一部分。

从追求增长到追求幸福，不过是从一个虚假的愿景转向另一个虚假的愿景。作为个人和公民，我们应该追求的目标不只是要幸福，还要有幸福的理由。健康、尊重、友谊和闲暇，获得生活中这些美好的东西，就有了幸福的理由。如果没有这些东西还要一味地追求幸福，就势必会产生一种错觉：自以为生活很好，但其实不然。天堂和杜松子酒是那些不幸之人向他们的命运妥协的传统工具。英国的卡梅伦政府支持“幸福计划”，这表明它很快会扮演类似的角色。

当然，大多数幸福经济学家都没有这样的企图。像我们一样，他们只希望促使政策目标从盲目追求财富转向切实改善现实的生活条件。但是，他们所采用的语言，如马克思主义者所说，却“客观地”指向另一个方向。因为如果幸福只是一种个人感受，与美好生活没有内在的联系，那么接受大脑刺激也许会成为获得幸福的最廉价和最有效的方式。为什么不坦承我们想要的其实是美好生活，让幸福自己来敲门呢？

第 5 章

增长的天花板

正如亚里士多德所说，大自然也有其良好的心愿，

但它却无法把这些心愿变成现实。

——奥斯卡·王尔德

除了未能改善人类的命运以外，人们还指责经济增长破坏了大自然的本真。第二个指责几乎和第一个指责一样历史悠久。1814 年，华兹华斯哀叹机器生产“对大自然所犯下的暴行”，之后其他人也开始控诉森林和原野的毁坏、动植物的灭绝以及江河湖海的污染。在过去的 20 年里，地球温度灾难性地和不可逆转地持续上升，它就像一个妖魔控制了大众的想象力。为了避免这场灾难，有人强烈呼吁应放弃经济增长的发展之路，甚至要放弃我们已有的文明。

环保主义者反对经济增长，认为这是对环境问题的理性反应。但是，他们内心仍潜藏着浪漫主义。静下心来思考，我们会发现放弃经济增长并非我们的必然选择。相反，全球变暖问题也许会要求我们坚持走经济增长之路，以便为减轻全球变暖的后果所需的技术提供资金支持。单凭事实无法解决这一冲突，它体现了不同的世界观：一边是普罗米修斯式的乐观主义，另一边是对大自然的敬畏。但是，公共讨论的功利主义性质要求我们谈论补偿和排放问题。

无论敌友，人们经常把绿色运动伴有的神秘宗教色彩看作一种难堪，甚至是耻辱。在我们的大众文化中，科学是真理和谬误的最高仲裁者，其他都不足为信。但这不是本书两位作者的观点，我们尊重并愿意在本书分享环保主义的核心宗教意识。我们认为，这种意识最好能够公开表达，而不是躲在科学的遮羞布下。隐藏非但让其显得不诚实，还会让人受制于命运。因为如果可持续性增长能被证明是可行的，那么，那些基于不可持续性而反对增长的人很可能将无言以对，他们会和那些早期的基督徒陷入同样的窘境，要知道后者的信仰是以耶稣即将回归的信念为基础的。

环保主义者也许还记得，瘟疫和暴风雨的预言是迫使人们放弃世俗行为的方式，虽然历史悠久，但却不讨人喜欢。相反，向人们证明一种不太杂乱的生活是一种美好生活，或者是一种令人满意的生活，这样的做法更友善（可能也更有效）。艺术史学家肯尼思·克拉克在谈及德国的洛可可式建筑时说道："用令人陶醉的穹顶设计和装饰让人信服，不是用畏惧，而是用欢乐。"极端主义者总是用令人恐惧的手段来达到他们的目的，而我们则倾向于用喜悦来说服别人，向人们展现美好生活的愿景，让人们知道要怀着幸福和希望去追求美好生活，而不是出于内疚或害怕遭报应的心理。

信仰问题还是科学问题？

凯恩斯期望实现的终极目标是增长，届时所有的物质需要都能得到满足。悲观主义者则假设增长有极限，即存在阻碍进一步增长的外部障碍。我们在第 2 章中提到了托马斯·马尔萨斯的《人口原理》，它就是关于这种观点最早的经典著述。马尔萨斯的论证简单，而且具有欺骗性。它从两个“必然”入手，即地球资源的有限性，以及某种“两性之间的激情”确实存在。地球生产食物的能力是有限的，这种有限性是固有的；土地产量可以增加，但迟早会达到最大产能。相反，人类的繁衍能力却没有止境。要知道，在马尔萨斯时代，每个家庭有四个或更多的孩子是普遍现象，如果每一代人口增加一倍，不需要太长时间全世界就会挤满人。因此，冲突是不可避免的。马尔萨斯说：“人口的繁衍力量远大于地球的承受能力，以至于死亡必定以这样或那样的形式‘造访’人类。”[1]

19 世纪，通过提高农业生产力、降低出生率并将大量人口迁移至新大陆，大多数（虽然不是全部）欧洲国家都避免了马尔萨斯的“人口威胁论”的应验。但是，这个观点后来仍被多次提起。1972 年出版的畅销书《增长的极限》预测，到 20 世纪末，世界人口将达到 70 亿，导致粮食、石油、天然气、铜、铝和黄金等资源出现短缺。[2]结果表明，它不过是杞人忧天。具体而言，尽管现在的人口规模接近预计增幅，但农业的“绿色革命”极大地提高了谷物的单位面积产量，从而延缓了大规模饥荒的威胁。其他资源消耗殆尽的情况也没有成为事实。[3]借用 20 世纪 60 年代一本具有影响力的小册子的题目，“人口炸弹”最终只是一挂受潮的鞭炮。[4]

形势的变化并没有出乎经济学家的意料，他们早就知道马尔萨斯的论证中存在基本的缺陷，即它忽略了价格和技术创新的联合力量的作用。随着任何原材料现有储量的减少，其价格会上涨，从而推动人们去寻找新的储量，更有效地利用现有储量，以及开发替代资源。举例来说，石油价格上涨，带动了阿拉斯加和墨西哥湾新油田的开发，以及在风能、太阳能和其他能源上的投资。鉴于在一个技术不断进步的文明里，人口增长也得到了控制，我们的星球不太可能会耗尽食物、能源或其他生活必需品。当然，生活质量是另外一回事儿。

但是，马尔萨斯的论证完全可以用另一种更有力的形式呈现。如果增长的极限不在于“源头”，而在于“污水坑”；不在于地球上石油和其他工业资源的储量，而在于承载工业废物的能力，又会怎样呢？就一般的市场机制而言，污染都是顽症。它是经济学家所谓的“负外部性”，其恶果并未反映在价格中，所以，它往往会被过度制造，并大大地超出其真实的成本。如果要治理污染，必须采取集体行动，而且必须是全球性的，因为污染即使在距离源头很远的地方也能产生影响。

一种特殊的污染物逐渐成为公共讨论的主要话题。煤炭、天然气和石油的燃烧会向空气中释放二氧化碳，这些燃料大约占全球能源总量的 80%。自工业革命以来，二氧化碳在大气中的浓度就开始上升，而且持续不断。这令人担忧，因为二氧化碳是阻止来自太阳的热量重返大气层的气体之一。随着浓度增加，地球的温度会变得越来越高。这就是“源于人类活动的（或人为的）温室效应”，它被视为全球变暖的首要原因。

无论在规模方面，还是在特点方面，全球变暖都与马尔萨斯的预言有很大的不同。马尔萨斯预言的情况包括洪水、干旱、瘟疫，甚至人类的彻底毁灭。若要消除这些可怕的后果，人类需要放弃的不仅是这件或那件奢侈品，而是煤炭、天然气和石油，而它们是工业文明的根基。这为那些不喜欢工业文明的人提供了一个有力的武器，气候活动支持者乔治·蒙比奥特敦促发达国家政府“尽可能使增长率维持在零附近”。[5] 同样地，可持续发展顾问蒂姆·杰克逊认为，只有完全消除增长，才能使我们的星球免于灾难，我们也才有希望过上幸福的生活。[6]

对于富裕国家来讲，增长不再是一个合理的长期政策目标，对此我们表示赞同。但是，我们把它看作一个道德上的事实，而不是一个源自科学的事实。全球变暖问题确实日益严重，但它并不足以让我们放弃增长。尽管这一点通常不被承认，但也只能依赖于其他假设：在超越某一点后，增长就不再受欢迎了。打着实用主义的旗号偷偷传播道德理念，这在功利主义的政治文化中是一个常用策略。

效仿“大屠杀的否认者”以及类似的词汇，人们造出了“气候变化的否认者”这个词汇，它常被用来指代那些怀疑全球变暖是否有科学依据的人。本书的两位作者并非气候变化的否认者，我们的怀疑在于全球变暖的经济意义，而非其科学证据。话又说回来，科学也不像通常宣称的那样已有定论。气候学尚属一门年轻学科，有太多的地方仍不确定，或存在争议。它带有强烈的政治色彩，涉及争论双方重大的商业和政治利益，就连政府间气候变化专门委员会（IPCC）这个全球气候科学家的权威机构也不能完全摆脱嫌疑。2005 年，英国上议院的一份关于气候变化的报告称：“在某种程度上，政府间气候变化专门委员会已经形成

‘知识垄断’，它不愿听取那些共识之外的异议，这存在很大的风险。”[7]面对这些指责和反指责的密集攻击，作为非科学家的我们，所能做的就是接受多数人的观点，即全球变暖确实主要是由人类活动造成的。接下来的论述就是以这一点为前提条件的。

关于全球变暖和停止增长的争论采用的是典型的功利主义形式。有人主张，今天我们受一定程度的苦，是为了未来免受更多的苦。但这个主张要行之有效，必须符合以下两个假设条件：第一，全球变暖的未来成本在某种程度上是确定的；第二，无论是50年以后，还是200年以后，这些成本的权重都是相同的。但是，这两个假设条件都值得怀疑，让我们逐一进行分析。

预测是一件充满风险的事，在像全球变暖这样复杂和容易造成误解的问题上风险尤其大。但是，这无法阻止人们做出预测。自1990年以来，政府间气候变化专门委员会就在持续发布关于全球变暖成本的预估值。这些预测由功能强大的电脑完成，时间远至未来数十年，透露出权威的气息。但是，它们到底能告诉我们多少信息呢？政府间气候变化专门委员会的模型不仅基于对气候的长期预测，还基于对人口、经济增长和技术变革的长期预测，所有这些都充满不确定性。将这些不确定性因素加总，就会得到政府间气候变化专门委员会所谓的“一连串的不确定”。[8]若要据此制定确实会对我们的生活质量产生较大影响的措施，似乎不太现实。

技术是预测全球变暖成本的核心因素，但是技术变革却几乎无法预知。卡尔·波普尔解释了其中的原因：如果我们能预知我们将会知道的，那么我们早就已经知道了。[9]（这也许可被称为“星球大战”效应，这个名字是为了纪念那些经典的科幻电影，它们喜欢告诉我们它们那个时代的幻想。）政府间气候变化专门委员会对此心知肚明，承认“100 年后所用的（技术）会对气候敏感度和脆弱度产生难以想象的影响”。[10] 但正是因为这些影响想象不到，也无法想象，所以它们不能被纳入正式的预测模型。爱德华七世时代的人们一定想不到，如今，基因科技帮助我们解决了 70 亿人的吃饭问题。如果我们后代发明的技术能帮助他们应对地球温度上升 3 摄氏度、4 摄氏度甚至更高的威胁，我们会觉得惊讶吗？

值得庆幸的是，政府间气候变化专门委员会并没有给各种情形附上发生的可能性，只是把它们当作可供选择的“故事情节”来呈现。但不可避免的是，这些故事情节中最极端的那个会被政治人物和顾问所利用，政治人物用它来支持他们的绿色环保证书，顾问则用它来讨好政客。这个过程类似于“勾引异性”：专家陈述中的告诫被逐渐剥离出去，最终变成可有可无的引语。举例来说，政府间气候变化专门委员会提出了 6 种情形，其中那个最严峻的情形构成了 2006 年颇具影响力的《斯特恩报告》的基础。该报告对托尼·布莱尔的声明不无启发，在致欧盟各国领导人的一封公开信中，他表示：“我们只有 10~15 年的时间去采取必要的措施，以避免造成灾难性的后果。”[11]（当时是 2006 年，现在我们剩下的时间就更少了。）

大多数严肃的科学家拒绝灾难性的“爆发点”“无法折返点”

之类的概念，他们认为这些概念缺乏足够的实证研究基础。东安格利亚大学廷德尔气候变化研究中心前主任迈克·休姆写道："灾难性语言不是科学的语言。"[12] 但是，这并未阻止了解这一点的某些人使用灾难性语言。资深地球化学家詹姆斯·洛夫洛克认为，这个世界正趋近于一种状态，"可把它描述成地狱，热得要命，以至于现在活着的数十亿人中只有极少数人可以幸存"。这样的描述以世俗的方式呈现出帕斯卡赌注：人们想象出一个恶魔，它是如此可怕，就算付出任何代价也要避开它。[13] 这种策略（现在被奉为"强谨慎原则"）就是在蓄意引发恐慌。经过科学的计算即可得知，虽然全球变暖的风险是真实的，但其程度跟战争、瘟疫和其他许多潜在的灾难差不多。因此，我们不需要像气候极端分子所呼吁的那样，集中全部的力量和资源去解决它。

环保主义者主张减缓增长，这不但意味着全球变暖的破坏性在某种程度上是可以准确预测的，而且不管时间有多远，它们都具有同样的权重。即使灾难在200年以后才发生，我们现在也必须做出同样大的牺牲。这严重违反人的直觉。大多数人更看重生者的幸福，而不是未出生者的幸福，他们是"以现在为中心"的人。通过对未来的福利进行打折的方式，大多数环境经济学家假设明天的果酱会比今天的果酱价值更低。他们进一步假设，既然后代可能比今天的我们更富裕，他们也能更好地承受全球变暖的成本。这两个假设得出这样的结论，即"尽管气候变化对全球经济构成严重威胁，但在近期还不应该减少碳排放量；对碳排放的管理应该以逐渐加强的方式，在数十年后开始实施"。[14]

气候极端分子强烈反对对未来的福利大打折扣。为什么一个出生在 2100 年而不是 2000 年的人要因为我们而减少他应得的福利？难道这种“现代主义”跟种族主义和性别主义是同一类别吗？《斯特恩报告》以一个接近于零的时间折价率推算，这意味着它给所有人的福利赋予的权重几乎一样，而不考虑他们是现在的人还是未来的人。（折价率不是零的唯一原因在于，人类灭亡的可能性很小。）由此产生的结论是，为了避免因全球变暖而付出越来越大的代价，我们应立即降低碳排放量，哪怕一开始的降幅很小，但到 2050 年要增加到全球国内生产总值的 1%，这是有必要的。[15] 尼古拉斯・斯特恩后来把应对气候变化的成本高估了一倍，在他之后的《斯特恩报告》的作者甚至给出更高的数字，相当于完全取消了增长。[16]

《斯特恩报告》的道德标准是一种天国般的平等主义，在该报告看来，所有的年代都等同于当代，所有人都同样重要，无论他们来自过去、现在还是未来。但我们的观点是人类的观点，低于天堂的层次。我们重视儿女的福利甚于孙辈的福利，重视孙辈的福利甚于重孙辈的福利，如果不这样做，我们就是不负责任。尼格尔・劳森提醒我们注意杰利比太太这个人物，她是查尔斯・狄更斯的《荒凉山庄》中的一位“有远见的慈善家”，她对非洲的穷人如此关心，以至于忽略了自己的孩子。[17] 但是，斯特恩的立场甚至比杰利比太太的立场更怪异。杰利比太太只是对陌生人和最亲近的人一视同仁，而斯特恩则对过去的人、未来的人和现在的人一视同仁。我们既可以不接受路易十五所说的“我死后，哪怕洪水滔天”，也可以拒绝斯特恩的怪异观点。我们只需要知道，未出生者的福祉虽然有价值，但其价值要低于活着的人的福祉。

因全球变暖而降低增长的论据非常苍白，基于此环保主义者会努力寻找具有说服力的证据。大多数气候极端分子也对贪婪和奢侈深恶痛绝，如果生在古代，他们可能就是克伦威尔或萨沃纳罗拉之类的人。翻阅大量环保人士的文献资料，你会发现他们喜欢有节制的生活。在乔治·蒙比奥特的宣言中，清教徒的特点显而易见，他发起的运动“不是为了富足，而是为了节俭；它不是为了获得更多自由，而是为了拥有更少的自由；最奇怪的是，它不只是反对其他人，也反对自己”。[18]

总之，支持减缓或停止增长的环保主义者的行为，不能被视为对已知事实的务实反应。它透露出一种热情，以及一种认为事实只是附属品的意愿。即使当下我们对全球变暖的恐惧是毫无根据的，气候极端分子也不会放弃对长途飞行和四轮驱动汽车的反对；相反，他们将会努力寻找旨在证明节俭措施有效的新论据。环保主义的成或败是信仰问题，而不是科学问题。那么，这个信仰来自何处？要回答这个问题，我们必须先回顾一下历史。

环保主义的道德根源

17 世纪的科学革命的目标是努力建立弗朗西斯·培根所说

的人类帝国。自然被降格成惰性物质，服务于人类的目的；上帝被视为一个抽象的“先驱者”，离人类很遥远且对我们漠不关心；人类成为世界的主宰者。鉴于这门新哲学的出现，洛克和其他人重新诠释《创世记》，即上帝授权人类去抢夺、耕种和采集，由此在基督教新教和环境破坏之间建立起一种联系，并且一直持续到今天。19 世纪美国经济学家亨利・凯里形容地球是“一台巨型机器，被交予人类按其目的加以塑造”，这反映了他那个时代的普遍认识。[19]

培根的构想及其造成的后果，激起了诗人和作家的强烈反对。华兹华斯对人类破坏大自然的抗议得到许多有识之士的认同，包括英格兰的约翰・拉斯金和威廉・莫里斯、美国的亨利・戴维・梭罗和拉尔夫・沃尔多・爱默生，以及其他很多人。触动这些人的不是有关污染或资源枯竭的科学理论，而是一种原始的、半异教的自然即神圣的感觉，以及对人类干预产生的恐惧心理。在反思人类行为对地球的影响时，杰拉尔德・曼利・霍普金斯写道：“你所有的荣光已经打上了商贸、苦役的烙印，以致污迹斑斑。”这种厌恶感本来源自反对农耕，以及反对工业。浪漫主义培养出人们对大自然、荒野和山地的喜爱之情，这有别于以前的诗人和画家，后者主要钟情于草地和葡萄园。

英国的国民托管组织、德国的家园保护联盟和美国的塞拉俱乐部属于最早一批的环保团体，它们都是浪漫主义的产物，喜爱老建筑和“未受破坏”的风景。它们的成员是狂热的中产阶级，有保守的爱国主义倾向，他们对工业没有责难，只要工业巧妙地把自己隐藏起来即可。在本质上，19 世纪末期出现的众多杂反无章的俱乐部的成员更多是无产阶级和左派，他们也只是想暂时离开工业文明，而不想全面废止工业文明，因为工人们很清楚他们的生活来源是什么。

但是，早期的环保主义者还有其他更激进的倾向，即认为他们的敌人是技术本身，而不只是偶尔滥用的技术。路德维希·克拉格斯是一名富有魅力的德国哲学家、诗人，他表达了自己独到的意见。1913 年，他写道："进步决意要摧毁生命。它以各种形式向生命发起攻击，比如砍伐森林、灭绝物种、消灭原住民和以商业的名义损毁景观。它把生物降格为微不足道的商品，就像'牲畜'。"[20] 哲学家马丁·海德格尔也是绝对论者，1953 年，在一篇论述现代技术的文章中，他指出技术在各个方面把自然"装在框里"，甚至消灭了它想要逃离的企图。

> 水力发电厂没有建在莱茵河上，不像数百年前的老式木桥那样连接河的两岸。相反地，河水被拦截进入电厂，成了电力的供应者……那么，莱茵河还是不是自然风景中的一条河流呢？也许吧。但是，它已经成为一件物品，等着旅行团来参观。[21]

克拉格斯是反犹太分子，海德格尔是顽固不化的纳粹分子，他们是不被现代绿色运动承认的两位先驱。"二战"后，他们的观点被法兰克福学派的两位创始人西奥多·阿多诺和马克斯·霍克海默传递给左派科学家，并被阿多诺的老同事赫伯特·马尔库塞输出到美国。（马尔库塞用典型的不妥协的口吻说道："生态运动不能只寻求现有体制的改善，还要对浪费资源和污染地球的那些机构和企业进行彻底改革。"[22]）数十年来，环保主义已被看作一个完全"进步"的运动，只有一些老派的马克思主义者怀疑环保主义中隐藏了一种让穷人继续受穷的设计。

20 世纪 60 年代之前，对技术的激烈批评只局限于一些学生、艺术家和知识分子。但是，有两个因素促使有关技术的批评成为主流话题。一个因素是生态学的出现，它是研究生活在自然栖息地的生物的学科。生态学让人们重新认识到，生命互相依赖，人类干预会对自然造成危害。神秘主义的观点认为，自然拥有一种平衡，破坏这种平衡就会付出代价，生态学为此提供了科学支持。1962 年，蕾切尔·卡逊出版《寂静的春天》一书，反对滥用杀虫剂，读书反响很大。另一个因素是，20 世纪 60 年代，马尔萨斯的"人口威胁论"再度盛行。1968 年，保罗·埃尔利希的《人口炸弹》一书出版，此后不久，《增长的极限》和经济学家舒马赫的《小的是美好的》分别于 1972 年和 1973 年出版。新一波的环保主义思潮保留了激进主义的特点，但它真正的目标是实现工业社会的"长期可持续发展"，而不是废止工业社会。

虽然主流环保主义更深层次的动力仍然关乎道德、审美，甚至是宗教，但自从 20 世纪 70 年代以来，他们一直在用可持续发展的功利主义语言表达自己的诉求。这导致所谓的"深层"和"浅层"生态学家之间的关系越发紧张，前者将自然本身珍视为目的，而后者把自然看作实现人类目的的工具。（反对全球变暖运动把自己定位于“浅层”阵营，不过，我们发现它的许多支持者都具有“深层”的倾向。）在环保主义反对技术进步的旧本能和对电脑预测的新依赖之间，也存在类似的紧张关系。同一批人在 40 年前也许会高呼“打倒技术法西斯主义”，现在却成为科技的坚定拥护者。

浪漫主义和科学是环保运动的两面，它们在詹姆斯·洛夫洛克的身上实现了统一。洛夫洛克是电子俘获检测器的发明者，也是著名的盖亚假说的创始人。作为一名科学家，他对地球化学、生态学和控制论有广泛的兴趣，认为生物在使地球保持适合生存的温度和大气质量方面发挥了重要作用。在他看来，地球可能没有从整体上被当作一个类似于有机体那样的自动调节系统。英国小说家威廉·戈尔丁是洛夫洛克的邻居，当洛夫洛克跟戈尔丁谈及自己的这一看法时，戈尔丁“毫不犹豫地……建议以希腊神话中大地女神‘盖亚’的名字来命名这个有机体”。[23] 就这样，一个新的神话诞生了。

洛夫洛克最早提出的盖亚假说是一种纯粹的启发式工具，是一种假设，而不是事实。他在 1978 年写道：“如果不刻意地拐弯抹角，避而不谈盖亚几乎很难，人们似乎都知道她是一个有知觉的人。没有什么比驾船者称呼船为‘她’更严肃的事了。”[24] 但在洛夫洛克后来的作品中，这种告诫消失了。他在《盖亚时代》（*The Ages of Gaia*）里反问道：“如果盖亚的另一个名字是‘玛丽’，又会怎样？她在地球上是生命的源泉，她现在还活着；她孕育了人类，我们是她的一部分。”[25] 洛夫洛克在此处展示了他的两面派，一方面他认同他的科学家同事们，另一方面他又认同新的异教徒。盖亚身上既蕴含着令人尊敬的自然主义，同时又富含神秘的寓意，它是为一个无法超越信仰的时代量身定制的。

关于盖亚的信息是模棱两可的。洛夫洛克的合作伙伴林恩·马古利斯称盖亚是“一个强悍的老女人”，如果她足够坚强，那么她也许能包容我们对她的一切指责。毕竟，在她漫长的经历中，她一直在承受着骚扰。但是，她也有可能不那么坚强，以至于她对这些骚扰的承受将以去除其根源的形式来实现，这个根源就是我们自己。洛夫洛克近期的作品《盖亚的复仇》（*The Reverge of Gaia*）就倾向于后一种可能性，书中的盖亚不再是贤淑温柔的圣母玛利亚，而是一个泼妇。“我们现在可以看出，盖亚就像其他女神，比如卡莉和涅墨西斯，既可以像母亲一样精心养育后代，也会对违规者残酷无情，即使违规者是她的子孙，她也不会放过他们。”[26]

最终，预言胜过了科学。洛夫洛克灾难性的愿景并没有实证或理论基础，它的逻辑只与神话创作有关：人类的罪恶招致大自然的报复，而且上帝已死。正是在这种逻辑的指导下，华兹华斯号召大自然“为它受到的侵害而报复”，维多利亚女王时代的博物学家乔治·马什也说过，自然“会向闯入者寻仇”。[27] 这种言辞不仅不是好的科学，更重要的是，它也不是好的宗教。大自然的现代爱好者认为它只关心自己的平衡，而不关心人类的福祉。大自然继承了上帝的愤怒，却没有继承上帝的怜悯。在宗教意识领域，盖亚代表着一种倒退，而不是进步。

这印证了较早以前得出的结论，即持续驱动环保主义运动的是情绪，而非科学。为什么现代的绿色环保人士不愿意承认这一点呢？一部分原因在于他们担心这会破坏他们完全“正面”的论述的可信度，另一部分原因是他们害怕坦承自己的动机将会暴露出更多见不得人的东西。他们也许没有做错，但遗憾的是，环保主义中藏匿着一颗了不起的理想胚芽，承认这一理想不但不会削弱还会极大地巩固环保主义事业。我们现在就来探讨这一理想。

人如何与大自然和谐相处

现代生态伦理学分为两大阵营，一个是“浅层”的，一个是“深层”的。前者认为大自然是人类的资源，为了后代的利益着想，我们应善加管理。后者认为，不管大自然对我们是否有用，它本身都是宝贵的。然而，两者都没有抓住我们关心大自然的真正理由。通过剖析两者的不足，我们将会得到一个更恰当的构想。

《斯特恩报告》及其之后的许多出版物都是浅层生态学的典型代表。浅层生态学建立在平等主义的基础上，它认为我们不应该优先考虑自己的福祉，而忽略后代的福祉，就像我们不应该优先考虑白人或男性的福祉，而忽略黑人或女性的福祉。或者说，我们不应该是现代主义者。

我们已经表明，对于后代的福祉我们应该承担部分责任，但不会大于为现在的人的福祉所承担的责任，因此，我们要尽最大的努力，不让这个世界变成沙漠。但是，对福祉的考虑并没有耗尽我们对自然的兴趣。哲学家玛丽·米奇利要我们想象这样一个场景：在准备乘船回家时，鲁滨孙·克鲁索炸毁了他漂流期间生活的小岛，岛上的动植物无一幸免。虽然人类的利益未受到威胁，但这个行为仍被视为荒唐的。[28] 换一个真实的例子，我们都十分关心北极熊和雪豹的命运，但这两种动物对我们没有任何的实际效用。（也许有人会说，我们可以从它们的存在本身获得快乐，这就是它们带给我们的效用。如果真是这样，我们可以停止关心它们，消除这种效用，从而摆脱我们必须确保它们存在的责任。）显然，我们关注北极熊和雪豹的存在，是出于"为关心而关心"的初衷，跟我们能否从它们的存在中获得好处没有关系。全世界大多数濒危物种都面临这种情况。

深层阵营的生态学家认为，上述浅层生态学的论据不过是可耻的洛夫洛克观点的变形，即认为地球只是为了人类的利益而存在。深层生态学号召我们将"非人类生命的繁盛"作为目标，[29] 但是，"非人类生命的繁盛"到底是什么意思？因为没有一个个体叫作"非人类生命"，只存在很多非人类的有机体和物种，它们很多还是相互竞争的关系。

也许，促进非人类生命繁盛指的是促进所有非人类物种的同等繁盛。深层阵营的生态学家阿恩·内斯曾谈及"生活与繁荣的平等权利"，[30] 但是，这又进一步引出一系列问题：谁是这个“平等权利”的载体，包括植物、蘑菇、细菌在内吗？如果一种生命形式被列为一个物种就能获得这个权利，如果被列为亚种，就会失去这个权利吗？这种划分方式似乎过于苛刻。“生活与繁荣的平等权利”意味着我们应该投入同样多的资源去拯救雪豹和香茅蚁，香茅蚁是数百种濒危昆虫之一。那么，天花病毒呢？现在，全世界只有两个实验室中存在着这种病毒。显然，我们只需要考量人类自身的利益。但是，对于像内斯这样的“生态圈平等主义者”来说，出于自利、感情或审美的原因，对某类物种的任何偏爱都会露出“人类中心说”的马脚。我们必须像卡托或布鲁特斯那样，不偏不倚地对待大自然。

在某种程度上，即使再明智的建议也只能给人以功利主义的启发。如果我们的目标是实现极大化的愉悦和极小化的痛苦，那么动物的愉悦和痛苦也应该予以平等的考虑。忽略它们就是物种歧视行为，这是对人类自己有利的一种偏见。[31] 但是除了功利主义的一般性问题以外，这项建议还歪曲了我们关心大自然的特性。从一开始，它没有给我们一个关心植物的非功利性理由，而植物无法感到愉悦或痛苦。另外，许多动物（尤其是野生食草动物）的一生充满了疾病、饥饿和恐惧。始终如一的功利主义要求我们把它们关在大型公园里，保护它们免受肉食动物的捕杀，同时获得食物和医治。人们也许还会用饲养牲畜获得的肉或某种从大豆中提取的替代食品去喂养食肉动物。这种幻想可以无限地延伸下去，但是，对于任何关心我们自然栖息地繁盛的人来说，他们不会赞同这项建议。

深层阵营的另一位生态学家奥尔多·利奥波德写道："致力于保护生物群落的完整、稳定和美丽时，这才是正确的事。反之就是错误的。"[32] 他考虑的单位不是每个物种，而是物种群。对于实现整体利益最大化，我们义不容辞，即使某些局部会遭受伤害或破坏，也在所不惜。詹姆斯·洛夫洛克热衷于这种整体的最大化，他形容盖亚是病态的、年老体衰的，敦促我们尽可能地使盖亚恢复健康。他甚至产生了一个可怕的念头：就像癌症或病毒的灭绝一样，人类的灭绝也许会让盖亚受益。

这样的想法在道德上是危险的，它也会让人感到困惑。生物群落或盖亚既不是有机体，也不像有机体，不可能生病、繁荣或灭绝。有机体属于物种，它们独特的机体功能和生活方式决定了它们生病和健康的标准。[33] 只有一个驼峰的骆驼是有缺陷的骆驼，当然，除非它是单峰骆驼。相反，盖亚自成一体，这个世界不存在"盖亚们"。因此，即使是一种比喻，说盖亚生病或发烧也是有误导性的。（盖亚正常的温度是多少摄氏度？）

那么，错误出在哪里呢？深层阵营的生态学家的正确之处在于，坚持自然的价值是其本身固有的，而不是工具性的，而他们的错误之处在于认为大自然的价值不取决于人类的看法。不管是工具性的还是固有的，所有价值都与人类的看法有关，最简单的理由在于，我们是唯一可以做出价值判断的动物。其他动物也拥有物品，但它们不会仅仅因为它们是物品或值得追求的东西就紧抓不放。"人类中心说"不是一种偏见，而只是这一事实的必然推论。英国道德哲学家伯纳德·威廉斯在讨论这个问题时说："对非人类动物的关心的确是人类正常生活的一部分，但只有在我们了解了自己之后，我们才能学会关心，并传递这种关心。"[34]

大自然的价值既以人类为中心，又是固有的，这种说法似乎有点儿奇怪。这两种属性如何能同时成立呢？但是，我们都熟悉另外一种东西，其价值既以人类为中心又是内在的，它就是艺术。奥斯瓦尔德·斯宾格勒写道："有一天，伦勃朗的最后一幅画和莫扎特的最后一节音符将不复存在，因为能接收它们所承载信息的最后一只眼睛和最后一只耳朵消失了，尽管有一块彩色画布和一页乐谱仍存在这个世界上。"[35] 换言之，只有能分享我们的情感和兴趣的生物，艺术对他们而言才有价值。不能说艺术的价值只是工具性的，也不能说我们珍惜它只是把它作为愉悦的来源、文化资本或诸如此类的东西。虽然艺术的价值只能通过我们的欣赏得以体现，但它显然是内在的。既然艺术如此，大自然也应该是这样的。

大自然的价值既是以人类为中心的，又是自身固有的。因此，我们可以说，与大自然和谐相处是人类享受美好生活的一部分。这一陈述抓住了一个事物的两个方面：一方面，它清楚地表明大自然的价值是内在的（与某种生物和谐共生，不是为了达到自己的目的而去操纵它）；另一方面，大自然的价值又属于人类中心说（与大自然和谐相处是人类美好生活的一部分）。这种说法既保留了浅层生态学和深层生态学各自观点中正确的东西，又摒弃了各自的错误之处。

园艺活动是“人类与大自然和谐相处”的一个现实案例。好的园丁了解并尊重大自然的各种潜能，他不会把树木和灌木看作可以被随意修剪成任何形状或外形的“原材料”（除非他是法国人）。有些植物需要浇水，其他的植物需要松土。树枝长得太杂乱，园丁会剪枝，园丁还会喷洒杀虫剂，以消灭鼻涕虫和蜗牛。总而言之，园丁会根据人类对舒适和美丽的理解，去发挥大自然内在的价值。他和大自然的关系既不是通俗的工具关系，也不是冷酷的牺牲关系，而是一种和谐关系。[36]

园艺揭示了人类与大自然和谐共处的意义，这种独特的力量解释了为什么在全世界对美好生活的描写中，园艺都能占据一席之地。《圣经》将亚当和夏娃安置在花园里。《古兰经》向信徒们承诺可以住在“欢乐花园”里，那里水流常年不息，四季都有水果。中国古代的哲学家常憧憬在群山或竹林中徜徉，远离城市的喧嚣。西塞罗写道：“如果你拥有一座花园或一间书房，你就拥有一切了。”这种意愿在世界各地的文化中反复出现，它表明与自然和谐相处是人类普遍的精神需求。

既然如此，在现代环保主义文学作品中，为什么与自然和谐相处这个观念很少被提及呢？答案大概是，现代环保主义认为，该观念假设大自然是我们可以与之和谐相处的事物，大自然号召我们采取某种生活方式，而不是其他方式。因此，这种观念在现代环保主义看来是影响很坏的“形而上学”思想。在标准的现代环保主义概念中，大自然就在那里，它是真实存在的，是冷酷无情的，让人难以捉摸，不是那种我们可能（或不能）与之和谐相处的事物。关心大自然要么意味着人类要出于长期利益去管理它；要么放手，任其按照自己的方式发展，这分别是浅层生态学和深层生态学的主张。

但事实上，即使那些已经经过实证主义磨炼的人，也无法做出在哲学上最好的行为。大多数人都能分辨出与自然和谐相处的行为和不和谐相处的行为。人们认为，凡尔赛宫的花园比斯陀园有更大的人造成分，但两者均是人类艺术创作的产物。虽然他们清楚所有的养殖行为都包含蓄意改变生命的成分，但他们还是对工厂化养殖感到厌恶。常识是实践的最终仲裁者，它可以告诉我们哪些行为符合大自然的特性，哪些行为则违背大自然的特性。我们需要不止一种哲学理论，能从另外的角度让人们信服。

如果顺着这个思路重新打造环保主义，我们可以把它叫作“美好生活环保主义”。在实践活动中，这种环保主义是什么样子的？首先，它和当下的深层生态学和浅层生态学都有很大的不同。它倡导“绿色”的生活方式，并不是为了自然本身或子孙后代，而是为了我们自己。它鼓励我们从自身利益出发去了解本地动植物的知识，享用本地的食物，有可能的话，还可以通过钓鱼、园艺和其他活动参与食物的生产过程。许多环保主义者已经被这种建议所打动，只不过大部分人都不好意思承认。其他环保主义者则继续忽视人类的利益，比如，詹姆斯·洛夫洛克建议完全废弃农业，改为食用人工合成食物，不管这样做对盖亚有多大的好处，都肯定不会增加我们生活的欢乐。[37]

其次，美好生活环保主义不再对养殖和园艺抱有偏见，这种偏见是浪漫主义强加给我们的。美好生活环保主义认同古罗马诗人维吉尔的观点，维吉尔曾写诗赞美嫁接育苗的方法，并呼吁农民“用栽树的方法驯化野果，以免土地闲置”，但这并不意味着所有的农耕方式都是无害的。笼式养鸡法和单一栽培法令人憎恶，然而，它们应被看作一种正常做法的变异，而不是农业本身堕落的表现。生态学家约翰·贝尔德·卡利科特认为：“就像一队四驱越野车一样，一群牛、羊或猪也会对大自然造成毁灭性的破坏，甚至更严重。”[38]

那么，霍普金斯和其他浪漫主义者钟情的“杂草和荒野”在美好生活环保主义中是否有一席之地？可能有。但是，这是由我们的关心决定的，而不是由自然本身的良善决定的。人类把地球变成了一座大花园，这令维多利亚女王时代的进步主义者赫伯特·斯宾塞兴奋不已，却令我们这些现代人患上了幽闭恐惧症。我们倾向于认同与斯宾塞同时期但更浪漫的约翰·斯图尔特·穆勒的观点，穆勒赞成保留荒野。[39]但是，不管保留荒野的做法在理论上是否令人向往，它在实践中却是一种矛盾的行为，因为一片荒野之所以能够保留目前的状态，是因为有人类的干预，但这样一来它就不再是真正意义上的荒野了。非洲的稀树草原受到科学家的严密监控，实际上它已经成了大型公园，和英国乡野公园的不同只在于规模的大小。如果我们按照公正的标准去做，不仅允许科学家和探险家进入荒野，普通度假者也可以进入，那么荒野的受损程度将更大。所以，不管我们的意图是什么，也许我们都会把大自然变成一座大花园。

再次，美好生活环保主义者不会不承认他们更倾向于保护雪豹，而不是香茅蚁。如果硬要求他们解释原因，环保主义者只能说雪豹是一种美丽的野兽，它在艺术和纹章学方面历史悠久且地位显著。可以确定的是，这属于人类中心论。但我们还有其他选择吗？深层阵营的生态学家设想，如果将人文内涵从大自然中剥离，大自然就会显露出其全部内在价值。其实，反过来想才对。从大自然中剥离人文内涵，我们根本做不到，否则，我们得到的将是毫无内在价值的东西，比如煤或石油储量。

最后，美好生活环保主义者会严肃对待人口增长的问题。2011 年，世界人口超过 70 亿大关，虽然人口增长率在下降，但绝对人口数却在攀升。不管人口增长是否会引发一场马尔萨斯人口威胁论所预言的危机，它都会降低我们的生活质量。凯恩斯将“控制人口的能力”设为达到“乐土”状态的前提条件。如何获得这种能力是一个急待解决的技术问题，只不过这个问题超越了本书探讨的范畴。

美好生活环保主义有何经济寓意呢？保护农业，限制超市的数量，鼓励手工制作食品，这类政策虽然经常被人误解为出于功利主义的目的，但它们是舒马赫等环保主义经济学家几十年来一直倡导的。这些政策会对增长产生什么影响？其影响可能是负面的，但是法国和意大利比英国更成功地保持了它们的农业传统，而且增长也未有明显下降的迹象。不管怎样，这些都不是关键。对于美好生活环保主义而言，减缓增长不是目标，而是采取了正确措施之后的一个无关紧要的副作用。

秉承这些理念的环保运动将不再依靠科学的断言，因为那些断言既不确定，又不相关。即使确实存在着增长的自然限制，它们也要过很长的时间才会起作用。把我们的希望寄托在最终的匮乏上，无异于谴责我们过去数十年，甚至几个世纪以来一直坚持的消费主义是愚蠢至极的做法。此外，美好生活环保主义还会驱散笼罩在自己身上的道貌岸然的道德主义氛围。它将提醒我们，与大自然和谐相处的生活不是牺牲，而是值得热切渴望的东西。大自然既不是我们随心所欲使用的原材料，也不是一个索求祭品的怪物。正像德国浪漫主义作家常说的那样，它是“沉睡的精灵”，默默地承载着生命。如果我们无理地对待大自然，我们就是在摧毁自己生存的乐土。

第 6 章

美好生活的 7 个基本元素

一箪疏食一壶浆，一卷诗书树下凉。

卿为阿侬歌瀚海，茫茫瀚海即天堂。

——欧玛尔·海亚姆

我们认为，人们热衷于消费和工作，主要是因为关于美好生活的愿景从公共讨论中消失了。每年的收入为 500 英镑，有一个属于自己的住所，凯恩斯和弗吉尼亚·伍尔芙设定的美好生活的标准早就过时了，只剩下“与自己地位相等的邻居”的财富状况作为我们的参照。如果我们要重新讨论什么是足够，我们必须再问一遍：怎样才算美好的生活？

如第 3 章所述，美好生活是一种令人向往或值得向往的生活，而不仅是很多人想过的生活。调查问卷法让我们得知问题的答案。但是，美好生活不会与古往今来大多数人的愿景截然相反。与科学不同的是，在道德层面上，不太可能出现普遍的错误，因为道德标准是一个见仁见智的话题，不存在道德专家。亚里士多德明白这一点，所以，他在探讨道德问题时会先搜集人们对此问题的看法，这些人中既有普通人，也有受过教育的人，他意识到普通人的经验也是有智慧的。今天，我们可以在一个更宏大的层面上做同样的事，不仅可以搜集现代人的看法，还可以借鉴过去各个时代所有文明人的想法。

论及此处，有人通常会指出道德信仰和惯例的巨大差异。面对这样的多样性，我们该如何谈论类似“美好生活”这样的事情呢？这样的谈论难道不是沙文主义或者更恶劣的“文化帝国主义”吗？相当于我们把自己的偏好强加于那些持有异议的人身上。我们不是应该把我们的抱负限制在一个中立的规则体系之内，允许不同信仰的人和谐地生活在一起吗？正如我们在第3章所见，这是大多数现代自由主义，尤其是经济自由主义的特点。

在这里，我们有必要做出回应。第一，道德观点不同并不代表它们具有相同的价值。原因在于，某些文化也许对道德问题的理解有误，当然也包括我们自己的文化。一种文化有可能让另一种文化看起来是错的，但可以肯定的是，它依据的不是令人无法反驳的理由，而是唤醒了隐藏着的愤怒或同情之心。由于文化的基本价值不同，米尔顿·弗里德曼认为“人类最终只能彼此对抗”，但他的看法并不正确。[1]

第二，虽然道德的多样性确实存在，但并没有我们想象的那么广泛。虽然具体方式差异很大，但几乎所有文化都或多或少地鼓励男女之间形成稳定的组合以繁衍后代；几乎所有人都生活在超越家庭的群体里，并建立某种固定的政治组织；几乎所有人都有财产和交换的概念；无论是宗教、审美、娱乐还是其他，几乎所有人都会从事获取生活必需品之外的活动。通过祈祷、绘画或诗歌的形式，几乎所有人都会敬畏周围的世界与生灵；几乎所有人都会遮住他们的生殖器；几乎所有人都会通过仪式去纪念逝者，而不是只把他们视为死去的肉体。[2]

所有这些共性共同定义了人类独特的生命形式，从而确保了人类对构成美好生活的基本元素达成一致的认知。健康、尊重、安全、信任和爱，是公认的美好生活的一部分，缺失它们被视为一种不幸。这些元素会以多种形式出现，比如，向爪哇国王子表达敬意是一回事，向伦敦的出租车司机表达敬意则是另外一回事。但是，尊重这个概念是一致的。[3] 德国哲学家恩斯特·卡西尔写道："终究还是'同样'的人类，用 1 000 种形式和 1 000 种面具，反复跟我们相遇。" [4] 于是，我们就有了对美好生活进行广泛调查的基础，并且可以超越时空的限制。只有通过市场规则或国际公约的调和，我们才不会走向沙文主义式的"文明冲突"。

我们要做的事和近期的其他相关讨论是什么关系呢？在《正义论》及其他作品中，美国哲学家约翰·罗尔斯概述了初级元素的种类。初级元素是一个理性的人无论如何都想要的东西，"因为对于构建和执行一个理性的人生规划而言，它们大体上是必需的"。[5] 罗尔斯列出的初级元素的清单包括公民权利和政治自由、收入和财富、担任公职的机会，以及"自尊的社会基础"。初级元素不是美好生活的构成要素，而是实现美好生活的工具。一个自由的国家必须确保把初级元素公平地分配给所有成员，但不应该对它们的用处指手画脚，因为那会违反中立的基本原则。

来自发展经济学领域的阿马蒂亚·森和道德哲学领域的玛莎·努斯鲍姆，批评罗尔斯忽视了个人将初级元素转化为实际机会的能力有所不同的问题。残疾人需要更多的资源才能像正常人一样行动，生活在父权文化中的女孩需要更多的资源才能达到男女平等的水平。我们的关注点不应放在这些元素上，而应该放在能力上，即思想和行动的实际力量。因此，问题不应是"某人能支配多少资源”，而是某人“能够做什么，成为什么人”。努斯鲍姆列出了人类的 10 种核心能力，其中包括身体健康、正直、想象、思考、实践、归属感和玩乐等。[6] 她和森都认为，这些能力是衡量生活质量的指标。他们的观点在发展中国家很有影响力，对于将关注点从国内生产总值转移到其他特定的指标上起到了促进作用。

尽管两人与罗尔斯的观点有分歧，但森和努斯鲍姆也与罗尔斯一样，非常关心自主权。正是这种关心促使他们超越了罗尔斯所列的基本元素清单。努斯鲍姆写道：

> 我们想要找到一种方法，它尊重每个人对繁荣的追求，把每个人都看成目的以及自身权利的代理人和价值的来源。这种尊重意味着我们不再武断地对待基本元素，至少在某些核心领域的选择问题上，为成年人留出更大的自主发挥空间。但是，这种尊重要求我们遵守这样的条件：允许个人跟随自己的意志，免受政治和传统的强迫。[7]

捍卫自主权的愿望可以解释森和努斯鲍姆关注能力而不是关注实际功能的原因。他们的关注点乍看起来很奇怪：我们为什么要关心个人是否有能力保持身体健康和受教育呢？对于努斯鲍姆来说，这个问题的答案是：“对于成年公民而言，能力，而非运用能力是其恰当的政治目标”。[8]

本书两位作者的方法与他们截然不同。我们认为，基本元素不只是美好生活的工具或潜在的能力，它们本身就是美好生活的一部分。此外，我们认为这些基本元素不只是个人活动的一个恰当目标，也是政治活动的一个恰当目标。在大多数情况下，重要的不是过上美好生活的能力，而是真正过上美好生活。假设有这样两个社会，一个社会没有设立医院，另一个社会没有人去医院看病；一个社会的人有让自己获得健康的能力，另一个社会的人则没有这种能力。但重要的是，两个社会的人都不健康。这两个社会给我们提出了一个政治问题，即国家行为。

这个问题还关乎财富。森和努斯鲍姆主要考虑的是贫穷国家，这些国家的许多人都缺乏过上美好生活的资源。但在富裕国家，人们面临的是完全不同的问题，那就是如何恰当地利用现有的资源。如果政策目标只依据能力来制定，那么这个问题就不存在了。努斯鲍姆写道，“有机会玩乐的人也可以选择工作狂式的生活”，她的意思是，只要选择是自由的，它的结果就跟公众利益无关。[9] 但是，如果这种工作狂式的生活是贫困的，而大多数人也同意这一点，那么，选择贫困的工作狂式的生活而非美好生活，无论这种选择是不是自主的，都令我们担忧。

此时，反对者会给我们贴上“家长作风”的标签。坚持把目的而不是手段或能力当成政策目标，我们难道不是在“专断地对待基本元素”吗？有两点思考也许有助于减少这种怀疑。首先，在西方国家的法典中，有很多法律条文意在促使人们成为比他们想要成为的更好的人。有许多一直沿用到现在，而且范围也有所扩大。比如，禁止吸食毒品、禁止乱伦，限制发布烟酒广告，以及呼吁健康和安全等。只有在哲学研究的象牙塔里，自由国家才不会“专断”地对待基本元素”。

其次，既然美好生活的合理定义是人们自主或自行选择的生活，那么作为一个强制性主体，国家能做的就是推广美好的生活。强迫人们变得文明其实是自我愚弄之举，比如，彼得大帝命令大臣们参加沙龙讨论哲学，违抗者要遭受拷打。但是，国家无须如此专制也可以做成许多事情。用经济刺激来激励人们实现价值，通常不会被视为专断方式。事实上，虽然官方给出的理由通常是功利的，而不是道德的，但几乎所有自由国家都在使用这些刺激手段。比如给已婚夫妻减免税赋，理由往往是婚生子女长大后的表现会更好，这虽然是事实，但没有触及问题的核心。在下一章的内容里，我们会推荐几种方法，让现有的经济刺激手段可以更好地推动美好生活目标的达成。国家可以助推人们生活得更好，而不是更差，但选择权必须由人们自己掌握。

我们还可以对美好生活的概念进行更深层次的探讨。大自然的现代科学形象缺乏内在目的，这催生了一种想法，即人类也没有内在目的，每个人的基本元素都是他幻想的产物。这是真的吗？系统地回答这个问题会让我们陷入困境，所以，一个坚决的否定回答就足够了。顺便提一下，“科学禁止我们谈及目的”这个现象在物理和化学领域比在生物学领域表现得更加明显。但是，即便科学禁止我们谈及目的，为什么它还要限制我们思考与自身利益相关之事呢？科学是探索大自然的一个极好的工具，但当谈到人类美好生活的基本元素这个主题时，我们的直觉将成为我们的向导，并且我们的直觉力会因阅读、旅行和对话而得到提升。

基本元素的清单

罗列基本元素的清单时，会让人产生一种专断的感觉，为了驱散这种感觉，我们制定了四项准入标准。

第一，基本元素必须具有普遍性。这意味着这些元素属于各种类型的美好生活，而不是某个特殊的局部概念。透过特殊性审视普遍性需要强大的哲学直觉，这种直觉会受到不同时代和不同文化的影响。这一点常被人们遗忘，以至于现代的哲学直觉只是 19 世纪初期自由主义的老生常谈。努斯鲍姆列出的人类核心能力包括“免受种族、性别、性取向、宗教、种姓、族裔或国家的歧视”，这虽然是一个进步的清单，但却几乎没有普遍性。[10] 更具哲学头脑的人也许会质疑普遍性是否等同于现代的自由价值，毕竟从永恒的角度看，我们的文明和其他任何文明一样狭隘。

第二，基本元素必须具有终极性，这意味着它们本身就是基本元素，而不是通向其他基本元素的元素。（这将我们所说的“基本元素”与罗尔斯所说的“初级元素”以及努斯鲍姆、森所说的“能力”区分开来。）哲学家揭示终极元素的标准方法是不断地问“为什么”，就像某些烦人的小孩。如果得不到进一步的答案，我们就找到了终极元素。“那辆自行车是干什么用的？”“上班用的。”“那么，上班是为了什么呢？”“为了挣钱。”“那么，挣钱是为了什么呢？”“为了购买食物。”“那么，购买食物是为了什么呢？”“为了活着。”“那么，活着又是为了什么呢？”回答的人一脸茫然。活着不是“为了什么”，用我们的话说，活着是“健康”这个基本元素的一部分。

所有的基本元素都是终极元素，但并不是所有的终极元素都是基本元素。如果得到“为了完成收集邮票的工作”这样的回答，相信问题的链条会就此终止。完成邮票收集工作是一个终极元素，因为它通常不以其他任何事情为目的。但它不是基本元素，因为它不具有普遍性和不可或缺性。

许多哲学家想在任何解释后面都加上一句话，“为了让我自己得到幸福”。我们认为这是错误的。在精神科诊所和哲学研讨会的门外，人们不会用“这样做会使我得到幸福”之类的话去解释他们的行为。因此，这是我们不把“幸福”列为基本元素的一个充分的理由。

终极性的要求排除了许多乍一看像基本元素的元素。比如，在许多基本元素清单上，食物是其中之一，但正如上述一系列问题所示，事实上它是获得健康等基本元素的工具。超越这一点以后，食物就变得没有用处，甚至有害。金钱也不是一个基本元素，因为它也是获得基本元素的工具。健康、安全与闲暇等元素从某种角度来看是终极性的，从其他角度来看则是工具性的。我们后面会再谈到这个问题。

第三，基本元素必须自成一体。这意味着它们不是其他元素的一部分。“免得癌症”这个元素肯定是普遍性和终极性的，但它不是基本元素，因为它可以被归入健康这个基本元素中。一种元素是否自成一体，常常难以确定。比如家庭关系，有人也许认为它可以被视为基本元素，不过我们已经把它纳入“友谊”这个基本元素中了。因为使家庭和非家庭关系保持良好的都是非常相似的东西，比如爱情、信任、稳定，所以我们认为将家庭关系列入基本元素清单是画蛇添足之举。

第四，基本元素必须是不可或缺的。这意味着任何人缺少了它们，就会被认为遭受了严重损失或伤害。“任何人”这个限制条件很重要。只差一张邮票就可以集齐整套邮票，这也许会让集邮爱好者痛苦不已，但它算不上一种基本元素。受害者本人未必会觉察到损失或伤害，因为伤害经常被视为理所当然的存在，但它们仍然是伤害。

不可或缺还意味着基本元素是必不可少的“需要”。也就是说，人要想过上美好的生活，这些“需要”是必不可少的条件，而且是在分配任何稀缺资源时优先考虑的事项。最初，我们考虑用“基本需要”而不是“基本元素”来表达，但最后还是选择了后者，这纯粹是出于语义上的考虑。“需要”具有令人不舒服的清教徒特点，“你不需要那个”这句话常伴有额外的含义，即“你不应该拥有它”。相反，谈论基本元素没什么负面意义。

不可或缺性的标准让我们的基本元素清单有别于其他清单。比如，法律哲学家约翰·菲尼斯把基本元素或价值定义为“人类生存的基本目的”，但是，一个人如果没有这些东西，也就不会遭到严重的伤害或损失。比如，他把“宗教”（被非常宽泛地定义为对终极秩序的关心）和“审美经验”纳入他的基本价值清单。[11] 现在，虽然我们可能会认为缺乏宗教或审美经验的文化是贫乏的，但如果一个人缺乏这两种东西中的任何一种，我们不会认为这个人会受到严重伤害。许多人对艺术或宗教一窍不通，但却过着健康、富足的生活。鉴于菲尼斯的目的是为了建立自然法的第一原则，所以他的定义非常合理，但我们的目标是制定关于“足够”的标准，这需要我们把那些一旦缺少就会造成严重损失或伤害的元素列为基本元素，因为人们必须拥有这样的元素才被视为“足够”。

那么，哪些元素符合我们的基本标准呢？我们选定了 7 个元素。但是，我们的清单不是最终版本。清单上的某些元素之间有重叠，或包含一些相似的关注点，然而，若把某个元素从清单上删去，则会引发争议。“与大自然和谐相处”经常被视为一种西方特有的情结，我们并不这样认为，我们把它当作浪漫主义和环保主义的产物。有人对“健康”和“安全”是基本元素而不是为了其他目的的说法表示怀疑，所以我们的清单有认识上的模糊之处，也存在争议。但是这些未必能构成反对的理由。在讨论性质不确定的主题时，诚实的粗糙好于虚假的精准。*

---

* 亚里士多德有一句名言：“受过教育的人有一个标志，那就是在进行每种探索时力求精确，但会控制在这个主题的性质所允许的精确程度范围内。”参见亚里士多德，《尼各马可伦理学》，克里斯托弗 · 罗和萨拉 · 布罗迪译，牛津：牛津大学出版社，2002 年，第 96 页。据说凯恩斯也说过类似的话：“粗略的正确比精准的错误要好。”

健康

我们所说的健康是指身体功能完整，它是人类动物本性的完美体现。健康包括维系生命或合理的寿命所需要的一切，但不仅限于此。它包括活力、能量、机敏，以及托尔斯泰和其他道德主义者喜欢的红润气色，而不是颓废的模样。健康通常是指身体无病痛，但它的价值不完全是功利性的，因为一个暂时感觉舒服的病人（比如靠打吗啡）仍比一个健康的人要糟糕。最重要的是，健康意味着人可以快乐得浑然忘我。用法国医生勒内·勒里什的话说，健康是“各个身体器官悄无声息地运转”。[12] 身体健康时，人会主要关注外部世界，而疾病则让人反观内在。

许多哲学家把健康排在其他元素之后，理由是它属于人类的动物本性，而不是人类独特的性质。亚里士多德的话为此种观点定下了基调：“为了心灵……身体健康完全值得拥有，所有明智的人都应该为了心灵而选择身体健康，而不是反其道行之。”[13] 如果这种说法是对的，那么健康对我们而言就不具有终极性，也不能进入基本元素的清单。但是，为什么仅因动物也可以享受身体健康的好处，就要否认健康具有终极性呢？这难道不是知识分子的偏见吗？我们欣赏年轻人的活力，并不是因为我们想到健康可以助他走路上班、服务国家或做任何事情。我们只是为欣赏而欣赏，就像我们欣赏一头嬉戏的海豚或小花豹。

如今，健康是自由国家感到有资格采取积极立场的一个元素，因为与心灵不同，健康具有科学的权威性。但是，二者之间真的有区别吗？科学可以告诉我们药物 X 能否治疗疾病 Y，但并不是疾病 Y 本身导致身体“不健康”。科学对健康预先设定了一个常识性概念。当我们看见一个健康的婴儿时，我们下意识地知道他/她是健康的。一个人多胖会被视为超重？体能多好才被视为健康？这些问题的答案取决于我们对体育、性和其他很多东西的看法。简而言之，健康的判断标准是客观的，与道德的判断标准的意义和程度相同，它们都建立在人类繁荣理念的基础之上。

鉴于此，技术思维的黯然失色与健康概念的蓬勃发展同步出现在我们的文化中也就不足为奇了。以前的健康概念认为，健康指的是人处于最佳状态，一切都正常运转，直到后来让位给“持续改善”这个新的概念。这一转变的表现就是我们开始追求长寿。古老的医疗传统旨在帮助个人实现他们的自然寿命，人们不会认为“老死”是一种不幸。但是，如果不存在自然寿命这回事儿，而只存在一个动态的文化上的相对标准，那么在任何年龄亡故都会被视为可以挽回的缺憾。现代科学让古老的炼金术对永葆人类青春的承诺死灰复燃；几十年前，人们可能快速且相对无痛地死去，现在则要在一种长期的、虚弱的病态下活着。*

---

* 研究老年病的医学家奥布里·德格雷声称，我们很快就能享受数千年的健康生活。剑桥大学神经科学家盖伊·布朗的话则相对冷静：“我们虽然延长了几年寿命，但在生命即将走到尽头的那几年里，生活质量却很差。”我们的目标不是催人赶快走进坟墓，而是帮助他们优雅地变老。中国哲学家林语堂写道：“一个能庆祝 81 岁生日的人，实际上可以认为自己受到了老天的眷顾。”

这种转变的另一个表现是，治疗病人和提高正常人的健康水平之间的明显区别消失了。从前两者是泾渭分明的：一个是生死攸关的手术，另一个是循序渐进的改善。但是，如果不存在完美的健康，任何不良状况皆可被视为疾病，并成为医治的对象。（如第 1 章所述，人们发现不受欢迎的东西是无穷无尽的。）制药商加速了这个转变过程，它们有极大的兴趣去识别出它们的产品可以治疗的疾病。“伟哥”的生产商辉瑞公司就是一个典型案例，它把曾是人生经历中不可或缺的一部分转变成了可怕的新毛病，即勃起功能障碍。

医药参与激烈的市场竞争之中，并摧毁了健康的概念。相较于某种更优的身体状况，任何一种身体状况都会被视为不健康的，从这种意义上说，我们所有人都是不健康的。就像歌德说的那样，这个世界将变成一座大型医院，里面的每个人都是其他人的护士。此外，对健康的需求无度导致医疗成本与收入同步增加，或者成本的增加超过收入，这相当于把我们拴在了工作 / 增长的跑步机上。因此，我们不是应该从相对需求的角度来定义健康，而应该保留身体自然无恙这个更古老的健康定义，这很重要。因为只有这样，健康才可以作为“美好生活”的一个基本元素去发挥作用。

安全

我们所说的安全指的是人们对自己生活的合理预期，即期待生活或多或少地按照惯常的路径延续下去，免受战争、犯罪、革命、重大社会或经济动荡的干扰。安全是实现我们所列清单上其他基本元素的一个必要条件，尤其是个性、友谊和闲暇。但是，它本身也是七大元素之一。像任何生物一样，人也有一个生存环境，有一套理所当然的目标，他的人生会按照这套目标发展。如果这个生存环境突然或经常发生改变，他会感到困惑和威胁，就像一只进入新房子的猫，或被关在笼子里的动物被放到了野外。当然，作为有智慧的生物，我们有能力超越任何环境，正如哲学家约瑟夫·皮珀所说，我们可以看见“房顶上的星星”。[14] 不过，房顶及其代表的一切仍是必要的，尤其是它提供了一个稳定的看星星的处所。在世界各地，“和平”这个词都有安抚的意味，而骚动、混乱及其同义词则带有危险的意味。

无疑，像暴君、投机者、浪漫诗人这样的人喜欢混乱。在西方国家，安全长期被放荡不羁的艺术家和知识分子贬低。但事实上，安全被所有富有创造力的人视为创作的一个必要条件而倍加珍惜。1919 年，爱尔兰陷入战争，诗人叶芝祈祷他的幼女能平安成长：

> 愿她的新郎领她回家去，
> 而一切已井然，一切合礼；
> 因傲慢与仇恨莫非商品，
> 任人叫卖，在市场中心。
> 如果不遵守仪式与风俗，

天真与美如何能养成？

仪式，以之名羊角之丰盈，

风俗，以之名欣欣之桂树。*

叶芝也逃不开动乱的浪漫主义对他的影响，他曾经狂喜地描写 1916 年复活节起义的“恐怖之美”。但是，当面对真正的混乱时，他的选择是明智的，他知道极端的内乱会对艺术和文明带来极大的破坏。

资本主义对安全有何影响呢？ 19 世纪的自由主义认为，贸易往来对国际关系可以起到一种维稳的作用，因为彼此间有贸易往来的国家没有充分的理由发动战争。这种说法有一定的道理，但是，正如 1914 年发生的那样，贸易国之间仍会因经济或非经济的拙劣理由开战。而在一国之内，自由市场对安全的影响不大。对于资本主义制度下技术、技能和生活方式无休无止的变革，马克思评价道：“一切坚实的东西都将烟消云散。”社会结构的不断变革令工人和消费者都很厌烦，那些四五十岁的人接受起来尤其费劲，因为他们大多失去了对新鲜事物的喜好。自由市场原教旨主义者对于这种不满表示出露骨的蔑视。那些无法在当地找到工作的人被要求迁居，那些才能变得没有用处的人被要求“重新接受培训”。不是人们需要适应市场，而是市场需要适应人，这是 20 世纪初社会自由主义的指导原则。为了改变资本主

* 选自《为吾女祈祷》，叶芝，余光中译。——校译者注

义缺乏安全感的情况，他们付出了有意义的努力，但现在这些都被弃置一旁了。

尊重

我们所说的尊重，指的是无论是否拥有某种形式，你都认为他的观点和利益值得关注，而不是可以忽略或践踏的东西。尊重不代表认同或喜欢，你甚至可以尊重你的对手。它也不含有任何崇拜的成分。但是，它代表你对他人观点的某种认知或关注，这种态度与我们对动物的态度有本质的不同。你可以很喜欢一只宠物狗，但无关尊重或不尊重。*

尊重是实现其他基本元素的一个必要条件，尤其是友谊。但是，它本身也是一个基本元素。奴隶制度完全没有尊重可言，无论在哪里它都被视为仅次于死亡的不幸。正如人们常说的那样，奴隶制度是一种社会死亡，虽然从生物学意义上讲，奴隶仍属于人类，但事实上他们已经失去了人类的身份。在回忆自己被一名纳粹科学家盘问的情景时，奥斯维辛集中营的幸存者普里莫·莱维写道："他看我的那种眼神根本不是看一个人的眼神。"[15]经常接触这种眼神的人很快就会失去自尊。

---

* 我们此处所说的"尊重"也可被称为"尊严"，在宗教讨论中尤其如此。我们更喜欢"尊重"这个词，因为它比较清楚地揭示了人际关系层面的含义。尊重是别人给予的，而尊严是自有的。不过，我们尊重一个人的前提条件是那个人的身上有值得我们尊重的东西，在某些情况下，这个"值得尊重的东西"可以被称为"尊严"。

尊重不必是对等的或互惠的，我尊重某人，而对方可能并不尊重我。不过，相互尊重会令双方都感到满意，因为我们最大的愿望就是得到我们所尊重之人的尊重。（谄媚者或乌合之众的崇拜常导致自卑，而不是产生自尊。）无论在什么年代，我们都可以发现“同辈人”或“同等地位的人”彼此尊重，却瞧不起其他人。古希腊的雅典公民就是这样的群体，中世纪的贵族阶级亦然。现代民主将社交群体扩大到既定范围的所有成年人，就像弗朗西斯·福山所说的那样，无论是否会成功，它现在几乎获得了整个世界的支持，至少理论上如此，甚至现代美好生活的愿景也无法阻碍它。

尊重有许多来源，因文化而异。在不同时期，力量、金钱、土地、贵族身份、教育和官职都曾占据主要地位。在现代的资本主义社会，尊重的两个基本来源是公民权利和个人成就。前者赋予我们所谓的“形式”尊重，保证其所有者免受最恶劣的强权统治。但是，因为公民权利的拥有者是全体公民，不论他们是否有所建树，所以公民权利无力创造真正的尊重。等级和头衔也不再自动产生尊重，生活在当下的公爵必须证明自身的价值，比如在慈善组织的董事会担任职务等，否则，他在其他人眼中比寄生虫好不到哪里去。

形式尊重的平等可以与真实尊重的不平等共存，但只有到达某一点时才会成为事实。如果两者的差距太大，形式尊重的平等就会备感压力。假设长期失业将导致社会分裂成两个世袭的等级：一个是有工作的多数人，一个是失业的少数人。那么，立法者很可能会把这种实际的差别写入法律，规定二者有不同的公民权和投票权。这样一来，我们的民主将不复存在。不平等不能超过某一界限，这对于互相尊重而言很重要。[16]精英的生活、娱乐和学习完全独立于普通民众，他就无法与普通民众共享公民身份。更加平等的财富和收入分配也是民主社会的一个必要条件，但不是完全平等。

相对于自由主义的最新观点，我们认为公正不是独立于基本元素之外，而是来自基本元素的一个特殊概念。平等建立在友爱的基础之上，反之则不然。因此，对于“不平等的极限在哪里能达到最大化”这个问题，不会有像罗尔斯提出的那种抽象且具有推理性的答案。我们必须注意不平等问题对社会道德结构的影响，尤其是对政治体制的影响。如果富人的言谈举止是无法无天的傲慢，那么穷人只能无能为力地愤恨，政客向金钱卑躬屈膝，不平等已经超越了极限。

个性

我们所说的个性主要是指制订和执行人生规划的能力，人生规划反映了一个人的品位、性情和对基本元素的理解。个性也是康德主义所说的自主权，以及亚里士多德派所说的实践理性。此外，个性这个词还隐含着其他意思，即它是一种带有自发性、性格和心理的元素。许多哲学家都是理性自制的模范，但令人遗憾的是，他们缺乏个性。

为什么要区分个性和尊重？尊重的对象是个性，个性激起尊重，这两个概念之间存在微妙的差异。我们可以想象一个社区，比如修道院或一个革命组织，所有的财产都要共享，所有事务都要公开审理，所有的行动都是为了增进公共利益。社区成员之间彼此十分尊重，但缺乏个性。个性隐含着一个私人空间，正如法国作家蒙田所说的那样，它是“商店后面的一间屋子”，个人可以在那里自由地展示自己和做自己。

个性在很大程度上是欧洲中世纪之后的一个理想，它大致相当于法国自由派政治家本杰明·康斯坦特所说的“现代自由主义”。但是，个性的诉求不止限于局部。所有文化都有神圣和悲惨之处，如果现实生活中没有尊敬这个基本元素，那么它们也会出现在诗歌中。而在一个缺乏个性的社会里，个体会毫无压力或无异议地接受他们的社会角色，但这根本不符合人性，而更像某些科幻电影中的智能昆虫。

现代自由主义有一种倾向，它将通常被称为自主权的个性提升至原始元素的地位，认为其他所有基本元素皆源自于它。正如我们所见，它使得罗尔斯、森和努斯鲍姆不愿讨论人类的终极目标。我们认为这种观点是错误的，自主权只是基本元素之一，没有什么特殊之处。如果离开广泛的道德关注的背景，自主权就会退化成“漠不关心的自由”，任何东西都变得不再重要。“选择价值”这个现代论调就是这种问题的一个表现。选择权对应的是价值，如果允许创造价值，选择权的行使就会变得任性独断，好比瞄准一个大目标射箭，再围绕着射中的箭画靶子。

私有财产是个性的一个主要保护手段，因为它允许个体根据自己的品位和理想生活，免受当权者和舆论的强迫。在给凯恩斯的信中，法国经济学家马塞尔·拉博德瑞写道：“稳定的财富……是无形的社会财富，每种文化都要或多或少地依赖它。个人生活有财务保障，这是闲暇和进行独立思考的一个必要条件，休闲和思考又是文明社会建设的一个必要条件。”[17] 请注意，只有“财富”才具有这种革命性影响，“收入”则无此作用。华尔街的交易员一旦投资失败，他们的巨额薪资瞬间就会化为乌有。*

这种对财产的“人格主义”捍卫是现代天主教教义的核心，它也是针对自由市场资本主义的批评意见的一部分。这个核心教义可追溯至教皇利奥十三世于1891年推出的《新事物》通谕。利奥十三世认为，每个户主都应该找到能够持续养活自己和家人的方法。如果没有谋生的方法，就不得不依赖于掌握资本的经理人，而不管他们是个人还是公务员。“因此，法律应该偏向于保护所有制，政策则应该使尽可能多的人成为所有者”，[18] 这类观点被纳入20世纪初期英格兰的“分配主义”运动，以及德国和意大利的基督教思想中，我们将在下一章对此加以讨论。

倡导保护私有财产的人格主义论点不同于标准的自由市场论点，而且有不同的内涵。主流经济学认为，财产只是资本主义法律基础的一部分，它的分配基本上不是一个值得关注的问题，除

* 谢尔曼·麦考伊是汤姆·沃尔夫的小说《虚荣的篝火》中的“宇宙的主宰”，他的工资主要用于支付房租、学费等，失业几周后他就成了一个穷光蛋。实际上他是工资的奴隶，即便他的工资很高。

非它会导致垄断定价。相比之下，从人格主义的角度来看，财产集中在少数人手里，这违反了财产的基本功能，即为个人和家庭提供一种独立的谋生手段。财产必须被广泛分配，否则就无法完成它的道德使命。

与大自然和谐相处

在上一章，我们已经讨论过与大自然和谐相处应当被看作美好生活的一个基本元素。但是，这个问题存在争议。玛莎·努斯鲍姆表示，她的一些南亚同事将这种想法贬斥为“浪漫绿党的空洞的愿望”。[19] 不可否认，现代西方人倾向于对大自然感情用事，有时甚至会忽视苦难对人类责任所提出的更高要求。然而，与动物、植物以及风景建立亲密关系绝不是只有西方人才会做的事。在梵文、汉语经典以及世界其他语言中都有许多描写山水田园的诗歌，这就是充分的证明。

与大自然和谐相处，经常被理解为偏爱乡村而非城市的生活。自从巴比伦和罗马时代以来，城市就被视为肮脏和罪恶的渊薮。但是，也有人持相反的观点，苏格拉底就在雅典城墙之内找到了他想要的所有智慧。我们没有必要陷入这一古老的争论，双方都各有道理。然而，值得关注之处在于现代城市的规模。18 世纪的巴黎是当时世界上最大的城市，一个人走路只需要 30 分钟就可置身于农田。而若生活在现代的巴黎，他却要走 6 个小时才能出城。城市让人感觉不舒服，并且渴望回归大自然，城市规模就是这种典型的现代人情感的来源。城市过度拥挤对人的行为和情绪会产生不良影响，心理学家对此有完善的解释。

那么，我们应该废弃现代城市吗？从目前的人口密度来看，这样的政策只会将乡村转变成一个大型郊区。但是，我们应该努力确保城市不与其周围的农村完全疏离。几千年来，当地的食物市场是城镇和乡村之间联系的纽带。现在，这些市场绝大多数已不复存在，随之而去的是地域感和季节感。现代英国的美食家可以用世界各国的美食来刺激他们的味蕾，比如日本的天妇罗、中国四川的辣椒、摩洛哥的蒸粗麦粉等，但这些食物全都与其原有环境脱离开来。疏远大自然是消费者选择导致的一个不可估量的成本。

友谊

友谊（friend ship）一词是古希腊语词汇“philia”的不恰当翻译，“philia”可以理解成友爱、友情，包括所有健康的亲情和友情关系。在我们看来，父亲、配偶、老师和同事可能都是朋友。家庭关系无从选择，而友谊是可以选择的。但是，如果仔细查看，家庭关系和友谊之间的区别并没有那么清楚。所有家庭关系都存在选择的问题，超过某一时点，一个女性必定是母亲或姐姐，而所有深厚的非家庭关系都具有一种约束力，常常借助表示家庭关系的措辞来表达，比如结拜兄弟、院长等。家庭和其他私人关系在结构和重要性上因文化而异，但对于任何可以想到的美好生活而言，这样的关系显然必不可少。亚里士多德曾表示：“即使拥有其他更美好的事物，也没有人会选择不要朋友的生活。”[20]

为什么我们会谈论友谊，而不是近几十年来十分流行的社群呢？我们关注的是具体的东西。社群的概念已被滥用，社群的利益被视为凌驾于其成员的利益之上。而“友谊”这个词就不会被这样滥用。我和保罗的友谊显然代表了我和保罗之间的一种关系，它不会像鬼魂一样漂浮在我们上方，也不会有其自身的利益和权利。如果我们能学会用这种方式把社群看作由众多朋友组成的网络，它就会摆脱掉“政治迫害的源头”这样的恶名了。

古代人对待友谊非常认真。在对这个主题的经典讨论中，亚里士多德将友谊区分为功利性友谊（基于一致的利益）和快乐的友谊（基于共同的乐趣）。只有视对方的利益为自己的利益，真正的友谊才会存在，进而形成一个新的共同利益。但是，这种关系只可能出现在有德行的人之间，他们能够相互关爱是因为他们就是这样的人，而不是因为他们能为彼此提供什么。友谊既是私人关系，又有政治含义。它将家庭成员联系在一起，并延伸至整个城邦的公民。友谊是“国家的至善之物，也是防止公民暴动的最好办法”。[21] 在现代人听来，这些话很奇怪。我们已经习惯性地把国家当作自私自利的个体的组合，把友谊看作纯粹的私人关系，并且不具有政治意义。但在亚里士多德看来，没有友谊的国家根本就不是国家。国家不“只是一个社会……它是为了防止共同犯罪和交换而建立的”。它是“共度圆满且自给自足生活的家庭和村庄的结合体，我们把这种生活称为幸福和体面的生活”。[22]

在地球的另一端，孔子早已分享了他对个人关系具有政治重要性的看法，比亚里士多德还早150年，“其为人也孝弟，而好犯上者，鲜矣”。[23]但是，这只是表面上的相似。孔子的侧重点是对权威的顺从，而非进行利益共享。亚里士多德把家庭纳入更广的友谊范畴之下，而孔子则把家庭单独列出来，加以特别称赞。“孝弟也者，其为仁之本与”，[24]在今天，我们仍可见到这些态度上的差异。西方的孩子在成长过程中常常视他们的父母为狭义上的“朋友”，而在中国，亲子关系则代表终其一生的彼此关爱和付出。

友谊根本不涉及经济利益，但它有经济方面的先决条件。饥荒时，社会信任感淡薄。如果经济持续出现结构调整、裁员和外包，这将不利于深层和长久关系的建立。美国作家罗伯特·帕利亚里尼写道：“你需要在生活中摆脱耗费你精力的事情，并用能带给你正能量的东西取而代之。”[25]这句话被无数的自助书籍和网站反复引用。用亚里士多德的话说，怀着给自己“带来活力”这种明确的目的而结交的朋友，根本不算真正的朋友，而只是功利性的朋友。虽然如此，不难看出，在一个视自主性和流动性重于其他几乎所有元素的文化中，它仍是一大特色。

闲暇

在现代的词语体系中，闲暇与放松以及休息同义。但是，闲暇还有另外一个更古老的含义，即它不只是下班后的休闲时间，其本身也是一种特殊形式的活动。从这个意义上说，闲暇是我们为闲暇而闲暇，而非为其他事情。哲学家列奥·施特劳斯这样描述他的朋友库尔特·里茨勒："他的思维活动的特点是高雅且认真地利用休闲时间，而不是忍受工作的折磨。"[26]我们希望读者能从这个意义上理解闲暇。

我们所说的闲暇与普通意义上的闲暇，并不相关。在我们看来，如果人们从事工作不是为了赚钱，而是为了工作而工作，即便有偿的工作也可算作闲暇。（即使不挣钱，或做其他事情挣钱更多，许多作家仍会继续写作。）相反，在我们看来，许多"休闲活动"名不副实，要么是因为它们借助了器械，比如为了减肥玩壁球，要么是因为它们太消极，以至于根本不算休闲活动。在我们看来，判断闲暇的标准不是不认真或不费力，而是没有外在的强迫。因此，它接近马克思所说的非异化劳动，即"自由表现，因此是一种生活的享受"。[27]

世界上的各种文明都认识到了闲暇的重要性。亚伯拉罕诸教设定每周一个安息日或休息日，虽然在我们看来，这算不上真正的闲暇，因为它的主要目的是祈祷，而不是自由活动。[28]亚里士多德对自由艺术和机械艺术进行了区分，他认为前者适合于自由民，后者适合于工人和奴隶。[29]在日本江户时代，对休闲意识的培养被提升到了最高境界。几个世纪的和平使他们的传统职业无用武之地，于是，封建贵族转而追求生活的艺术，把比如洗澡、喝茶这样的日常活动改变成精致的仪式。法国哲学家亚历山大·科耶夫视日本为第一个成功的后历史社会，他半开玩笑地写道，我们希望“日本和西方世界最近开始的相互影响，最终不会导致日本人再度野蛮，而是将西方人‘日本化’”。[30]

为什么闲暇是一种基本元素？很明显，原因在于做任何事情都是为了其他事情，这是没有闲暇的生活，其结果也是徒劳的。闲暇是更高级的思考和文化的源泉，因为只有从生活的压力中解放出来，我们才能真正地去观察这个世界，仔细思考其显著特征和轮廓。约瑟夫·皮珀写道：“当我们真的让自己的心智沉静下来，思考含苞的玫瑰、玩耍的孩子和神圣的秘密时，我们好似经历了一次无梦的睡眠，得到了充分的休息，然后苏醒过来。只有在这些宁静的时刻，对于世界万事万物因何联系在一起的认识才会造访人类的灵魂。”[31] 没有闲暇，就没有真正的文明，而只有马塞尔·拉博德瑞所说的那种机械式文明。

此类闲暇的概念似乎曲高和寡，但它的本意并非如此。在我们看来，在公园里踢足球、自己制作家具、与朋友一起弹吉他，所有需要技能而且积极参与的娱乐活动都是闲暇。重要的不是活动需要多高的知识水平，而是活动本身“没有功利性”。

闲暇的经济条件是什么呢？首先是减少劳作，范围不仅包括有偿工作，还包括所有必要的活动，比如上下班和家务劳动，但不包括为工作而工作的有偿劳动，比如专心致志的作家和工匠的工作。当工作占据一个人的大部分时间，剩下的时间只用于睡觉和休息时，那么他不可能有闲暇时间。“睿智、愉快和满意”的生活不仅需要时间，还需要勤勉和品位。当我们最需要交谈、跳舞和音乐制作等古老的生活艺术时，它们却在衰退，这即使不令人吃惊，也颇为讽刺。如果经济的目标是使商品产量最大化，那么它往往产出的是制造出来的闲暇，而非自主的闲暇。

基本元素的实现

上述这些都是基本元素，实现了所有这些元素的生活就是一种美好生活。当然，“实现”是一个模糊用词。“实现”的尊重在尊重中占多大比重呢？毫无疑问，这个问题的答案将包含大量内容，既有个人的，也有文化的。但是，如前所述，就一个模糊的问题来说，模糊的答案未必是缺陷。

更严肃的担忧源自冲突的可能性。如果自我表达要求我放弃跟一个老朋友的友谊，该怎么办？如果享受闲暇要求我放弃自己通过致富赢得的尊重，该怎么办？这样的两难困境促使人们想到一定存在某个主元素，其他元素都可以归入这个主元素的不同方面。除非这种元素真的存在，否则厚此薄彼将会丧失理性的基础。面对前途，我们却盲目地跳跃，这是像法国哲学家让 – 保罗 · 萨特这样的存在主义者想象的困境。

有两个候选对象可以担任主元素这个角色，它们都在现代的道德文献中占据着重要地位。一个是幸福或功利，另一个是康德眼中的“善意”。但是，二者都让我们感觉不可取。幸福不能作为主元素的原因，我们在第 4 章已经做过概述，即它和美好生活是同义词，所以不能在几个基本元素中间进行仲裁。康德的善意也不能发挥主元素的作用，因为它太狭隘，无法包含我们在生活中珍惜的所有东西。

因此，基本元素有多个，缺一不可。我们有可能面临惨痛的两难选择，即其中一个基本元素必须为另一个基本元素做出牺牲。但是，这无须我们过度烦恼。对无法比较的目标加以权衡，并做出取舍，这就是我们的日常生活。我应该放弃闲暇和沉思的时间去追逐政治生涯吗？我应该继续打网球而放弃弹钢琴吗？当面临此类选择时，个人大多可以理性地做出最佳选择，而无须求助于某种普遍的规则体系。[32]

基本元素有多个，会产生一种后果，即其中一个元素的不足不能被另一个元素的充裕所抵消。没有友谊或闲暇的生命缺少了某种特殊的东西，即使有再多的尊重也无法弥补。这就是亚里士多德和孔子等道德主义者对过度专业化提出警告的原因。一门心思专攻艺术或科学的一个小分支可能会令大众受益，但代价却是导致这位艺术家或科学家变得扭曲。当然，拥有全部基本元素的人也许会适当地追求其他更特殊的元素。我们并不希望每个人都变成平庸的杂家，但是一个人不管在某个领域多么成功，如果缺少健康、休闲、个性等基本元素，就算不上是过上了美好生活。

如果个人的首要目标是过上美好生活，那么国家的首要职责就是在其权力范围内帮助全体公民过上美好生活。“在其权力范围内”这个限制条件很重要。健康和友谊多半掌握在命运手中，个性、尊重和闲暇等元素部分取决于个人的能动性，不过，国家有一个重要且合法的角色，那就是创造物质条件，促使这些以及其他基本元素的繁荣兴旺。这些物质条件不仅包括国家财富的整体水平要达到一定程度，而且包括公正的分配、明智的公共开支等。其他元素则被个人和民间机构所掌控。

一旦这些物质条件得到满足，国家就完全有资格去追求美丽、权力和宏伟了。虽然不是以生命、健康和幸福为目标，但凡尔赛宫和金字塔在文明体系中仍占有一席之地。这一教义有一个不太好听的名字——“足够论”，但它的根本思想是常识性的，即不应因追求奢华而牺牲需要。最终，当某个基本元素有很多种可能的实现方式时，国家应该遵从其历史传统，选择实现所需的基本元素。印度和中国没有义务追随西方的做法，比如同性婚姻合法化和虐待动物要被判刑等。

那么，这一切置增长于何处呢？显然，没有哪种理性的政策会把增长当成最终目的。“财富明显不是我们正在寻找的基本元素，因为它虽然有用，但却是为了别的事物而存在”，当亚里士多德写下这句话的时候，他只是在重复常识。[33]但是，即使增长本身不是目标，它仍然是值得我们追求的，有三个理由。

第一，作为实现一个或多个基本元素的手段，增长或许值得追求。健康需要良好的食物和药品；闲暇需要劳作以外的时间；个性需要一个远离世俗的空间，即“商店后面的一间屋子”。太过贫穷以致无法实现这些元素的人们，就有各种理由渴望变得更富有。但是，在富裕社会，健康、闲暇和个性的物质条件早已具备，我们面对的问题是如何恰当地利用它们。至于安全、尊重、友谊，以及与大自然和谐相处等元素，既不取决于财富的绝对水平，也不取决于经济生活，以及其他经济因素。这些元素没有给我们提供增长的理由。

第二，增长或许可以作为衡量我们所珍惜的其他事物的一个指标，从而引起我们的兴趣。在 2010 年罗宾斯举办的系列讲座中，阿代尔·特纳表示，增长“不应该被当作经济政策的目标，而应被视为极有可能的结果……两种本身值得追求的事情的结果，其一是做选择的经济自由，其二是持续探索和变革的渴望”。[34] 换句话说，增长的作用就像心电图，它本身是对重要东西的琐碎的测量记录。但是，只有在增长和经济自由确实相关，并且经济自由是最重要的元素时，增长才能发挥作用。显然，某种程度的经济自由是一件好事（在我们看来，它是个性这个基本元素的一部分），其他事情也不错，但其中一些可能会抑制增长。* 人们的工作有保障，并在闲暇上投入大量的时间，这样的社会也许经济发展缓慢。均衡的经济是否更偏爱增长，这是一个实证问题，不能事先假设快速增长的经济是健康的。

第三，社会或许会因为短期的实际理由而追求增长。在经济衰退期，失业率和公共债务居高不下，增长自然会成为优先选

* 特纳勋爵承认存在这种可能性。他在第三篇演讲稿中写道，变革和经济自由的目的“需要和其他可能值得追求的目的达成平衡”。但他应该再加上一点，即这削弱了增长作为经济健康指标的效用。

择。但是，我们必须分清短期和长期。增长应该被视为一种“百忧解”，它可以让病人恢复健康，但不是一种持久的兴奋剂。遗憾的是，就像毒品一样，增长也会让人上瘾。因此，需要有技巧的经济政策，以防止短期的权宜之计成为终生的依赖。

不断追求增长不仅对基本元素的实现没有帮助，还有可能会损害它们。基本元素本质上是不适合销售的，完全无法买卖。旨在使市场价值最大化的经济往往会排斥这些基本元素，或用可销售的替代物取代它们，其结果就是我们常见的腐败。个性成为广告用语的一部分，大多数日用品的消费者被告知，这些商品可以“代表”或“定义”他们的身份。友谊不再是亚里士多德所讲的那种道德上的严肃关系，而成为享受闲暇的一种谋略。闲暇本身同样受制于生产的节约型逻辑，即体育、游戏和夜总会都致力于使人在最短的时间里得到最大的乐趣。英国社会学家齐格蒙特·鲍曼写道：“市场渗透到最近还处在货币交换范畴之外的生活领域。它无情地传达出这样的信息，即任何东西都是商品或可能是商品，如果它还没有成为商品，它也应该被视同为商品。”

这样的转变很难用统计数据来表现。基本元素在于质，而不在于量，它们是被辨识的对象，而不是被衡量的对象。自 1974 年以来，英国的人均收入已经增加一倍多。但据我们判断，在这段时间里，基本元素根本没有增长，甚至有明显的萎缩。其他富裕国家的表现也是喜忧参半。[35]

健康

1974—2009 年，英国的人均寿命增加了 7 年多。但是，经济增长对寿命增加的贡献并不大。在此期间，不管增长率是多少，几乎所有国家的人均寿命都有所提高，这主要归功于医疗技术和设施的进步。[36] 中国和巴西的人均寿命现在只比西方国家少六七年，古巴是世界上比较贫穷的国家之一，它对外宣称其国民的人均寿命和美国一样。寿命的长短只是健康的一个无用指标，因为它不能告诉我们任何有关生活质量的信息。86 岁的詹姆斯·洛夫洛克写道："美好生活肯定不能用寿命的长短来衡量，而应该用欢乐的程度和生活的良性结果来衡量。"[37]

在某些方面，健康水平实际上会随着富裕程度而下降。自 20 世纪 90 年代以来，英国与酒精有关的死亡率急剧增加（见图 6–1），但在其他富裕国家并未出现这种情况。自 20 世纪 80 年代以来，欧洲的肥胖人数增加了三倍，即使在历史上肥胖率较低的国家也不例外（见图 6–2）。[38] 虽然不能反映患抑郁症的人数在增加，但英国抗抑郁药的使用量却有增无减。[39] 自 1992 年以来，人们的工作压力日趋加重，女性尤为严重。[40] 现在，富贵病的病例也许已经超过了贫穷病的病例。

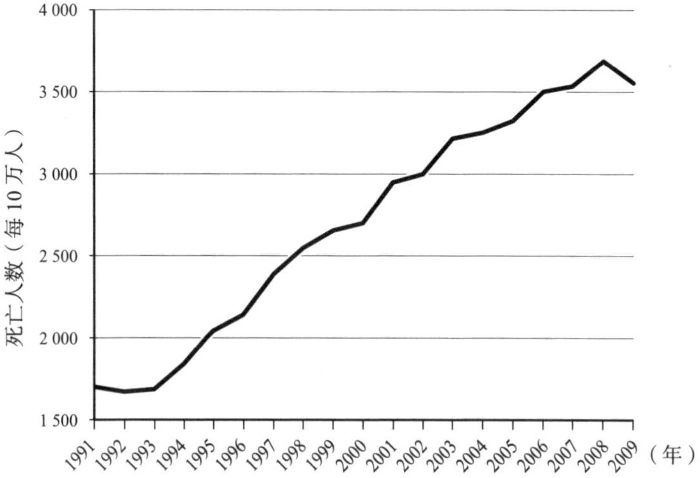

图 6-1　英国与酒精相关的死亡率

资料来源：世界卫生组织（WHO）酒精和健康全球信息系统。

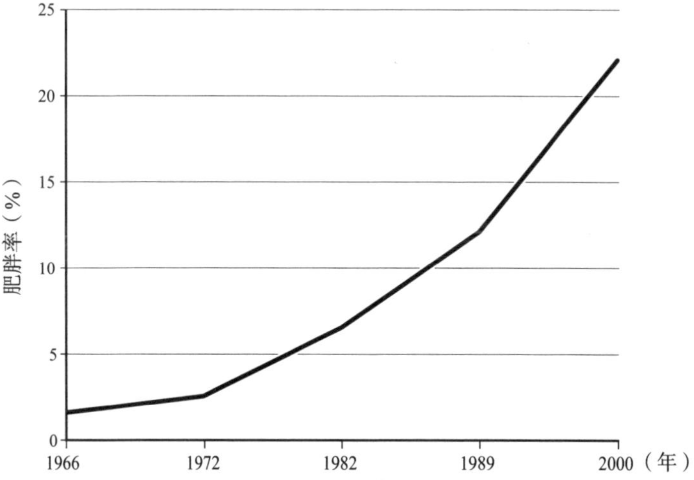

图 6-2　英国的肥胖率

资料来源：世界卫生组织身体质量指数（BMI）数据库。

安全

在里根和撒切尔夫人时代，以充分就业作为宏观经济政策目标的做法被彻底抛弃。1980 年，英国的失业率超过 5%，从此之后大体上维持在这个水平上，衰退时期失业率则会攀升至 10% 或以上。如图 6–3 所示，类似的模式在经合组织国家也普遍存在。在英国和美国，终身就业的模式日益被临时雇用或开放式合同模式所取代。1975—1995 年，英国男性的工作年限下降了

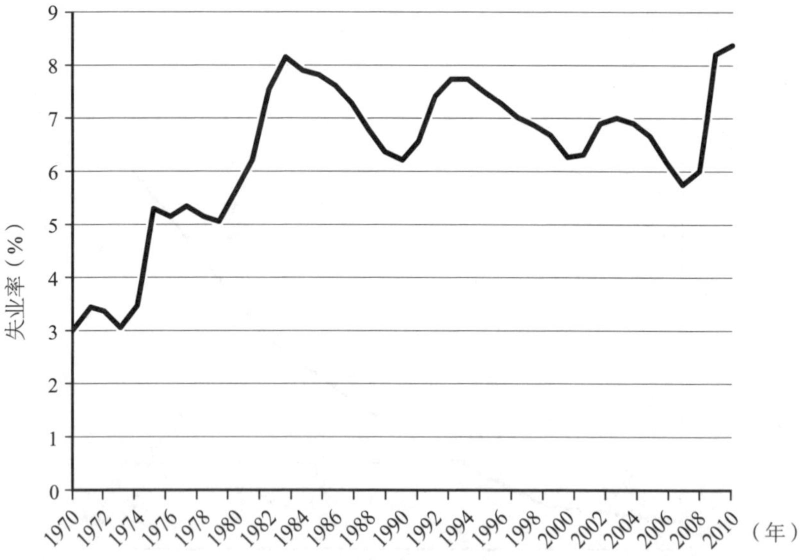

图 6–3　经合组织国家的失业率

资料来源：《经合组织国家就业展望》，2011 年。

20%。（女性的变化没那么大，主要是因为她们现在不太可能为生孩子而辞职。）[41] 与此同时，临时工的人数显著增加，劳务派遣性质的员工数量自 1992 年以来翻了一番。[42] 这些趋势的一部分原因是结构性的，即从工业到服务业持续转移造成的影响，另一部分原因是政策性的。安全被视为为了获得增长的更大利益而做出的合理牺牲，而未被当作人类的一个基本需要。

尊重

在大多数西方国家，互相尊重的一个障碍是始于 20 世纪 70 年代出现的长期依赖国家的群体。* 流浪汉和乞丐曾经受到基督教和民主社会的庇护，但现在，报刊和电视公开蔑视他们。互相尊重的另一个障碍是贫富差距很大。这不但摧毁了社会对底层人的尊重，也摧毁了对上层人的尊重，尤其当他们的优越条件被视为无功受禄时，情况更是如此。自 20 世纪 70 年代以来，大多数西方国家的贫富不均程度都在加剧，英国和美国尤甚，参见图 6-4。这一趋势部分源于各种社会力量的自主作用，但撒切尔夫人和里根在执政期间降低了所得税最高档的税率，无疑加剧了这一趋势。

华尔街和伦敦金融城曾把“有涡轮的资本主义”奉若神明，但近 30 年以来，它导致了工作关系的野蛮化。一名股票分析师

* 英国底层阶级的规模永远难以确定，但自 20 世纪 70 年代末以来，因丧失工作能力而接受救济的人增加了三倍，到 2006 年这一人数达到 270 万，这足以说明问题。参见卡罗尔 · 布莱克，《为更健康的明天工作》，伦敦：就业和社会保障部，2008 年，第 34 页。

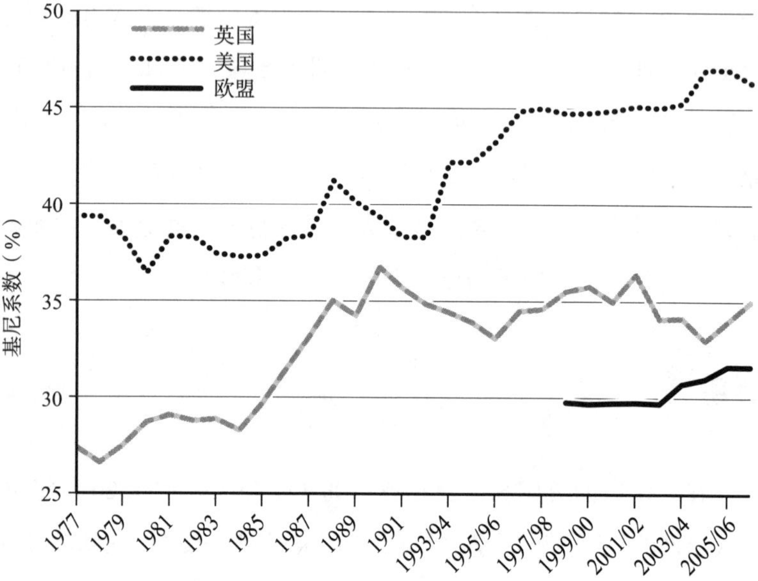

图 6-4　1977 年以来的收入不平等状况

资料来源：英国国家统计局，世界银行，欧盟统计局。

因请假看望生病的妻子而遭解雇，一篇报道这样描写这件事："他的黑莓手机和通行证被粗鲁的男人夺走，他再也无法登录工作邮箱，并且只有 5 分钟的时间收拾他的东西。"[43] 这样的场景太常见了。如今，高薪人士不能保证自己不会变成无产阶级，以及免受随之而来的羞辱。

个性

我们说过，个性的主要经济保障就是财产。这似乎对英国人来说是一个好消息。一个世纪以来，英国的自有房屋比例稳步上升，现在这一比例达到 68%，相比 2003 年的历史最高值 71% 有所下降。但是，因为大多数房产都是通过抵押贷款购买的，等到完全拥有房产的时候，人生也许已到暮年。所以，它无助于人的解放，按揭的房产将它的所有者拴在了一份固定的工作上。确切地说，只有财富（个人的全部资产减负债）才能赋予人们追求自主生活的自由。英国政府曾提出让财富分配更加广泛的方案，这是 20 世纪 80 年代撒切尔夫人实行民营化的目标。更分散的股权方案也在公司层面推行过，包括英国著名的约翰·路易斯大型连锁百货公司，该公司由 76 500 名永久雇员共同拥有。[44] 然而，如图 6-5 所示，这种有远见的企业也未能抑制财富集中在少数人手里的总体趋势。

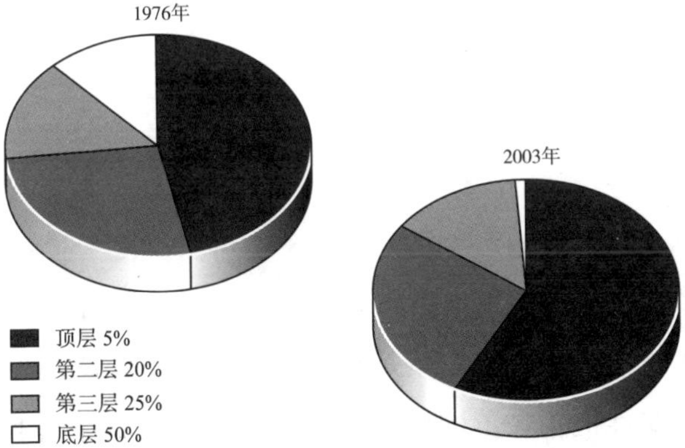

图 6-5　英国的财富分配状况

注：有价财富（又称净资产）是所有可买卖资产（包括股票、财产、银行存款等）的总值减去负债。它不包括无法转移的企业年金，以及继承而非购买的住宅价值。
资料来源：英国国家统计局，英国税务及海关总署（HMRC）。

与大自然和谐相处

长久以来，英国农业一直不如法国和意大利多样化，而且这个现象越来越明显。英国人的食品由本土出产的越来越少，而越来越多地依赖进口。1970 年，英国的食品进口额为 20 亿英镑，自此以后它以两倍于食品出口额的速度增长，达到约 200 亿英镑。英国现在的食品自给自足率（估算有多少食品是本国生产的）是有史以来最低的，不足 60%；在 20 世纪 70 年代，这个数字一直保持在 70%~80%。[45] 以牺牲本地商铺为代价，连锁店不断扩张。在食品零售市场中，连锁店的市场占有率现已达到 97%。[46] 在英国大多数的主要街道上，凯恩斯所说的“真正的商店”零星点缀在众多的连锁店中。它们的商品价格高而且品种匮乏，对整体趋势毫无影响，而且趋势正在无情地朝另一个方向发展。

友谊

社会学家对我们定义的友谊是兴盛还是衰败存在争议，按当下不正规的说法，友谊就是社会资本。毋庸置疑，许多历史悠久的社交性机构在英国已然式微，比如教堂、行业工会、酒吧、工人俱乐部等。[47] 不过，替代物也迅速出现。新潮的宗教机构的数量呈上升趋势，倡导单一议题的游说集团的数量也在大量增加。当然，还有互联网，它使庞大的人际交往成为可能。总而言之，原来的人际关系是基于共同的生活方式建立的，现在则转变成基于特定的兴趣和身份认同，后者更适合后现代人们多变的自我。[48] 类似的趋势也出现在其他经合组织国家。[49]

有一种现象尤其值得关注。在发达国家，结婚的人越来越少，而离婚的人越来越多（见图 6–6）。[50] 人们常说，排他性的婚姻关系是一个陷阱，对女性来说尤其如此。但有证据显示，稳定的关系对所有相关者都有利，尤其是孩子，而且婚姻关系通常比非正式的关系更加牢固。[51]

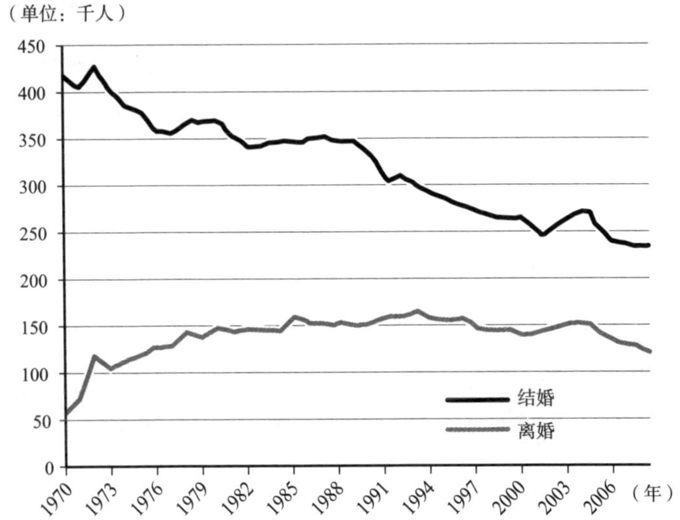

图 6–6　英国的结婚与离婚情况对比

资料来源：英国国家统计局。

闲暇

如第 1 章所述，20 年以来，非工作时间并没有增加。如果再考虑上下班的通勤时间和做其他杂务的时间，非工作时间实际上在缩减。但是，既然在我们看来，闲暇不是不工作的时间，而是自由地从事无目的活动的时间，那就有必要了解一下人们在闲暇时做了一些什么。在英国和其他国家，看电视仍然占据主导地位，英国人每天花在看电视上的时间平均为 4 个小时。[52] 电子游戏和社交网络日益流行，尤其受到年轻人的欢迎。1990—2002 年，英国成年人中至少参加一项体育运动的人数比例从 48% 降到了 43%，加拿大和美国也有同样的趋势。[53] 自 1975 年以来，英国人和法国人的阅读时间略有增加，但读者人数整体有所下降，报纸和杂志的读者人数下降得更明显。在美国，读者数量和阅读时间都大幅减少。[54] 如表 6–1 所示，1986—2003 年，英国参加文化活动的人数略有增加。这样的统计数字过于粗糙，以至于无法平息文化悲观主义者和文化乐观主义者之间的长期争论。但有一点是明确的，随着闲暇的增多，凯恩斯所设想的中产阶级文化传播至大众的愿景并未实现。

表 6–1 英国文化活动的参与率

	1986/1987	1996/1997	1998/1999	2000/2001	2001/2002	2002/2003
电影	31%	54%	57%	55%	57%	61%

续表

	1986/1987	1996/1997	1998/1999	2000/2001	2001/2002	2002/2003
戏剧	23%	24%	22%	23%	24%	24%
画廊 / 展览	21%	22%	21%	21%	22%	24%
古典音乐	12%	12%	11%	12%	12%	13%
芭蕾	6%	7%	6%	6%	6%	7%
歌剧	5%	7%	6%	6%	6%	7%
现代舞	4%	4%	4%	4%	5%	5%

资料来源：目标群体指数，英国市场研究局，电影广告协会。

30 年来，英国和其他地方的高等教育持续发展，这自然被人们视为闲暇的增加。但是，因为高等教育按照越来越严重的功利主义思路重新进行了设计，它作为闲暇的定位不再不言而喻。如果教育的主要功能是通过教授学生“可转移的技能”，以增加其劳动价值，它就不再符合我们对闲暇的定义，而只能算劳作，虽然有别于有偿工作的辛劳程度，但在本质上没有什么差别。

对于不惜一切代价支持增长的人来说，整体情况令人气馁。尽管英国的人均收入增长了一倍，但他们拥有的基本元素还比不上 1974 年多；在某些方面，甚至更少。我们追逐奢侈品，却忽略了必需品。这刚好可以解释第 4 章幸福曲线平坦的原因，可能是因为人们察觉到他们现在的生活没有过去的好。英国国家统计局的负责人吉尔·马西森指出，对幸福最重要的是“健康、人际关系、工作和环境”，这十分符合我们提出的基本元素清单。[55]

鉴于英国人的生活自1974年以来并没有明显改善，他们没有感到更幸福，也就不足为奇了。

难道我们要回到1974年时的生活水平吗？并非如此，因为自那以后出现的奢侈品，即便没有给我们带来实际的福祉，抛弃它也是很痛苦的事。我们想说的是，从今以后，增长不应再作为经济政策的长期目标，而应该代之以调整我们的社会结构，以促进美好生活的实现。

第 7 章

这个时代需要变革

就在我们认为已经完全征服它并可以安然享受它的时候，它却总是躲避开来。我们对进步的追求永无止境，令人喘不过气来，意义何在？

——教皇保罗六世，《八十年》通谕

凯恩斯时代的经济学家假设，随着人们越来越有效地满足自己的欲望，作为理性人，他们将会而且应该减少工作时间，去更多地享受生活。我们已经指出导致凯恩斯预言失败的两个因素：一个是权力，一个是人类无休止的欲望。二者共同作用，释放了贪得无厌的心理，它导致社会持续且无目的地追求财富创造。

国际竞争无疑是在给贪得无厌推波助澜。尽管已实现社会富裕，但我们还是不断被告知要准备接受进一步的挑战，尤其是来自中国和其他勤劳民族的挑战。“历经亚洲世纪而存活”是典型的呼吁人们采取针对性行动的口号，“在这场比赛中，英国处于第一方阵，但仍有四个劣势困扰着英国：企业投资量少，技能基础薄弱，创新型和生产型企业不多，在最具活力的新兴市场占有率低”。[1] 但是，如果英国已经拥有足够多的东西，为什么还要拼命抢占最具活力的新兴市场的份额呢？

为了在竞争中拔得头筹，我们仍旧维持着这样的做法：牺牲享受，赞美贪得无厌。尽管有充足的证据表明，在世界的一隅，资本主义制度已经进入衰退阶段，但英国的领导者只会建议让经济增长永远持续下去。衰退的迹象主要表现为金融成为主导，而且越来越不理智，起不了什么好作用。在很大程度上，英国和美国的利己资本主义是为富豪集团的利益服务的，这些人掠夺成性，一边攫取最丰厚的利益，一边用自由和全球化来为自己正名。政治领袖继续享有话语权，公众却无从监督，甚至不了解实际情况。英国政治制度的核心问题是道德的沦丧，它之所以被人容忍，只是因为消除积弊会伤筋动骨，以至于政治家根本想都不敢想。

值得一提的是，经济增长无止境这一理想直到近代才产生。1959 年，当英国首相哈罗德·麦克米伦告诉选民们“从未过上这么好的日子”时，他是在附和当时广泛存在的观点，即西方资本主义国家正迅速地接近消费稳定期，未来的主要问题是确保新的丰收果实被民主分配下去。加尔布雷思的《富裕社会》极有影响力，其对个人富裕和政府贫困的设想就把握住了这种情绪。如第 2 章所述，对富裕的臆想，以及随之而来的对技术的强烈反感，还有在心理上与工作世界的疏远，这些都是 20 世纪 60 年代美国乌托邦运动的背景。

问题在于，为什么 20 世纪 60 年代对乐土状态即将到来的认知，会促使 20 世纪 80 年代达尔文式资本主义的复兴？是什么促使里根和撒切尔夫人掌权，从而导致自由市场原教旨主义卷土重来？

若从马尔库塞的追随者的视角来看，我们不难看出乐土状态是一种幻觉。随着相对欲望的力量增强，较富裕的社会可能会变得更加贪得无厌，而不是减少欲望。但是，这一长期趋势无法解释政治经济制度的突然崩溃，要知道，它已经让富裕国家看到了普遍富足的曙光。

为什么经济增长如此迅速和粗暴地打败了其他所有经济政策的目标呢？答案出人意料地简单：由于它承诺将实现永久的充分就业，也就不存在其他经济政策目标了。在这种情况下，经济思想再度集中在产出效率上。最大化地利用现有资源的存量，这更符合经济学的宗旨。经济增长之所以成为经济政策的目标，在很大程度上是由于国家收入统计工具的出现，从而使国家之间的经济对比成为可能。在两次极具毁灭性的世界大战之后，让人们生活更富裕，而不是让国家变得更好战，似乎成为一个显著的、需要为之努力奋斗的目标。

然而，这离我们今天容易导致经济危机的达尔文式资本主义还有一段距离。撒切尔夫人于 1979 年当选英国首相，里根于 1980 年当选美国总统，两人为增长论添加的基本要素就是对市场体系的坚定信念。加速增长的方法不在于制订计划，而在于开放市场，使之免于政策的约束，通过减轻税负、削弱行业工会的力量，以及私有化和解除管制的方式来扩大市场。这些措施多管齐下，有助于提高资金分配的效率。撒切尔夫人和里根的政策认为，收入差距加大是可以接受的，只要能调动财富创造者的积极性，而且借助涓滴效应，财富会从富人流向穷人。阿代尔·特纳称这套思想为“工具性传统智慧”，在接下来的 30 年里，它成为政治世界的主导思想。[2]

我们在前文中探讨过不知足的现象，而导致欲望无穷无尽增长的因素正是市场的基础哲学——增长论。“为实现增长而制订计划”，只不过是想将穷人的福利逐渐提升至富人的水平。相反，依赖市场带来增长，则标志着对增长过程中的社会效益失去兴趣。经济制度要适应市场所追求的个体需求最大化的目标，人们不再在整体背景下看待个体，整体只不过是个体的加总。这种把经济生活简化为粗俗的个人主义的做法可以追溯至20世纪70年代。在经济学中，研究个体经济行为的微观经济学取代了研究整体经济的宏观经济学；在政治思想上，个人的权利和义务取代了群体的权利和义务。当然，这种市场秩序也会受到法律的约束，但对于个人追求财富不再有任何道德、政治或文化上的限制，唯一的限制可能是来自增长本身的自然约束。

意识上的任何大的转变，都需要危机的刺激。对于自由市场的支持者而言，它就是“凯恩斯主义经济学的危机”，即米尔顿·弗里德曼所说的，作为充分就业政策不可避免的后果，失业率和通货膨胀率双双上升。自由市场的支持者提出了一些有力的见解：现有体制已经僵化；行业工会的权力过大；税率不仅具有再分配性，还具有惩罚性。但是，凯恩斯式社会民主的破坏性更明显，表现在1973年和1979年两次石油价格上涨上。以如今的币值计算，这意味着富有的石油进口国向石油生产国累计支付了1.9万亿美元。能源成本的增加导致石油消费国的实际收入下降，面对工会组织的反对减薪运动，压力最初落在了利润上，而不是工资上。放弃充分就业的承诺，消除工会对薪资的控制，经济重心从制造业转向服务业，这些都成为支持自由市场意识的具体方案。实际上，里根和撒切尔夫人执政期间把经济的决定权交回到商人手上。政府在管理、支配、分配和资源配置方面的权力被大幅削弱，政府放弃了引导市场力量向理想社会发展的企图，把自己限制在为市场成功运行提供动作条件的位置上。通过让贪欲摆脱公共政策的约束，国家的财富增长得更快，等于把亚当·斯密及其追随者的观点重新演绎了一遍。

在这样的世界里，只要一切按部就班，资本主义就永远不会消亡。凯恩斯关于满足的概念没有了立足之地，制度的进步会创造出新的欲望，并激起对地位的无限竞争。如果富裕的社会满足于既得成就，工作更少，消费更少，只要观察到这样的趋势，就可以用全球化的逻辑和收入不平等来反驳。但是，这样一种制度当然不会出现，也不可能按照计划运行，否则在经济和道德层面都会出现效率低下的情况。资本主义制度之所以能够留存下来，只是因为我们对积累财富是为了什么失去了判断力，财富只是美好生活的一种表达方式。除了少许例外，经济学和政治学的主流思想认为，政府应在个体的选择上保持中立。但在资本主义制度下，政府必然会将制度和工具的选择权交给财富最多和权力最大的人。

所以，我们要提出一个关键的问题：在西方社会，还存在什么智力、道德和政治资源，能够打败贪得无厌，把我们的目标重新引至美好生活呢?

道德碎片的影响力

在著作《德性之后》中哲学家阿拉斯代尔·麦金泰尔邀请读

者一起想象一场摧毁自然科学的灾难，残存的是与自然科学的理论知识脱离开的事实碎片。麦金泰尔表示："在我们居住的真实世界里，道德语言和我描述的虚构世界一样，都处于严重混乱的状态。"我们拥有的不过是以往的道德碎片，但是，我们却没有觉察出灾难的发生。专门研究道德问题的学科也没有意识到，它们只察觉到了碎片的存在，并且围绕这些碎片展开了激烈争论。这就是道德争论无休止的原因，在不同道德信仰之间保持中立立场，被视为一个现代自由国家唯一可以采取的立场。[3]

麦金泰尔想象的这场灾难，就是现代国家及其意识形态的兴起。他能想到的唯一的补救办法就是完全退出政治领域，这是一种新式的禁欲主义。他以一种预言家的口吻总结道："在此阶段，重要的是地方的社区化建设，礼仪、智识生活和道德生活在那里得以继续……我们不是在等待戈多，而是在等待另一个圣本笃。[4]麦金泰尔的话让我们想起过去 30 年在西方国家出现的环保主义组织及其种种开创性举措，比如在美国发起的自愿简朴运动，在意大利和其他地方发起的慢食运动等。

麦金泰尔对文明的弊病进行了权威性诊断，但他对政治改革的可能性过于悲观。事实上，直到最近，西方世界的公共政策都是依据美好生活和美好社会的概念制定的，即使不是那么明显，也隐含其中。这些想法并非注定会失败，其中一些在我们的公共生活领域仍有影响力。只需要一点政治勇气，就可以恢复它们的核心地位。

在我们还能看到的较古老的道德碎片中，最详尽的就是天主教教义了。天主教教义主要呈现为 12 份教皇通谕，从 1891 年的《新事物》通谕到 2009 年的《在真理中的爱德》通谕。这些教义当然是天主教的财产，但我们无须成为天主教教徒或新教徒也能欣赏它们。与许多基督新教不同的是，天主教永远向顶级的异教徒敞开智慧大门。天主教对财产的保护，对公平价格和工资的呼吁，对贪婪和高利贷的谴责，不仅产生自福音书，也源于亚里士多德。天主教教义中属于基督教特有的，却非常不同于亚里士多德观点的地方在于，它强调工作是人赎罪所必需的工具。（教皇庇护十一世写道："人类生来就要劳作，如同鸟类要飞翔一样。"）即便如此，天主教也从未将不懈的劳作视为一种理想。20 世纪初，美国神学家约翰·瑞安写道："真实且理性的教义是，当人类生产出足够的必需品、合理的舒适和便利，以供全人类使用时，他们应该用余下的时间培养智力，磨炼意志，追求更高层次的生活。"[5]

在天主教教义的众多优势中，其中之一是它以同样的方式既反对国家社会主义，又反对没有限制的资本主义。教皇利奥十三世在 1891 年的《新事物》通谕（副标题为"论劳动阶级的状况"）的开篇即对资本主义大加谴责，想必马克思都会对其大加赞赏。

> 任人摆布、孤立无助的劳工渐渐败给雇主的冷酷和无节制竞争的贪婪。掠夺式的高利贷加剧了这种危害……还需指出的是，雇用劳动力和贸易行为相对集中在少数人手里。这

> 导致少数非常富有的人能够给贫穷的劳工套上枷锁，后者的境遇只比奴隶好一点儿。[6]

然而，教皇的解决办法却与马克思大相径庭。教皇认为，这一社会问题的解决办法是“阶级间的公平”，尤其是财产的广泛分配。正是通过财产，男人（在早期的教皇通谕中，除了成为妻子和母亲，女人没有其他作用）在土地上留下个性的印记，并为他的家人提供生活保障。工资和工作时间应该可以使节俭的人攒够钱，拥有一笔合适的财产；假日应该足够多，以便人们从工作中恢复精神和体力，并放松一下心灵。《新事物》通谕未将希望寄托在国家身上，而是寄希望于中介机构，我们现在称其为“民间社团”，主要指的就是教会。富人有行善的义务，雇主和工人被鼓励组建成天主教团体和行业协会。最初，国家的角色只是公正原则的支持者和保证者，但随着“阶级间的公平”这个目标变得更加宏大，国家的角色也在逐渐扩充。

这些天主教教义曾被贴上各种标签，比如分配主义、社团主义、个人至上论等。天主教教义还会被视为非资本主义和非市场形式的私有制的捍卫者，私有制是决定个性的至关重要的条件。天主教教义强调私有制的责任，而不是奖励，强调慈善，并要求优先尊重穷人。

所有的教皇都坚持认为，“如果不考虑来世，就无法正确地衡量尘世事物的价值……排斥未来的概念，善和对的概念就会立即消亡；而且，整个宇宙也将变成一个黑暗和高深莫测的谜”。[7]

简而言之，他们视宗教信仰和宗教体系为抑制贪得无厌的唯一方法。

天主教教义的主要世俗成果是“社会市场经济”。* 它由一群反纳粹知识分子在 20 世纪 40 年代发展起来，其主要目的是在家族企业的基础上重建高度垄断、支离破碎和缺乏抵抗力的德国经济，确保实现资产所有权分散这个目标，该目标被视为获得自由权的必备条件。苛刻的遗产税将确保大家具备公平的初始条件；在大型工厂和国家层面，为了取得各方的信任，需要雇主和工人共同制定政策。这样的想法在 1948 年首先得到基督教民主党人的支持，后来在 1959 年又得到了社会民主党人的支持。社会市场经济理论重塑了欧盟的社会模式。政府相对弱势，但有强大的民间机构，这是该理论的核心内容。孟德斯鸠和托克维尔等法国思想家的社会自由主义，英国保守党拥护的伯克保定主义，以及可以追溯至中世纪行会的各种混合形式的财产关系（例如，互助社和职工合作社），它们之间有着很强的相似性。[8]

在基督教新教的世界里，与天主教教义类似的观点被称为“新自由主义”，它提供了第二个道德碎片。相较于天主教教义，新自由主义是世俗的进步主义，但实际上二者有许多相同的结论。第一波新自由主义浪潮出现在 1914 年之前的英国，它由穷人的苦难处境所引发。受黑格尔理想主义的影响，它的目标是革新政治经济学家的古典自由主义。“经济人”让位于在社群中与

* 意大利法西斯的“公司式政府”理论，是对罗马教皇通谕的一种欺骗性应用。

他人合作实现自我的个人，政府从权力的使用者上升为公共利益的代表。新自由主义者以两个具体论点来支撑他们的改革计划。第一，道德失败的主要原因不在于性格缺陷，而在于病态的社会环境。第二，不受管制的资本主义为富人提供了一种“不劳而获的剩余价值”（或“应纳税的盈余”），这部分可被公平地用于救济贫困。因此，新自由主义的主要政策工具就是遗产税和累进所得税，并将这些税收用于教育、社会保障和其他改善性措施。“赋权型社会”这一新自由主义理论是后来许多理论的基础，比如阿马蒂亚·森和玛莎·努斯鲍姆的理论，它们的目标都是通过国家行为去促进个人能力的提升。

第二波新自由主义浪潮与凯恩斯、贝弗里奇和罗斯福有关，它于动荡的 20 世纪三四十年代出现，于 20 世纪五六十年代发展成熟。凯恩斯的目标是弥补古典市场经济学中最重要的缺陷，即无法保证持续的充分就业。他在《就业、利息和货币通论》中提出，维持足够的总需求，以确保所有潜在资源得到充分利用，这是政府的职责。持续的充分就业不仅是社会保障的基本条件，也是凯恩斯道德计划的一部分，借此尽可能快地度过经济必要性的难关，以便为所有人开启美好生活的大门。威廉·贝弗里奇是英国福利制度的创始人，也是新自由主义的创始人之一，旨在消灭肮脏、无知、贪婪、懒惰和疾病五大罪恶。1942 年，他发表了著名的《贝弗里奇报告》，提出可以通过强制性社会保险，为人们提供“从摇篮到坟墓”的保障，以抵御退休、失业和残疾带来的危害。国民卫生保健和教育均靠税收提供资金支持，这使得贝弗里奇的宏伟蓝图变得完整。富兰克林·德拉诺·罗斯福总统实施新政，以防止美国经济在大萧条中崩溃。虽然在很大程度上，新政是为了解决美国经济特定领域存在的问题，但在 1933 年的就职演说中，罗斯福以亚里士多德式的观点和《圣经》的语言，发誓将“钱贩子赶出圣殿”。罗斯福新政在 20 世纪 60 年代得以延续和推广，以致力于改善少数族裔的生存状态。

第三个道德碎片是由社会民主提供的，社会民主于 19 世纪晚期从革命社会主义中分离出来。它的首要主张是，生产工具归人们共同所有的社会主义可以通过民主的方式实现。第二次世界大战后，在私营企业和公共部门共同构成的混合经济体中，社会民主派给新自由主义添加了一种强烈主张平等的承诺。尽管其基本模式有许多变化，但它在英国、法国、意大利和斯堪的纳维亚半岛都找到了政治栖息地。

经济学中也存留着较古老的道德碎片。经济学这门学科创立的初衷是对市场霸权施加大量限制。除了维持市场竞争的一般责任外，亚当·斯密认为政府还应承担起三项职责：国防，执法，建立并维持公共机构的运转。虽然它们有益于整个社会，但由私营企业来提供并不划算，因此，用政府税收来支付比较合适。政府的第三项责任中也包括教育[9]，它是人们需要的产品，也是应该生产的产品，但出于各种原因，市场不会生产它。在 19 世纪末，福利经济学家发展出重新分配收入的功利主义理论，其前提是 1 美元或 1 英镑对富人的效用小于穷人，其结论是更大的社会公平会提高所有人的效用或福利。但典型的情况是，借助“市场失灵”的语言，经济学基本上把伦理道德的主张纳入了它的功利主义框架，致使道德丧失了影响力。

然而，在20世纪上半叶，这三种道德碎片仍有足够大的影响力，推动西方社会朝着实现凯恩斯式的道德和物质条件愿景大步前进。在此，我们用一句话加以总结：政府要有意识地把保障全民福祉的物质条件作为目标。资本主义没有被废除，而是在一定程度上受到限制，这使得像安东尼·克罗斯兰这样的思家怀疑它是否还是那只“野兽”(《社会主义的未来》，1956年)。1950—1975年政策的主要成就包括：维持充分就业，通过实施累进所得税制减少不平等程度，扩大社会保障的覆盖面，以及维护和平。生产力的提高促使工人们的实际工资增加、工时下降；通货膨胀率适中；19世纪那种有失颜面的贫穷被消灭；健康、教育、妇女权益有所提升。大多数时候，经济增长都被当作整个政策组合的副产品，而不是一个独立的目标，更不是凌驾于一切之上的政策目标。

这一政治和经济条件在许多方面都非常适合实现我们的基本元素。但问题是，道德丧失了自己的语言。20世纪70年代，经济和社会难题困扰着西方世界，这是传统道德没有“幸存”下来的主要原因。历史学家彼得·克拉克对道德改良主义和机械改良主义做出有效区分。道德改良主义视物质条件改善为提高人们道德状况的途径，而机械改良主义只是试图让人们变得富足。[10]宗教以及经济学、政治哲学表现出强烈的个人主义色彩，共同剥夺了道德自由主义者的语言，他们被迫使用纯粹的机械式论调。他们指出，如果劳动者在食物、住宅、衣服、健康和教育方面获得提升，自然会对生产力产生积极的影响。但是，一旦被普遍接受的语言变成了效率的语言，道德改良者就很容易受到某种指责，即他们降低了人们工作和储蓄的动力，并窃取了生产领域的资源，导致效率低下。20 世纪五六十年代的社会自由主义无法提出取代利益动机的主张，只剩下适用于“市场失灵”的特定案例的限制条件。所以，当社会自由主义国家在 20 世纪 70 年代陷入财政危机时，它们无法在智识上做出令人信服的辩护，以阻止不受限制的利己主义哲学卷土重来。于是，税率骤降，政府受到约束，国有企业私有化，金融行业任意妄为。

讽刺的是，现在的情况是我们根本不必为了效率而牺牲美好生活。如果我们确实达到凯恩斯所说的“财富积累不再有社会重要性”，我们就可以自由地抛弃“各种伪道德原则、社会习俗和经济实践，它们会影响财富分配和经济奖惩。而我们现在却不惜一切代价去维系它们……因为在促进财富积累方面，它们很有用”。

给政府的政策建议

我们并非在撰写政党宣言，因此只能给出宽泛的指引，我们也不认为自己的目标可以立即实现。就像凯恩斯一样，我们也想“飞向未来”，虽然我们所处的位置既比凯恩斯有利，又比凯恩斯不利。有利之处在于，我们现在比他生活的那个时代富裕了四五倍；不利之处在于，我们失去了大量对他和他的追随者来说很自然的道德语言，而且人口增长和自然资源枯竭导致的新的匮乏将对我们的未来构成威胁。

适合实现基本元素的经济组织是什么样子的？它一定要生产出足够多的商品和服务，以满足所有人的合理需求和舒适标准。它要大幅减少人们的工作时间，增加闲暇，这里的闲暇应理解为开展自主性活动的时间。它必须确保在财富和收入分配上的不平等程度较小，为实现健康、个性、尊重和友谊等基本要素奠定社会基础。最后，在一个努力实现友谊和与大自然和谐相处这些基本元素的社会，它将更多地强调地方主义，而更少地强调中央集权和全球化。这些必要的物质条件相互联结，缺少一项就会殃及其他，尽管影响程度不尽相同。如果人们不得不过于辛苦地工作，才能满足他们对物质的需求，那么像闲暇这样的基本元素就会被牺牲。极度的贫富不均也许会与每个人都拥有足够的物质商品并存，但只要少数人拥有的东西远多于其他人，就会引发不满足。最终，无论是在生产活动或是政治生活中，地方主义似乎都与个性、尊重、与大自然和谐相处密不可分。

为了实现这些目标，政策还有多远的路要走？问题的关键在于，一个自由的国家要在多大程度上干预个人的工作时间和消费水平，使之趋于合理。自由主义经济学家和哲学家极力倡导非家长主义，他们认为个体是自身利益的最佳裁判；即使不是，他们也可以自由地犯错。经济学家认为，人们应拥有想工作多久就工作多久的自由，而且应由消费者需求来决定生产内容，因为只有个体消费者的需求得到充分满足，才能使社会福利最大化。一般来说，大多数现代自由主义者认为，只要政府在这些事务上偏离了中立立场，就触犯了个人自由。

我们的立场可被视为非强制性的家长或作风。我们认为，政府权力可以被用来推广基本元素，但仅限于它不会毁灭“个性”这个基本元素。因此，我们总是倾向于采取非强制性措施，而不是强制性措施。所以，我们下面的建议涉及鼓励或劝阻某种行为，但对个人的自由权利不做任何新的限制。事实上，我们的建议旨在增加个人选择的自由权。

在第 1 章中，我们指出了工作时间长的原因：一是相对于劳动力，资本的力量更强大；二是没有止境的欲望，广告对它起到了煽风点火的作用。第一个因素关乎实际收入的多少，人们不得不为之忍受工作的痛苦；第二个因素关乎人们所需要的收入。在这两个方面，我们的现有体制以牺牲闲暇为代价，增加了工作的强度和时间。第一个因素阻止收入中位数与生产力同步增长，第二个因素则诱发在任何收入水平下的消费冲动。因此，我们面临着双重任务：既要确保收入的分配更加平均，又要减轻消费的压力。

当前的收入水平并没有反映生产力的水平。如果制造业和服务业生产力提高所带来的成果归所有人共享，那么平均工时可能会在 1980 年后持续下降。但事实上，一方面资本吸收了生产力增长带来的收益；另一方面，在公共服务领域，生产力的增长很难被衡量，与生产力的提高同步增加的工资机制已经失灵，致使公共部门不得不依据公共财政的状况来发放工资。

因此，凯恩斯在 1930 年提出的问题并没有按他设想的收益的方式得以解决。凯恩斯的解决办法是：我们寻找节省劳动力的方法的速度，比我们为劳动力寻找新用途的速度更快。[11] 然而，制造业自动化不仅没有使休闲时间大幅增加，反而导致劳动力大规模转移到工资水平较低的服务行业，人们不得不工作更长的时间才能维持生计；而那些没有被吸纳进服务业的劳动力要么失业，要么成为临时工。诚然，后一种方式减少了总工时，却大大增加了就业的不确定性，与安全这个基本元素相冲突。与此同时，实际收入的增长停滞导致人们的负债增加，因为无止境的消费欲望无法用工作收入来满足。

服务业在经济中的比重逐渐增加，是富裕社会的一个自然趋势。但是，服务业不应该像今天这样倾向于满足“寡头财富”的需求。事实上，我们慢慢地退回到人类社会早期的状况，那时的社会分成两个阶级：少数食利者和奴仆。凡是那些掌握大量财产的人都能负担得起各种服务，而这些服务则由那些因缺乏财产而被迫长时间工作的人提供，比如司机、园丁、家仆、清洁工、保姆、家庭教师、健身教练、美容师、宠物美容师、店员、服务员等。在这种社会里，由私人投资为富人提供的高档服务与由公共投资为其他人提供的低档服务并存。

在富足时代，这将是一个可怕的结局。我们如何能避免它呢？我们需要降低收入不平等的程度，因为只有当大多数人的实际收入提高到现在少数富人的水平时，平均工时才会持续下降。

在英国和美国，最高收入和收入中位数之间的差距已成为鸿沟。我们应该不断努力，提高教师、护士和其他公共服务人员的收入。这要求较高的税率，正因如此，相对一开始在收入分配方面就较为平均的国家而言，它会遇到更大的政治阻力。

但是，这还不够。雇主除了可以决定雇员的薪酬之外，还能决定雇员的工作条件和时间。对于雇主而言，雇用更少的人，并让他们工作更长的时间，比雇用更多的人更划算。结果，劳动力市场被一分为二，一边是不想长时间工作却被迫工作的人，一边是想工作却得不到足够工作时间的人。

要想解决这个问题，需要用一些不同的方法。最简单的方法就是，通过立法减少工时，限制每周工作时间和（或）增加法定休假时间。这种法律毫无新意，因为自从 19 世纪初《工厂法》颁布以来，工时已经得到控制。今天，《欧洲工时法》将每周工时限制在 48 个小时以内。2000 年，法国立法规定每周工时不超过 35 个小时。

在这样的法律制度之下，雇主和雇员就可以公开协商弹性的退休时间和对工作分享体制的安排。工作分享可以打破“劳动力总量固定”这个一直被经济学家回避的误判，也就是说，工作数量有限，应该让所有想工作的人一起分享。如果经济政策的目标是使增长最大化，那么肯定要反对这种做法。但是，如果不把增长作为主要的政策目标，那么在自动化正在减少制造业对劳动力的需求的世界里，工作分享就是实现劳动力供需平衡的文明方式。在工资水平较低的服务岗位上也可以实行工作分享，但需要额外的支持措施。

工时普遍减少并不会导致大多数人工资下降。举例来说，荷兰人比英国人的工作时间更短，但平均薪资比英国人更高（荷兰人为 4.2 万美元，英国人为 3.6 万美元），而且财富和收入的分配比较平等。工人在更短的工时里努力工作，或者雇主改善工作方法，生产力甚至还会提高。1974 年，英国首相爱德华·希斯尝试让英国人在两个月的时间内每周工作 3 天，而这段时间的生产量几乎没有损失。20 世纪 80 年代，大众汽车公司把每周工时从 36 个小时降到 28.8 个小时，以避免裁减 3 万名工人，结果表明工厂的生产力反而提高了。更短的工时意味着工厂可以安排更多的轮班，虽然每个员工的工时减少了，但总的生产时间得以增加，由此降低了单位成本。[12]20 世纪八九十年代，同样的方法也被引入欧洲其他地区，以抵消大规模的工业“缩编”。这种方法至今仍在起作用，而且证据表明它是有效的，不仅减少了工时，而且平衡了正式员工和临时工之间的收入，还提高了生产力。[13]

另外，有大量证据显示，如果条件允许，并且收入的下降幅度不太大，人们愿意牺牲部分收入以换得闲暇。1993 年，丹麦的一项法律规定，人们有权间断性地工作，同时有权不间断地获得收入，从而创新了工作分享的方式。每 4 年或 7 年，雇员可选择休假一年，也可以把这一年时间分割成若干时间段。在他们休假期间，没有工作的人可以代替休假的人工作，休假者只领取 60% 的工资。行业工会已经开始利用这些法律条文来减少公司员工的工时，以增加固定工作的数量。虽然工时短的工人工资也更少，但这是他们的选择。不像经济学家想的那样，许多工人并没有把生活水平和收入划等号，丹麦就是一个成功的例子。收入提升了闲暇的价值，但收入无法代替闲暇。

尽管工作分享方案具有一定的吸引力，但许多工资低的工人却负担不起，他们十分需要全职工作带来的收入。正是在这种情况下，基本收入这个概念受到欢迎。

基本收入

“基本收入是国家支付给一个社会的正式成员或合格居民的收入，不管他 / 她是否愿意从事有偿工作，不管他 / 她是富有还是贫穷，也不管他 / 她的家庭状况如何。”[14]

基本收入必须和最低收入区分开来，后者的目的是防止人们的收入降至贫困线以下。最低收入是根据收入调查的结果来确定的，而且和就业市场挂钩，它要求领取者必须积极地寻找工作（在英国，失业救济被重新贴上“求职者补助”的标签），或者被用来补充极低的薪水。相反，基本收入是向所有公民无条件支付的收入，理想情况是支付的金额足够高，从而使他们有权选择工作的时间。

基本收入方案有时也被称为公民收入计划，它的历史悠久，可追溯至 17 世纪的托马斯·霍布斯、18 世纪的托马斯·潘恩、19 世纪的查尔斯·傅立叶（约翰·斯图尔特·穆勒曾不无赞赏地提到他们）等等。拥护这个方案的人有贵格派信徒和社会主义者，以及詹姆斯·米德、塞缪尔·布里坦、安德烈·高兹等人。[15] 1943 年，自由主义者里斯·威廉姆斯女士提出“社会红利”的概念，建议把它支付给所有家庭，不论收入多少，其资金来自所得税，并随着国民收入的增加而增加。还有一些其他建议，比如米尔顿·弗里德曼提出的“负所得税”，即给所有收入低于一定门槛的人支付一笔现金，它被视为一种花费比较少的社会保障方式。[16] 当劳动力供需平衡时的工资无法维持人们的生活时，基本收入等办法就会被当成补充工资得到推广。

大多数较早的主张都是基于权利或资格提出的，典型的说法是每个公民都有权分享国家的财产，包括大自然的遗产或继承的资产。

在保证所有人都无条件地享有基本收入的情况下，这种做法通常会引发两种反对的声音：一种声音是它会导致人们丧失工作的积极性，另一种声音是社会过于贫穷，以至于负担不起基本收入。由于存在这两种反对意见，基本收入方案只在少数地区能看到，比如美国阿拉斯加州和阿拉伯联合酋长国，它们的财富主要来自自然资源，无须费太多力气就可以开采，因此能为它们的公民提供的就业机会并不多。

然而，当问题不是匮乏而是富足，当政策目标不是增长最大化而是保证基本元素的实现时，这两种反对意见就站不住脚了。在这种情况下，基本收入的目的就成了使闲暇更具诱惑力，同时弱化工作的吸引力；此外，富裕的国家更能够向它的公民支付基本收入。无条件的基本收入将使非全日制工作成为可能，因为现在许多人不得不从事全职工作；它也允许工人自主选择工作时间，以及在什么条件下开展工作，而这个选择权现在掌握在拥有大量资本的人手中。2005 年，塞缪尔·布里坦阐述了基本收入的原理，这对我们很有吸引力。

> 基本收入的目标就是要使每位公民都成为承租人。私人财产和不劳而获虽然遭到马克思主义者的谴责，但它们本身并不邪恶。问题在于，拥有者太少，以至于能够享受它们提供的个人自主权的人非常少。无疑，在很多人向往的美好社会里，这些优势应由更多人共享才好。[17]

令人困惑的是，基本收入有两种替代形式：捐赠资本（capital endowment）和有保证的年薪。有人指出，经分析发现，它们其实殊途同归，捐赠资本是预期未来收益的折现值。但资本给它的所有者提供了一个选择：要么靠收入生活，要么靠资本生活，比如买房子、创业、储蓄或挥霍一空。有保证的年薪会让人们的生活更有保障，而捐赠资本则为人们提供了更大的选择自由权。总的来说，我们更喜欢捐赠资本，因为它可以实现更广泛地分配可支配资产这个目的，从而为实现尊重和个性这两个基本元素奠定基础。但是，既然单个基本元素不应排斥其他基本元素，基本收入方案就可以包含资本和收入两个部分，或者可以让人从二者中选其一。[18]

基本收入可以让全体公民脱离贫困线，负担不起基本收入的论调在富裕社会是站不住脚的。在 1989 年出版的《阿嘎索托比亚：合伙经济学》一书中（*Agathotopia : The Economics partnership*），诺贝尔经济学奖得主詹姆斯·米德认为，维持生存的基本收入相当于失业救济，通过资本税和国有但由私人管理的信托投资产生的收益，全体国民得到了资助，它将随着国民收入的增加而增加。[19] 还有人指出，污染许可证就像碳排放额度，出售它足可以为欧盟提供 1 500 欧元的基本收入资金。[20] 资本交易税又称托宾税，它是另一个潜在的基本收入来源。2001 年，美国教授布鲁斯·阿克曼和安妮·奥尔斯多特提出了一项昂贵的捐赠资本计划，建立在对私人财富征税的基础之上。[21] 2001 年，戈登·布朗在担任英国财政大臣期间设立了“婴儿债券”计划，即儿童信托基金，朝着全民捐赠资本计划迈出了一小步，实施这个计划可以为每个新生儿提供一份价值 800 英镑的免税债券。* 它有可能成为一项更大的捐赠资本计划的一部分，后者汇集了来自社会保障税、资本和交易税的收入，以及政府信托投资的收益等。但是，英国于 2010 年为削减开支而叫停了该捐赠资本。

常听人说，无论采取哪种形式，基本收入方案只会导致人们懒惰和放荡。有保证的年薪将使大部分成年人变成依赖国家的寄生虫，浑浑噩噩、萎靡不振。如果把捐赠资本发放给不负责任的

---

* 根据计划，英国将为每年出生的 70 万名新生儿设立账户，预计成本是 4.8 亿英镑。这笔资金将被用于投资，等到这些孩子 18 岁时即可支取，并用于教育、培训、买房或创业等项目。政府提供的债券价值不等，条件较好家庭的新生儿可获得 400 英镑，贫困家庭的新生儿可获得 750~800 英镑。

18 岁年轻人，这些钱很快就会被花在毒品和名牌服装上。

这些风险是不能被忽视的，但是，也有两种积极的可能性。第一，领取捐赠资本的人没有理由比其他财产继承者做得更糟，当资本不是一笔独立的意外收获（比如中彩票），而是社会契约的一部分时，尤其如此。当然，也有很多富家子弟挥霍或赌输了他们继承来的财产。经过几代人的努力，富人在维护他们的财富方面取得了惊人的成功。他们不是完全靠自己做到的，财产以多种形式得到传承，比如信托，它对继承人转让财产的能力做了限制。同样的限制原则也可以应用到捐赠资本的支配上，它们有被放纵之人“挥霍掉”的风险。通过限制它们只能把资金用于许可的项目（比如教育），并将领取者的年龄延后至 30 岁或以上，就可以避免资金被挥霍一空的风险。

第二，我们要依靠教育，鼓励人们享受闲暇。目前，教育只是向学生提供有用的知识和技能，以便于他们就业。我们预测，未来的教育将完全清楚这一点：人一生的工作时间占其清醒时间的比重递减，教育的主要任务将变成为就业市场之外获得人生满足做准备。大部分为富家子弟提供教育的私立学校认识到了闲暇教育的重要性，于是向学生提供全面的课程，但公立学校却变得越发功利。如果富裕社会想要避免少数人过着美好生活而多数人劳苦一生的情况，就必须对公立教育的理念进行大力度的改革，公立教育的经费也要有所增加。过去，很多思想家都主张，为了让人们过上美好生活，教育方面必须做出相应的改革和提升，这其中不乏经济学家的身影。只不过，后来经济学放弃了这一抱负，把学校当成了人力资本的传送带。[22]

从现在来看，基本收入方案不会阻止人们工作，许多人只把基本收入当作他们所挣工资的补充。有些人想从事无偿工作，他们现在就可以这样选择。有些人想放弃无聊但高薪的工作，改为从事有趣但薪酬较少的工作，他们现在同样可以这样选择。[23]在我们看来，自发和自主的活动都是闲暇，因此受到欢迎。它们的目的都是帮助人们过上美好生活。

减轻消费压力

减轻消费压力是减轻工作压力的一个重要方法，因为我们工作主要是为了消费，所以我们消费得越少，工作的欲望就越弱。但是，我们的社会鼓励炫耀性消费和奢侈性消费，即使那些负担不起的人也是如此，这是新富阶层不再“游手好闲”的一个重要原因。

2011 年 9 月 5 日，一份伦敦的报纸报道说，资本已占领了一名神经科医师位于哈利街的家。该神经科医师表示，他每周必须工作 60 个小时，才能供得起他那栋价值 100 万英镑的房屋的 9 成房贷。这是现代资本主义文明的完美写照。富人为了梦想抵押了自己的未来，而穷人则展开报复。我们的神经科医师税前需要挣多少钱，才能偿付 90 万英镑贷款的本息呢？根据借贷条款和年限的长短，每年大约需要偿还 20 万英镑，这意味着加班将成为这位医师工作的常态。这样一栋房子连同住在里面的人（这位神经科医师的妻子已怀有身孕），需要很多钱来维护和养活。他们需要请一两个佣人、一个保姆、一个私人教练（为工作 60 个小时储备体力），需要拥有家电、假期和服装，也许还会有两个孩子。毫无疑问，这些开销是像这位神经科医师之类的专业人士所必需的。但是，这里有一个问题。拥有价值 100 万英镑的房子使这位神经科医师跻身成功新秀的行列，但他的年长的朋友或熟人也许拥有价值 200 万或 300 万英镑的房子，还有自己家的游泳池。因此，一周工作 60 个小时还是不够。我们的工作不断满足我们的欲望，而我们的欲望又不断加重我们的工作。

这位神经科医师是一位炫耀性消费者，但是，他的消费冲动不仅限于奢侈品。现代资本主义从各个方面激发人们的消费欲望，消费成为现代社会的安慰剂，以及对我们长时间的非理性工作的虚伪奖励。通过给孩子购买玩具，而不是抽时间陪伴他们，家长将“强迫性消费主义”的理念传递给孩子。[24] 诚然，许多进入市场的创新商品提高了人们的生活质量，但它们同时加剧了消费竞争，从而阻止工时的下降。对现代资本主义最大的抱怨之一是，它制造出的工作过多，而闲暇过少，导致友谊、爱好和公共服务的缺乏。

那么，国家应该做些什么才能减轻消费压力呢？

政府已经在用税收以及其他政策影响消费。它迫使人们为他们不想要的服务缴税，并剥夺了他们想要的服务，比如更好的教育、医院和铁路。国家对消费的影响在公共物品方面表现得更明显，这种产品对社会有益，无论人们想不想购买它们。例如，免费的学校午餐，经济适用房的补贴，为穷人提供的免费医疗，等等。[25]其他政府补贴的例子还包括画廊、博物馆、音乐厅、剧场和歌剧院。当然，也存在所谓的“公害物品”，比如烟草和酒精，法律并不鼓励人们消费它们，政府会对它们征收“罪恶税”。在这两种情况下，经济学家隐晦地指出，政府是代表消费者利益采取行动的，或至少是为了消费者。所以，虽然人们不想缴纳烟草税，但他们确实珍视自己的健康。事实上，政府正在代替人们做出消费某些商品是可取还是不可取的道德判断。

我们在前文中指出，人类的欲望无止境，他们想要消费更多东西，这种欲望在很大程度上来自对消费所代表的身份地位的渴望。超越了某个经济水平之后，人们的大部分收入都被花在从绝对意义上讲根本不需要的商品上，但这些商品可以让拥有者显得比其他人的品位更高。这些商品的价格必定永远高于正常的价格水平，否则就体现不出它们的炫耀性功能。某些供给量有限的商品同样如此，这就是早期绘画大师的作品会标出天价的原因。竞争性消费的增长导致工时延长，从而妨碍了闲暇这个基本元素的实现；同时，它引发了人与人之间的相互竞争，因此损害了友谊、个性和安全等基本元素。

减少竞争性消费的传统方法是颁布禁奢令，禁止各种形式的炫耀性消费。雅典的《梭伦法典》出现于公元前6世纪，它限制出殡的人数和葬礼上祭祀物品的价值，还限制嫁妆和彩礼的价值，对结婚礼服也有相应的规定。早期罗马的禁奢令对家族活动的排场和炫耀性消费也有所限制，还限制陵墓的大小和葬礼花销等。禁奢令有助于阻止消费欲望的竞争性攀升，虽然它们的主要意图并不在于此。

禁奢令引发了道德和经济方面的争论。人们普遍认为奢侈是一种道德败坏的行为，禁奢令由此得到支持。卢梭直截了当地说："奢侈是美德的天敌。"奢侈不仅会造成社会分裂，而且也会削弱军队。用经济学语言来说，奢侈意味着资源偏离了正常的生产用途；在资源稀缺已成一个恒定事实的社会里，浪费资源与稀缺、饥荒和毁灭联系在一起。17—18 世纪，旨在反对进口奢侈品的禁奢令是重商主义国家实现贸易平衡的手段。[26] 后来，禁奢令让位于税收，而且涵盖了更多项目。

随着奢侈品逐渐被人们接受，禁奢令日渐式微。曼德维尔率先提出，奢侈品推动了经济繁荣，他把奢侈品形容为"创造和创新的工厂"。[27] 禁奢令的废除也是这种信念的结果，即消费一定要由个人做出选择。亚当·斯密认为节俭是自利行为的一部分，因此，限制奢侈品消费的法律则显得没有必要存在。[28] 但是，亚当·斯密未曾料到的是，在富裕社会里，之前仅限于富人在奢侈品上的竞争性消费变得普遍，这导致充足社会的到来被无限推迟。在这种情况下，禁奢令需要寻找新的理论依据。

在一个充满活力的经济体系中，禁止或者对特殊商品征税是无效且武断的方式，因为想要炫耀自己财富的人总可以找到替代的方式。但是，这种看法不适用于普通消费税。消费税的概念由英国经济学家尼古拉斯·卡尔多和詹姆斯·米德分别于 1955 年和 1978 年提出，主要是将其作为一种在充分就业的情况下降低个人消费，同时提高个人存款和投资的宏观经济工具。

卡尔多写道，征收消费税的目的是“限制社区的消费需求”。[29]卡尔多提出了一个可追溯到霍布斯的观点，即消费不利于长期增长，而工作和储蓄则会促进长期增长。[30]因此，人们应为支出纳税，而非按收入缴税。而且，税率应该是累进制的，这有利于实现经济和社会的平等，[31]也是出于“促使富裕的食利者储蓄和投资，而不是进行炫耀性消费”[32]的经济目的。

在卡尔多之前，约翰·斯图尔特·穆勒等人就支持征收支出税，但这种想法一直被人斥为不切实际，因为它似乎要求人们记录下每一笔开支。1937年，美国经济学家欧文·费雪指出事实并非如此，支出可以根据资金流入和流出之间的差额来计算。税务局只需要知道一个人的年收入及其存款或投资的金额，并对两者之差征税。[34]但为了保护穷人，应设定免税门槛。

经济学家罗伯特·弗兰克支持卡尔多的消费税，并不是为了推动增长，而是为了抑制消费主义。[35]弗兰克写道：“上层社会失控的消费引发了一种奢侈品狂热情绪，它已经控制了我们所有人。”[36]富人的炫耀性消费越多，竞争性支出就越多。消费税可以促使资源向非炫耀性消费转移，比如，“摆脱交通堵塞，增加与家人和朋友相处的时间，假期更多，创造一系列有特色的职位，更优的空气质量，更多的城市公园，更清洁的饮用水，暴力犯罪率下降，加大医疗研究”。[37]弗兰克的非炫耀性元素清单不同于我们的基本元素清单，但我们的想法是一致的：资本主义现在推崇带有偏见的消费，这更有利于贪得无厌的人。借助势利、跟风和凡勃伦效应，富人们偏爱的奢侈品价格拉动所有商品的价格走高，导致各阶层的人必须更努力地工作，而他们原本只需要向本阶层的人看齐。

弗兰克建议，每个人的支出只要超过 7 500 美元，就要按累进税制缴税。消费的价格越高，税率也就越高，直至 70% 的最高边际税率。最重的税负将落在富人的奢侈品支出上，因为只有他们才有足够的经济承受能力。[38] 虽然想要完全用消费税取代所得税难以实现，* 但如果政治阻力阻碍政府提高所得税，消费税可以成为提高边际税率的一种方式。这和全部采用支出税来抑制炫耀性消费有同样的效果，意在降低用于满足贪得无厌欲望的收入（乃至于工作）。正像凯恩斯在另外一篇文章里说的那样："用风险不大的方式也能玩游戏。"[39]

卡尔多希望有一种可以把存款排除在计税范围之外的税制，以鼓励更快的增长。虽然在如今的富裕条件下，这种税制没有太大的意义，但是储蓄仍然应该受到鼓励，以便为延长的退休期提供必要的资金支持。我们可以将消费税设定在特定水平上，以产生足够的私人储蓄和公共储蓄，让所有人都能过上舒适的退休生活，实现尊重和安全这两个基本元素。所以，累进消费税比累进所得税多了两个优势：它可以减少地位性的消费

* 主要问题在于耐用消费品和礼品。购买昂贵的耐用消费品应被视为投资而免予征税，还是作为支出进行征税？礼品应该被免税，而且作为受益人的负债来对待吗？在第二种情况下，富人具体实施过程中可以利用累进制支出税的规定，把礼物送给税负较低的人，以此作为他们支出的一种手段。尽管支出税在概念上很简单，但在具体实施过程中，几乎肯定要比所得税的征收复杂得多。

竞争，还可以增加退休金。消费税还可以成为基本收入的资金来源。

单靠消费税无法减少人们对金钱纯粹的喜爱，这在日益扩张的金融行业表现得最明显。要知道，金融行业是当代资本主义真正的推动力，也是个人和企业财富最不同寻常的来源。英国金融服务局前主席阿代尔·特纳指出，很多金融创新“对社会毫无用处”。[40] 在我们看来，实际情况甚至更糟，它是我们试图控制的贪得无厌心理的根源。约束金融行业的方式之一，就是向金融衍生品等征收交易税。比如“托宾税”，它既可以被用来削弱金融行业对经济活动的征收力，又可以成为公共支出项目的收入来源。

限制广告播出

消费的压力因广告而加剧。人们常说，广告的唯一效果就是使人们更容易得到他们想要的东西。即使这是真的，它也不符合我们的目标，即人们应首先得到需要的东西，而不是想要的东西。无论如何，广告只想帮助人们得到他们想要的东西，这是不对的。

跟往常一样，经济学家对广告作用的阐述主要是从消费者权益角度出发的。他们认为，理性的消费者会在竞争市场上追求产品效用，买什么由他们自己决定。在这个模型下，广告没有多少可发挥的空间，因为消费者已经有了明确的效用函数。广告的唯一作用就是提供信息，让消费者知晓一种产品，了解其质量和价格，以便做出更明智的选择。法律只需要保护儿童，并防范欺诈即可。所有对广告持宽容态度的观点基本上都是经济学家的观点的变体，即无论如何，广告只是帮助消费者得到他想要的东西。这里并不存在对任何种类商品的过度消费的问题，因为按照定义，商品就是消费者想买的东西。[41]

20 世纪早期，广告倾向于传递资讯，但后来逐渐发生变化。如今，大多数广告几乎不包含任何信息，其目的只是创造一种氛围，以增加商品的诱惑力和吸引力，诱使我们去购买并不需要的东西。以 2003 年极度成功的 iPod（苹果音乐播放器）广告为例，广告中只出现了人物剪影，在色彩缤纷的背景中欣喜若狂地跳舞，毋庸置疑，它的目的就是激发消费冲动，而不是传递信息。

面对这些事实，经济学家们却仍然对广告保持乐观的态度，只不过需要找到他们支持的理由。有一种理由是，所有广告都能告诉消费者至少一件事：发布广告的公司很在乎品牌声誉，因此肯在上面投入资金，即使没有传递有效信息的广告也是如此。另一种理由是，通过强化产品形象，广告可以放大产品的价值。（你不仅买到了一辆雷诺汽车，你还买到了它的酷炫感。）最有创意的理由来自加里·贝克尔和凯文·墨菲：即使消费者的偏好被广告改变了，也只是因为他们有“前设偏好”，如果你喜欢，也可以叫它“后设偏好”。这里面没有什么险恶的用心，就好比你买了铅笔之后，又想买转笔刀一样。当然，跟铅笔不同的是，广告通常不是人们应该追求的东西，它们甚至会像贝克尔和墨菲承认的那样，“制造焦虑和抑郁，引起对他人成功和幸福的嫉妒心，激起人们对父母或子女的愧疚感”。[42]这就是广告通常会被穿插在令人愉快的文章或电视节目中的原因，其目的是补偿读者或观众观看广告的负效用。然而，人们自愿观看广告，表明广告应该被视为对其他商品的补充，而不是造成人们品位改变的原因。互联网将互补理论发挥到了极致，它会用一系列与消费者已经购买的商品相关的东西去诱惑他们。

所有这些关于广告的新古典经济学理论都反映了这样一种观点：人们以固定的偏好进入市场，并尽最大的努力去满足它们。但是，这些理论忽视了市场会重塑它而需要满足的那些偏好。马克思主义吸收了黑格尔的哲学观点，它对人类欲望或马克思主义者所谓的动态的需求感觉更敏锐。黑格尔写道：“需求……不是由那些直接体验过它的人创造的，而是由那些试图以其谋利的人创造的。”[43]这种思想成为马尔库塞批评消费主义的基础，也成为加尔布雷思的《新工业国》的基础，该书指出是生产者而非消费者创始了生产流程，并将消费者的需求引导到生产者生产的产品上。斯坦利·里索是20世纪50年代美国最大的一家广告公司的总裁，他同意上述说法。他提出：

> 消费者不会购买第二辆车，除非你强烈地提醒他们。你必须在他们的大脑里制造出这种需求，使他们意识到第二辆车将会给他们带来好处。有时，他们会敌视这种想法。我把广告看作一种具有教育意义的力量，它能够改变消费者的需求。通过向人们灌输更高的生活水准，广告将消费提升到与

我们的生产力和资源相匹配的水平。[44]

如果广告激发了贪婪的倾向，那么限制广告的理由就非常充分。对广告的各种控制已经存在，与罪恶以及儿童有关的广告尤其如此。比如，瑞典和挪威禁止在儿童电视节目中插播广告，也禁止发布任何针对12岁以下儿童的广告。许多欧洲国家有意降低电视对于广告商的吸引力，要求在电视节目开始前和结束后集中播出广告，从而使观众可以避开它们。但在英国，很遗憾，数十年来，总体趋势是放松而不是增加对广告的限制。律师广告的禁令在1984年被解除，因此导致美国式的索赔不断增加。电视节目中的植入式广告指的是剧中人物使用节目赞助商的品牌产品，关于它的禁令在2011年被取消，其影响还未可知。

保护消费者，这是限制广告的另一个正当理由。许多消费都属于浪费之举，原因是人们购买了某些产品，却忽视了它们的质量或受到误导，这些产品要么不奏效，要么达不到消费者的要求，最后被丢弃或引发昂贵的诉讼。最好能通过立法要求所有广告都加上明显的健康警告，以阻止这种浪费，比如在香烟盒上印上“吸烟有害健康”的字样。

禁止公司将广告费用列为成本项目以减少纳税额，这种税制可从源头上限制广告。公司需要衡量做广告所带来的预期收益是否超过纳税额。做广告的公司也许不得不因此提高产品和服务的价格，由此可能产生减少奢侈品销售量的理想结果。必需品不大需要做广告，所以，受影响最大的将是那些与需求联系最不紧密的商品。这样的税制也将损害商业电视台的利益，因为目前全世界的商业电视台有49%的收入来自广告。

上述旨在减轻工作压力、消费压力和财富积累压力的政策也不是没有问题，它们只是方向性目标，而不能作为立法的蓝图。它们是家长作用式的，但不是强制性的。它们旨在慢慢推动社会朝着美好生活的方向前进，而不是强迫人们接受美好生活的目标。

经济前景的升级

我们需要最后重温一次凯恩斯的《我们后代的经济前景》一文，他在其中写道：“当经济目标本身变得不再合理时，它对其他人就会是合理的。”他解释说这里的“其他人”指的是“人们所在的阶级和群体”。很自然，阶级可以解读为本国的穷人，但“群体”却没有地理界限。[45] 无论穷人在哪里，帮助他们都是我们的责任。

在凯恩斯的文章里，他并没有特别关注发展中国家。事实上，“发展”这个概念在当时几乎不存在。就像英国的某些群体比其他群体更富有一样，世界上有些地方也比其他地方更富裕。凯恩斯认为，世界上的贫困地区将很快赶上富裕地区，都达到富足的状态。就像他认为英国的富人不会把穷人远远地甩在后面一样，他认为富裕国家跟贫穷国家的差距也不会越来越大。

结果表明，凯恩斯大错特错。虽然某些亚洲经济体已经赶上或正在追赶西方国家，但世界上仍有1/4的人口深陷贫困的泥潭。一方面，凯恩斯未能预测到全球人口爆炸；另一方面，他以为通过殖民主义和自由经济这两种力量，资本和技术的进步会在全世界迅速传播。当时，世界上大部分贫困国家都曾是富裕国家的殖民附属国，由殖民宗主国掌控殖民地的政治和经济发展，其具体经济形式（至少对于英国来说）表现为维持商品进口和资本输出的自由市场。在财富分配严重不均的世界里，这种方式非常合理。资本从充裕地区流向匮乏地区为的是赚取较高的回报，自由（即免税）进口的政策为资金借入方提供了偿还借款的手段。富裕国家中有人抱怨资本输出牺牲了本国的经济发展，他们还抱怨自由进口损害了本国的就业。但总的来说，贫富国家之间的交易是互补关系，而非竞争关系。富国出口工业制品，而穷国出口粮食和日用品。

1930年，凯恩斯沿着这个思路并且在忽视了人口爆炸的前提下预测道，100年后大多数贫困国家将赶上富裕国家，届时，自由贸易和资本输出的逻辑将变得多余，因为这个世界已经变得充裕，人们可以自主选择彼此间贸易的规模。贸易也将回归亚当·斯密的观点，成为关乎自然优势的事情。以援助政策形式出现的全球再分配将减轻现有的区域不平等程度。

现状却是，富裕国家已经达到凯恩斯预测的“乐土”状态，但世界上的很多地方仍深陷贫困，主要是因为人口增长的速度比资本积累更快。而且，除了不受控制的人口增长外，世界还面临着绝对资源稀缺的威胁。在这种情况下，富国应该如何与穷国展开经济交往呢？

许多富裕国家的人担心，贫困国家移民的涌入会抢走目前有工作的人手里的饭碗。只要工作分享和基本收入能够减轻公民和居民的工作压力，就可以减轻他们对移民会抢走自己工作的担心。另外，在本国公民能领取基本收入而移民领不到收入的社会里，很难保证尊重这个基本元素。这种情况在阿联酋就出现了，该国只允许公民领取基本收入，但它的大部分工作都是由受人轻视的移民完成的，他们没有公民权或定居权。

凯恩斯时代的贸易在很大程度上是互补的，而现在大部分都是竞争性的。富裕国家的资本家将制造业和某些服务业的工厂转移到劳动力更廉价的贫穷国家，生产出来的廉价商品和服务再被拿到富裕国家销售。在这种情况下，自由贸易以牺牲富裕国家的就业率为代价，造成西方国家工人的实际收入下降或停滞。[46] 正如诺贝尔经济学奖得主保罗·萨缪尔森在接受采访时所说："人们可以在沃尔玛买到比以前便宜 20% 的生活用品，但它们不一定能弥补人们的工资损失。"[47] 即使赢家得到了贸易顺差，在原则上可以补偿输家，也不能保证赢家一定会这样做。

自由贸易对贫困国家也不一定有益。最大的问题在于，它抑制了穷国保护自己新生工业的能力。经济学家埃里克·赖纳特认为，"拥有效率不高的制造业总比没有制造业要好"，他建议达成一项交易，即允许富国保护自己的农业（但禁止将过剩的产品向全球市场倾销），同时允许穷国保护它们的制造业和高端服务业。这个观点反映了几百年来的实际情况，直到它被自由贸易的信条所取代。[48] 在自由贸易制度下，没有国家变得富有。它们进入全球市场之初是富有的，而不是贫穷的。正如剑桥大学经济学家张夏准所说："除了个别国家，今天所有的富裕国家几乎都是因为采用保护主义、政策补贴和其他政策而致富的，其中也包括所谓的自由贸易和自由市场发源地的英国和美国。但如今，富裕国家却建议发展中国家不要实施这些政策。"[49]

这使得资本输出成为协调富国和穷国利益的主要方法。主流经济学理论告诉我们，对于富国来说，资本向穷国转移获得了比在本国更高的回报，也可以降低穷国的借款成本。事实上，大量资本之所以向上流动（从穷国到富国），是因为穷国的政治不稳定，投资有风险。今天，穷国的强权人物及其亲信在瑞士开设银行账户，他们是资本从穷国外逃至富国的最坏例子。要使资本的流动对双方都有利，世界货币体系必须进行重大改革，同时还要限制热钱的流动。另外，如果要降低贸易占世界国内生产总值的比重，从富国到穷国的部分资本输出需要采用援助而非贷款的形式。

我们的结论是，为了实现美好生活的愿景，我们不得不从经济一体化的彼岸退回，耐心等待穷国真正赶上富国。在这种情况下，发达国家将不得不更多地依靠本国的生产来满足本国人民的需求；发展中国家需要放弃出口型增长模式，因为它依赖于发达国家日益增加的消费需求。如果富国更少地参与穷国的经济，穷国也许会做得更好。但是，富国仍要对贫穷的非洲国家开放市场，要知道，非洲撒哈拉沙漠以南地区的经济总量甚至还赶不上比利时。

在凯恩斯想象的充裕世界里，新投资的收益接近于零。储蓄主要是为了晚年，以及为了替换现有的设备。开发新产品也许有少许回报。在这种情况下，经济的主要目标就变成帮助世界上极其贫困的人实现生活的富足。

为穷人服务未必要采用传统的有偿工作方式。随着人类本性之罪——欲望的减少，我们可以预见它会被多种志向所代替，而且这些志向会落在我们所说的闲暇的范畴之内。自愿牺牲个人的安逸生活去帮助不幸的人，这被普遍视为在道德上令人钦佩的举动。今天，越来越多的人在国内外的志愿服务中找到他们的慷慨（和冒险）本能的用武之地。他们耗费精力、贡献经验和专长、付出爱心、帮助他人，这些都是牺牲收入去追求闲暇的行为。他们正在过着美好生活，并且引领其他人走上通往美好生活的道路。

本章的目的是寻找一种社会和经济的组织方法，它反映的是为了获得美好生活所需的物质条件而要减少的工作量。这意味着我们要放弃经济学的稀缺观点，而这种观点已经深深地扎根在经济学之中，强调效率至上。但我们要问的问题是：一个已经实现充裕目标的社会，该如何组织这个社会的集体生活呢？对此，我们提出了一些生活安排，但这些以贫困为前提的规划与某些被广为接受的经济政策相抵触。

我们升级了凯恩斯“经济前景”的版本，它的物质基础是劳动生产力的持续提高会导致劳动力需求持续下降。我们要么扩大工作分享和闲暇的范畴，将其变成我们的优势；要么继续采用"欲望创造"的体系，它受贪婪的驱使，以牺牲工作的稳定性和收入平等为代价，并且无视人类的未来。

那么，实现美好生活的政治前景又如何呢？马克思主义者总是对政治变革的物质基础保持警惕，他们认为"消灭资本主义的行动开始了"。资本主义已经创造出自我毁灭的工具，那就是数字科技。社会学家安德烈·高兹把黑客视为反抗知识私人所有制的象征性人物，也是新无政府主义道德体系的领导者。舞台已经搭好，精英和无产者之间的斗争即将开始。[50]

本书旨在帮助人们重新思考我们想从生活中得到什么，金钱有什么用处，以及美好生活的意义何在。这涉及复兴长期以来不受欢迎的哲学和道德理念，因为人们确实在道德标准方面意见不一。伦敦金融城的大部分银行家都承认他们的薪资过高，而医生和教师的报酬过低。[51] 但是，他们已被职业化，就像被囚禁的犯人一样，无法想象规则之外的生活。在现行制度下，人们会努力做到最好，但也渴望能生活在一种更好的制度下。本书就试图帮助人们找到一种更好的制度。

我们恪守实现个性和尊重这两种基本元素的承诺，因此不会强迫大家。我们的目标是让前人的方法向有利于美好生活的方向倾斜，使人们更容易逃离残酷的竞争，找到不以赚钱为重心的生活方式。没有任何政治或法律制度可以避免偏见，不管它们自我标榜有多么中立。事实上，正如我们描述的那样，我们现有的制度充满了偏见。对于其中一些偏见，我们予以认可；但对于其他的偏见，似乎应予以摒弃。我们认为政府要有明确的道德选择，这样我们才能进行恰当的道德辩论。如果我们是家长式作风的人，那就直截了当，不必遮遮掩掩。

这样做需要得到宗教的支持吗？也许吧。基本元素在逻辑上不依靠任何一种宗教教义，但它们的实现若不借助权威和启发也是不可能的，而只有宗教可以提供这些。大多数 19 世纪和 20 世纪初的自由主义改革家都是基督徒，其他人则像凯恩斯形容的那样，“摧毁了基督教，但又受益于基督教”。[52]

不管读者如何看待我们这些独特的建议，如果不设法实现美好生活的集体愿景，而是一错再错，富裕社会也承担不起这样放任自流。现在，我们面对的最大浪费不是金钱，而是关于人的可能性。早在 1933 年，凯恩斯就宣称：“一旦我们允许自己不再服从于利润的检验，我们就已经开始改变我们的文明了。”这种改变的时代，早就应该到来了。

致　谢

如果够了还嫌少，那就没有满足的时候。

——伊壁鸠鲁

“你们不会是打算告诉我们，你们认为多少钱才够吧？”写作本书的时候，朋友们经常会半开玩笑并认真地问我们这个问题。“那你觉得多少钱才够？”我们发现如此反问不失为一种机敏的回答，还带有一点儿学术探究的意味。我们得到的答案常常是：“那要看相对于什么来说才叫‘够’。”对此，我们的回答是：“足够过一种美好的生活。”有时，这个问题的确会促使人们尝试着说出一个数字，可想而知，因为年龄、境遇和国籍的不同，这个数字自然存在显著的差异。当然，事实上，若想在这个问题上得到一个有意义或者有一定约束力的答案，人们只能寄希望于那些承认生活是美好的，却并非主观上认为生活美好的人。

本书的目的就是要说服读者相信，美好的生活确实存在，我们应该努力去过这样的生活。我们需要多少钱才能过上美好的生活呢？答案要经过论证才会得出答案，而不是一开始就有。*

在写作和出版本书的过程中，许多人帮助过我们。阿曼德·克莱斯是卢森堡欧洲和国际研究所的所长，2011 年 5 月 27—28 日，他在卢森堡为本书组织了一场发布会，对此，我们表示非常感激。阿曼德以其一贯活泼的风格主持了那次会议，他召集的参会人员都是一些跨学科的知名学者：迈克尔·安布罗西、克里斯蒂安·安斯佩格、汤姆·包勒、玛蒂亚斯·宾斯威格、乌尔里奇·布兰德、伊莎贝尔·卡西尔、阿迪提亚·查克拉博蒂、安德鲁·哈勒姆、玛利奥·赫什、安东尼·肯尼爵士、查尔斯·肯尼、盖·克尔什、瑟奇－克利斯朵夫·科尔姆、阿克塞尔·雷昂胡夫伍德、费力克斯·马丁、马特·马特拉沃斯、约翰·米尔班克、艾德里安·巴布斯特、盖·舒勒、拉里·斯登托普、阿尔弗雷德·斯坦赫尔、亨利克·斯拉弗和保罗·扎伦。他们读过本书的初稿，有些人甚至顶着当时还笼罩在欧洲上空的火山灰前来参会。从他们的建议中，我们获得了很多鼓励和启迪。

我们这本书在英国的经纪人是迈克尔·西森斯，出版商是斯图尔特·普罗菲特，他们为制订出版计划做出了突出的贡献，诚挚、坚定地推进本书的出版工作；朱迪思·古勒维奇是我们的热

* 在此前出版的一本书里，罗伯特·斯基德尔斯基的确大胆地给出了一个数字：一年 4 万英镑，或 6.6 万美元，或 4.6 万欧元（折算成当时的币值）。经济学家约翰·梅纳德·凯恩斯也说过同样的余额，这个金额“足以”满足平常的需求。参见罗伯特·斯基德尔斯基，《重新发现凯恩斯》，第 2 版，伦敦：企鹅出版社，2010 年，第 142 页。其中讲述了计算的方法。

情的美国出版商，她也做了相当多的贡献，我们将一直保留与她的往来邮件。他们都鼓励我们冲破学术的苑囿，将自己的观点清晰地表达出来。

对于读过本书全部或部分书稿的朋友，我们在此表示最诚挚的谢意。他们的评价和批评帮助我们改进了对问题的论述，他们是：佩里·安德森、托尼·比卡特、卡门·卡力尔、梅格纳德·德赛、罗宾·道格拉斯、帕维尔·厄罗奇金、理查德·法因斯、彼得·帕甘、普拉内·尚克利查、理查德·西福德、奥古斯塔·斯基德尔斯基、威尔·斯基德尔斯基和吴俊清。

感谢罗伯特全球研究中心的皮特·米尔斯和克里斯蒂安·威斯特林德·维格斯特姆，他们在研究和评论方面给我们提供了慷慨的帮助。尤其是皮特，他在搜集数据和构建第1章内容的论据方面发挥了很大的作用。在进入伦敦政治经济学院深造之前，作为暑期实习生，唐纳德·潘对我们出手相助，我们很欢迎这样的帮助。我们还要感谢英国上议院图书馆馆长及工作人员，他们满足了我们对书籍和论文无止境的需求。

最重要的是，我们很享受一起研究的氛围。2011年4—5月，在这两个月的时间里，我们在朗格多克写作并讨论此书。那是一段极为开心的日子，也是一段探索之旅，对于我们父子俩来说，还是我们共同经历的美好生活。

译后记

1929年，大萧条来袭，面对危机，凯恩斯同样措手不及，无奈之下只好被迫卖掉两幅珍爱的印象派油画。可见，凯恩斯是一位艺术投资人，也是一位理性经济人。凯恩斯不仅投资艺术，凭着好运气和娴熟的技巧，他从商品贸易和股票市场上也赚得盆满钵满，让那些只是纸上谈兵的批评经济学家无言以对。

但凯恩斯更是一位经济学家，而且是一位乐观的经济学家。虽然经历了大萧条和两次世界大战，但他的乐观心态却从未改变。罗伯特·斯基德尔斯基称凯恩斯是一个"无可救药的乐观主义者"，尽管他那句富有哲理的名言"从长远看，我们都会死的"不无讽刺之意，但他却是相当认真地在思考未来，思考经济活动的终极目的。从超越低迷的现状看到美好的未来，这是凯恩斯的过人之处。

《我们后代的经济前景》最早完成于1928年，是凯恩斯在几个小规模学会上的非正式演讲组成的。1930年6月，凯恩斯在马德里演讲时拓展出一篇讲稿，题为"我们后代的经济前景"。

后来，虽然在大牛市和大熊市中跌荡起伏，但他是否有意重写，我们不得而知。事实上，从1930年10月《我们后代的经济前景》发表并被收入凯恩斯的《预言与劝说》一书以来，我们没有看到与时俱进的预测更新。

凯恩斯在文中指出，进步缓慢或缺席归因于缺乏重大的科技进步，以及没有有效的资本积累，而经济的显著进步则恰恰得益于在这两个方面取得了重大突破。接着，基于对历史的分析和对当时的判断，凯恩斯开始对后代人的经济生活进行大胆的预测：目前只是变革带来的痛楚，是经济周期的调整，是技术性失业，马尔萨斯错了。他在此基础上预测道：在接下来的100年里，人类可以解决经济学之所以存在的理由——稀缺性，先进国家的生活水平将是现在的4~8倍，而且每天工作不超过3个小时。

其实这只是在表述一种可能性，算不上严格意义上的预言。经济学家不是预言家，否则，凯恩斯大可以在大萧条来临之前出手，还能多赚一点。尽管人均收入大致接近凯恩斯的预期，但工作时数却相差甚远。究其原因，不外乎人们喜欢工作或是被迫工作，或者就是人们想要得到更多。最后，经过分析，作者提出了美好生活的基本元素：健康、安全、尊重、个性、与大自然和谐相处、友谊和闲暇，认为只要实现了这七项元素就是幸福的。作者总结出的美好生活元素中并没有强调金钱的力量，这说明那些元素是脱离了种族、国家、宗教等外在层面的人的基本诉求。当然，钱不是万能的，但没有钱也是万万不能的。我们爱钱，但更爱美好生活。

大萧条肆虐之际，全世界都在残喘，“经受着经济悲观主义带来的沉重打击”，凯恩斯个人的财产损失也不小，但他却告诉人们不必惊恐，无须绝望。凯恩斯的底气从何而来呢？我个人推测有两个方面的原因：一是他对人类经济发展史的分析是科学的，他看到了科技进步的力量；二是他实现了财务自由，即使有点儿损失，也是瘦死的骆驼比马大。

本书的作者是一对父子。凯恩斯关于美好生活的预言并未成真，但这恰恰就是本书的出发点，这种“脱胎”的研究和思考方法值得借鉴。这让我想到自己在做记者时发现稿源的方法之一，就是在别人的新闻中寻找线索。

当然，这与罗伯特·斯基德尔斯基是研究凯恩斯的专家不无关系。罗伯特著有《凯恩斯传》和《重新发现凯恩斯》，正因为对凯恩斯的了解，才使他发现了被别人忽视的东西，从而才有这本书的诞生。

作为父亲的罗伯特·斯基德尔斯基于 1934 年 7 月 19 日出生于中国的哈尔滨，还是婴儿的时候就同父母一起被日军拘押在日本一年，战后因拿不回自己在哈尔滨的家产而移居英国。最近，我在网上淘到一本罗伯特的《重新发现凯恩斯》，扉页上竟然有他的亲笔签名，也算是一种缘分。

除了担任教职、从事研究和写作外，作为儿子的爱德华·斯基德尔斯基还负责所在学校的一些行政事务。但他在百忙之中认真回答了我在翻译中碰到的疑惑和不解，在此深表谢意。他也延续了跟中国的情缘，因为他是一位中国女婿。

说实话，若干年之前，尽管偶尔有过一些文字翻译，但我的人生目标不是做翻译，尤其不是做图书翻译。工作之后，我当过教师、公务员和财经记者，进入企业之后，我做过办公室主任和分管副总等，还做过管理咨询，也写过书，涉猎的范围很广，但唯一不变的就是，我把业余时间几乎都用在了学习英语上。直到我与中信出版社签了第一份翻译合同，此时，距离我一时兴起想要翻译图书已经过去了差不多5年。我是在翻译中信出版社的第三本书时才下定决心专职做图书翻译的，因为我发现自己之前所有的经历、积累都是财富，都支持我做好一名图书译者。我感觉自己掐住了命运的喉咙，享受着那种快感，但殊不知，我却搭上了命运的出租车，它把我载到了本就应该去的地方。截至目前，我已经翻译了20多本书，每本都全情投入、字斟句酌。

非常感谢中信出版社对我的信任，我翻译的前4本书皆出自中信出版社，它们是《即将来临的印度制造》、《重塑你的大脑》、《经济学大师们》和《证券交易新空间》。我和中信出版社的编辑合作得非常愉快，得到读者和编辑的肯定是我最开心的事情。

注　释

引　言

1. John Maynard Keynes, *Essays in Persuasion*, The Collected Writings of John Maynard Keynes, vol. 9 (Cambridge: Cambridge University Press, 1978), p. 293.
2. George Orwell, *The Road to Wigan Pier* (London: Penguin, 1989), p. 182.
3. W. Stanley Jevons, *The Theory of Political Economy* (London: Macmillan, 1911), p. 37.
4. Bertrand Russell, *In Praise of Idleness and Other Essays* (London: Routledge, 2004), p. 11.
5. Charles Baudelaire, *Journaux intimes* (Paris: Mercure de France, 1938), p. 61.
6. John Maynard Keynes, *The General Theory of Employment, Interest, and Money*, The Collected Writings of John Maynard Keynes, vol. 7 (Cambridge: Cambridge University Press, 1973), p. 374.
7. IMSciences.net, accessed 09/09/11.
8. H. J. Johnson, 'The Political Economy of Opulence', *Canadian Journal of Economics and Political Science*, vol. 26, pt. 4 (1960), p. 554.
9. Adam Smith, *The Wealth of Nations* (Lawrence, Kan.: Digireads.com, 2009; first publ. 1759), p. 40; Alfred Marshall, *Principles of Economics* (London: Prometheus Books, 1920), p. 1; Lionel Robbins, *An Essay on the Nature and Significance of Economic Science* (London: Macmillan, 1932), p. 16.
10. Keynes, *Essays in Persuasion*, p. 332.

第 1 章　凯恩斯的预测失败了

1. Quoted in Robert Skidelsky, *John Maynard Keynes: The Economist as Saviour 1920–1937* (London: Macmillan, 1992), pp. 72, 235.

2. For the essay as a whole see John Maynard Keynes, *Essays in Persuasion*, The Collected Writings of John Maynard Keynes, vol. 9 (Cambridge: Cambridge University Press, 1978), pp. 321–32. It is reprinted from Keynes's 1931 *Essays in Persuasion*. For the earlier outings, see Skidelsky, *Keynes: The Economist as Saviour*, p. 634, n. 53.
3. G. E. Moore, *Principia Ethica* (Cambridge: Cambridge University Press, 1903), pp. 188–9.
4. A.W. Plumptre, quoted in Skidelsky, *Keynes: The Economist as Saviour*, p. 237.
5. For a discussion of growth rates in the USA, Europe and the rest of the world, see Fabrizio Zilibotti, 'Economic Possibilities for our Grandchildren 75 Years After: A Global Perspective', in Lorenzo Pecchi and Gustavo Piga (eds.), *Revisiting Keynes: Economic Possibilities for Our Grandchildren* (Cambridge, Mass.: MIT Press, 2008), pp. 27–39.
6. Keynes, *Essays in Persuasion*, p. 325.
7. Wenchao Jin *et al.*, *Poverty and Inequality in the UK* (London: Institute for Fiscal Studies, 2011).
8. *The Week*, 16 July 2011.
9. Jonathan Gershuny, 'Busyness as the Badge of Honour for the New Superordinate Working Class', *Institute for Social and Economic Research Working Paper* 2005–09 (2005).
10. US Bureau of Labor Statistics.
11. See Axel Leijonhufvud in Pecchi and Piga (eds.), *Revisiting Keynes*, pp. 117–24.
12. Henry Phelps-Brown, *The Inequality of Pay* (Oxford: Oxford University Press, 1977), pp. 84–6.
13. V. I. Lenin, *The State and Revolution* (London: Penguin Classics, 2010), ch. 5, section 3; Adam Smith, *The Wealth of Nations* (Lawrence, Kan.: Digireads.com, 2009), Book 1, ch. 5; Jeremy Bentham, *A Table of the Springs of Action* (1817), p. 20.
14. This criticism of Keynes runs through the essays collected in Pecchi and Piga (eds.), *Revisiting Keynes*. See the essays by Stiglitz, p. 46, Freeman, pp. 140–41, and Fitoussi, p. 157.
15. Tom Rachman, *The Imperfectionists* (London: Quercus Publishing, 2010).
16. Aditya Chakrabortty, 'Why our Jobs are Getting Worse', *Guardian*, 31 August 2010. See also Irina Grugulis *et al.*, '"No Place to Hide": The Reality of Leadership in UK Supermarkets', *SKOPE Research Paper* 91, on the McDonald's-ization of work. On digital Taylorism, see Philip Brown *et al.*, *The Global Auction: The Broken Promises of Education*,

Jobs and Incomes (New York: Oxford University Press, 2010), pp. 65–82. For the grisly world of call centres, see Simon Head, *The New Ruthless Economy: Work and Power in the Digital Age* (New York: Oxford University Press, 2003), pp. 100–116.

17. St Paul's Institute, *Value and Values: Perceptions of Ethics in the City Today* (London: St Paul's Institute, 2011).
18. H. Bielenski, G. Bosch and A. Wagner, *Employment and Working Time in Europe* (Dublin: European Foundation for the Improvement of Living and Working Conditions [EFILWC], 2002). The exact question in the survey was: 'Provided that you (and your partner) could make a free choice so far as working hours are concerned, and taking account of the need to earn a living, how many hours a week would you prefer to work at present?' This does make reference to the trade-off with income, even if not explicitly.
19. Jeremy Reynolds, 'When Too Much is Not Enough: Actual and Preferred Work Hours in the United States and Abroad', *Sociological Forum*, vol. 19, no. 1 (2004), pp. 89–120. A note of caution: participants in this survey, in contrast to the EFILWC survey, were asked only whether they would like to work more, less or the same amount of time than at present. No mention was made of wages. Reynolds thinks it likely that 'when respondents indicated their preferences for more or fewer hours of work, they considered how such changes could affect job rewards'. But even if the respondents did not take account of wages, the results suggest that most of them view work as a disutility.
20. Sarah Andersen *et al.*, *Executive Excess 2010: CEO Pay and the Great Recession* (London: Institute for Policy Studies, 2010).
21. UK Office of National Statistics; US Bureau of Labor Statistics.
22. *Guardian*, 15 August 2011.
23. Juliet Schor, *The Overworked American: The Unexpected Decline of Leisure* (New York: Basic Books, 1991), p. 66.
24. Juliet Schor, 'Towards a New Politics of Consumption', in Schor and Douglas B. Holt (eds.), *The Consumer Society Reader* (New York: New Press, 2000), p. 459. Schor argues that if policy-makers want individuals to develop more sustainable lifestyles, they should not rely on asking people to reduce their current levels of income and consumption: 'approaches that structurally stem the flow of increased income into consumers' hands are more promising.' See also several papal encyclicals to the same effect: e.g. Pope Paul VI, *Octogesima Adveniens* (1971; http://www.vatican.va/holy_father/paul_vi/apost_letters/documents/hfp_vi_apl 19710514_octogesima-adveniens_en.html; accessed 12 January

2012): 'While very large areas of the population are unable to satisfy their primary needs, superfluous needs are ingeniously created.'

25. André Gorz, *Ecologica* (Chicago: University of Chicago Press, 2010), p. 4.
26. *The Week*, 16 July 2011. *The Week* runs a regular column 'For those who have everything'.
27. Roy Harrod, 'The Possibility of Economic Satiety – Use of Economic Growth for Improving the Quality of Education and Leisure', in *Problems of US Economic Development* (Washington: Committee for Economic Development, 1958), pp. 207–13.
28. Fred Hirsch, *Social Limits to Growth* (London: Routledge, 1977), pp. 16–23.
29. Gary Becker, 'A Theory of the Allocation of Time', *Economic Journal*, vol. 75, no. 299 (1965), pp. 493–517.
30. Staffan Linder, *The Harried Leisure Class* (New York: Columbia University Press, 1970), p. 79.
31. Keynes, *Essays in Persuasion*, p. 365.
32. The pioneering discussion of these concepts is Harvey Leibenstein, 'Bandwagon, Snob, and Veblen Effects in the Theory of Consumers' Demand', *Quarterly Journal of Economics*, vol. 64, pt. 2 (1950), pp. 183–207.
33. Craufurd D. Goodwin (ed.), *Art and the Market: Roger Fry on Commerce and Art* (Ann Arbor: University of Michigan Press, 1998).
34. Schor, *The Overworked American*, p. 120.
35. Alexis de Tocqueville, *Democracy in America* (1835, 1840), ch. 28.
36. Richard B. Freeman, 'Why Do We Work More than Keynes Expected?', in Pecchi and Piga (eds.), *Revisiting Keynes*, pp. 133–42.
37. Smith, *The Wealth of Nations*, Book 2, ch. 3.
38. Karl Marx, 'Grundrisse', in Marx, *Selected Works*, ed. David McLellan, 2nd edn. (Oxford: Oxford University Press, 2000), p. 414 (tr. altered).

第2章 失控的浮士德式交易

1. John Maynard Keynes, *Essays in Persuasion*, The Collected Writings of John Maynard Keynes, vol. 9 (Cambridge: Cambridge University Press, 1978), p. 372.
2. See Krishan Kumar, *Utopia and Anti-Utopia in Modern Times* (Oxford: Wiley-Blackwell, 1987), pp. 3–9.
3. Thomas More, *Utopia*, ed. Ralph Robinson (1869), editor's introduction.
4. Kumar, *Utopia and Anti-Utopia*, p. 35.

5. More, *Utopia*, pp. 13, 84.
6. Niccolò Machiavelli, *The Florentine History* (Charleston, SC: Forgotten Books, 2010), vol. 2, p. 1.
7. Pope Leo XIII, *Rerum Novarum* (1891), par. 59.
8. Karl Löwith, *Meaning in History: The Theological Implications of the Philosophy of History* (Chicago: University of Chicago Press, 1957), p. 149.
9. William Blake, *The Marriage of Heaven and Hell* (1790), p. 3.
10. Bernard Mandeville, *The Fable of the Bees: or Private Vices, Publick Benefits*, ed. Phillip Harth (Harmondsworth: Penguin, 1989), pp. 49, 51.
11. See ibid., editor's introduction; also N. T. Phillipson, *Adam Smith: An Enlightened Life* (London: Allen Lane, 2010), p. 48.
12. Mandeville, *The Fable of the Bees*, p. 25.
13. David Hume, 'Of Refinement in the Arts', in Hume, *Essays, Moral, Political and Literary* (London: Grant Richards, 1903), p. 287.
14. The genealogy of 'interest' and '*le doux commerce*' is traced by Albert O. Hirschman in *The Passions and the Interests: Political Arguments for Capitalism before its Triumph* (Princeton: Princeton University Press, 1997), pp. 31–66. 'Self-love' began its life as an Augustinian term of opprobrium, but was transformed by Rousseau, and Adam Smith following him, into a neutral term designating a natural regard for one's own welfare. For details, see Pierre Force, *Self-Interest before Adam Smith* (Cambridge: Cambridge University Press, 2003), pp. 57–67.
15. Alexander Pope, *Essay on Man*, ed. Henny Morley, Project Gutenberg (http://www.gutenberg.org/ebooks/2428; accessed 12 January 2012).
16. Edmund Burke, *Reflections on the Revolution in France* (1790).
17. Adam Smith, *The Theory of Moral Sentiments* (Oxford: Oxford University Press, 1979; first pub. 1759), pp. 308–13.
18. Ibid., pp. 184–5.
19. Ibid., p. 461.
20. John Stuart Mill, *Principles of Political Economy* (1886), 'Of the Stationary State', book iv, ch. vi, p. 748; for a critique of Mill's 'moralism', see Michael Montgomery, 'John Stuart Mill and the Utopian Tradition', in Jürgen Georg Backhaus (ed.), *The State as Utopia: Continental Approaches* (Berlin: Springer, 2011), pp. 19–34.
21. Theodor Ziolkowski, *The Sin of Knowledge: Ancient Themes and Modern Variations* (Princeton: Princeton University Press, 2000), p. 68.
22. Goethe, *Faust*, tr. Barker Fairley (Toronto: University of Toronto Press, 1970), pp. 25, 26.
23. Ibid., pp. 196–7.

24. Johann Peter Eckerman, *Conversations of Goethe* (New York: M. Walter Dunne, 1901), p. 85.
25. Karl Jaspers, *Unsere Zukunft und Goethe* (Bremen: Storm, 1948), p. 18.
26. Quoted in Leszek Kołakowski, *Main Currents of Marxism*, vol. 1: *The Founders* (Oxford: Clarendon Press, 1978), p. 285.
27. Ibid., p. 285.
28. See Eric Hobsbawm, *How to Change the World: Tales of Marx and Marxism* (Boston: Little, Brown, 2011), p. 147: 'No mechanism for the breakdown [of slave society] is outlined . . .'
29. Karl Marx and Friedrich Engels, *The Communist Manifesto*, Project Gutenberg (http://gutenberg.org/ebooks/61; accessed 12 January 2012), p. 9.
30. Ibid., p. 9.
31. Ibid., p. 8.
32. Ibid., p. 13.
33. Ibid., p. 9.
34. Karl Marx, 'Capital', in *Marx: Collected Writings* (London: Lawrence and Wishart, 1974), pp. 714–15.
35. Marx and Engels, *The Communist Manifesto*, p. 10.
36. Quoted in Meghnad Desai, *Marx's Revenge: The Resurgence of Capitalism and the Death of Statist Socialism* (London: Verso, 2004), p. 95.
37. Quoted ibid., p. 44.
38. Karl Marx, 'The German Ideology', in *Karl Marx: Selected Writings*, ed. David McLellan (Oxford: Oxford University Press, 1977; first pub. 1846), p. 169.
39. Leon Trotsky, *Literature and Revolution*, ed. William Keach (New York: International Publishers, 2005), p. 207.
40. Theodore Roszak, *The Making of a Counter-Culture: Reflections on the Technocratic Society and its Youthful Opposition* (Berkeley: University of California Press, 1969), pp. 17–18.
41. For the capitalist 'golden age', see Robert Skidelsky, *Keynes: The Return of the Master*, 2nd edn. (London: Penguin, 2010), ch. 5.
42. In the Preface to *The Making of a Counter-Culture*, a theme he subsequently developed in *Where the Wasteland Ends*. J. K. Galbraith coined the phrase 'the technostructure' in his *The New Industrial State* (Princeton: Princeton University Press, 2007).
43. Reich, *The Greening of America*, pp. 381–2.
44. Quoted in Alain Martineau, *Herbert Marcuse's Utopia* (Montreal: Harvest House, 1984), p. 7.

45. Quoted ibid., p. 20.
46. Herbert Marcuse, *One-Dimensional Man: Studies in the Ideology of Advanced Industrial Society*, ed. Douglas Kellner (Boston: Beacon Press, 1991), pp. xlii, xxx.
47. Ibid., p. 246.
48. Ibid., p. 260.

第3章 财富的价值

1. Joseph Schumpeter, *History of Economic Analysis* (New York: Oxford University Press, 1954), p. 57.
2. Aristotle, *Nicomachean Ethics*, tr. Christopher Rowe and Sarah Broadie (Oxford: Oxford University Press, 2002), p. 251. In Aristotle's other major ethical work, the *Eudemian Ethics*, he is more even-handed between the active and the philosophical life.
3. Aristotle, *Politics*, in The Complete Works of Aristotle, ed. Jonathan Barnes, vol. 2 (Princeton: Princeton University Press, 1984), p. 1989.
4. Georg Simmel, *The Philosophy of Money*, tr. Tom Bottomore and David Frisby (Boston, Mass.: Routledge, 1978), p. 255.
5. Quoted in Robert Skidelsky, *John Maynard Keynes: The Economist as Saviour 1920–1937* (London: Macmillan, 1992), p. 476.
6. Aristotle, *Politics*, p. 1997.
7. Ibid., p. 1996.
8. Aristophanes, 'Wealth', in *The Knights/Peace/The Birds/The Assemblywomen/Wealth*, tr. Alan H. Sommerstein (London: Penguin, 1978), pp. 277–8.
9. Horace, *Satire* 1, lines 39–40, in *Satires, Epistles and Ars Poetica*, tr. H. Rushton Fairclough (London: Heinemann, 1961), p. 7.
10. See Peter Brown, *Poverty and Leadership in the Later Roman Empire* (Hanover, NH: Brandeis University Press, 2002).
11. Thomas Aquinas, *Summa Theologiae*, tr. T. C. O'Brien, vol. 41 (London: Blackfriars, 1972), p. 243.
12. Quoted in Anne Derbes and Mark Sandona, 'Barren Metal and the Fruitful Womb: The Program of Giotto's Arena Chapel in Padua', *Art Bulletin*, vol. 80 (1998), p. 227.
13. Max Weber, *The Protestant Ethic and the Spirit of Capitalism*, tr. Talcott Parsons (London: Routledge, 1992), p. 73.
14. Patrick Olivelle, tr., *The Dharmasutras* (Oxford: Oxford University Press, 1999), pp. 35, 31.

15. For further discussion, see Max Weber, *The Religion of India: The Sociology of Hinduism and Buddhism*, tr. Hans H. Gerth and Don Martindale (Glencoe, Ill.: Free Press, 1958), pp. 84–5.
16. Olivelle, *The Dharmasutras*, p. 326.
17. Robert Ernest Hume, tr., *The Thirteen Principal Upanishads* (Oxford: Oxford University Press, 1921), p. 141.
18. See Chakravarthi Ram-Prasad, *Eastern Philosophy* (London: Weidenfeld and Nicolson, 2005), p. 212: 'It is undeniable that logical theory is somewhat marginal in Chinese philosophy, playing only a small part during the short Buddhist ascendancy.'
19. Confucius, *The Analects*, tr. Arthur Waley (Ware: Wordsworth, 1996).
20. Li Bai, 'On a Banquet with my Cousins on a Spring Night in the Peach Flower Garden', in Burton Watson (tr.), *Chinese Lyricism: Shih Poetry from the Second to the Twelfth Century* (New York: Columbia University Press, 1971).
21. Quoted in Lin Yutang, *The Importance of Living* (New York: Harper, 1998), pp. 132–6.
22. Burton Watson, *Records of the Grand Historian of China*, vol. 2, tr. from the *Shih chi* of Ssu-ma Ch'ien (New York: Columbia University Press, 1961), pp. 491–2.
23. This point has been made with great force by Michael Sandel in his *Justice: What's the Right Thing to Do?* (London: Allen Lane, 2009), pp. 244–69.
24. Taraq Modood, for instance, has defended religious establishment in Britain, but argued that it might now be extended to other religious groups. See Tariq Modood, *Multicultural Politics: Racism, Ethnicity, Muslims in Britain* (Minneapolis: University of Minnesota Press, 2005), pp. 146–50.
25. John Kenneth Galbraith, *The Affluent Society* (London: Hamish Hamilton, 1958), p. 115.
26. John Locke, *An Essay Concerning Human Understanding*, vol. 1 (Oxford: Clarendon, 1894), p. 351.
27. For a classic modern discussion of the needs/wants distinction, see David Wiggins, 'Claims of Need', in Wiggins, *Needs, Values, Truth: Essays in the Philosophy of Value* (Oxford: Oxford University Press, 1998), pp. 1–49.
28. Aristotle, *Politics*, p. 1989.
29. Carl Menger, *Principles of Economics*, tr. James Dingwall and Bert F. Hoselitz (Glencoe, Ill.: Free Press, 1950), pp. 120–21.
30. Ibid., p. 229.

31. Virgil, *Aeneid*, Bk. 3, line 56; John Maynard Keynes, *Essays in Persuasion*, The Collected Writings of John Maynard Keynes, vol. 9 (Cambridge: Cambridge University Press, 1978), p. 369.
32. Robert H. Frank, *Luxury Fever: Money and Happiness in an Era of Excess* (Princeton: Princeton University Press, 2000), p. 66.
33. Friedrich Nietzsche, 'Thus Spoke Zarathustra', in Walter Kaufmann (ed.), *The Portable Nietzsche* (Harmondsworth: Penguin, 1959), p. 129.

第4章 幸福的幻影

1. Jean-Jacques Rousseau, *The Discourses and Other Political Writings*, ed. Victor Gourevitch (Cambridge: Cambridge University Press, 1997), p. 26.
2. Herodotus, *The Histories*, tr. Robin Waterfield (Oxford: Oxford University Press, 1998), p. 14.
3. Aristotle, *Nicomachean Ethics*, tr. Christopher Rowe and Sarah Broadie (Oxford: Oxford University Press, 2002), p. 206.
4. John Locke, *An Essay Concerning Human Understanding*, vol. 1 (Oxford: Clarendon, 1894), p. 351.
5. Quoted in G. E. Moore, *Principia Ethica* (Cambridge: Cambridge University Press, 1903), pp. 77–8.
6. W. Stanley Jevons, *The Theory of Political Economy* (London: Macmillan, 1911), p. 37.
7. F. Y. Edgeworth, *Mathematical Psychics: An Essay on the Application of Mathematics to the Moral Sciences* (1881), pp. 101–2.
8. S. Solnick and D. Hemenway, 'Is More Always Better? A Survey on Positional Concerns', *Journal of Economics Behaviour and Organisation*, vol. 37 (1998), pp. 373–83.
9. Whether happiness continues to rise with income above the $15,000 threshold is debated. According to more recent surveys, it does. For details, see Angus Deaton, 'Income, Health and Well-Being around the World: Evidence from the Gallup World Poll', *Journal of Economic Perspectives*, vol. 22, pt. 2 (2008), pp. 53–72.
10. See Richard Layard, *Happiness: Lessons from a New Science* (London: Penguin, 2005), p. 45.
11. See Robert H. Frank, *Luxury Fever: Money and Happiness in an Era of Excess* (Princeton: Princeton University Press, 2000), pp. 207–26.
12. Will Wilkinson, 'In Pursuit of Happiness Research: Is It Reliable? What does it Imply for Policy?', *Policy Analysis*, no. 590 (2007).

13. The argument of the last two paragraphs is indebted to Helen Johns and Paul Ormerod, *Happiness, Economics and Public Policy* (London: Institute of Economic Affairs, 2007), pp. 28–34.
14. Richard Layard and Diener and Suh both cite a certain Shao 1993 to the effect that Hong Kong students report almost identical levels of happiness in both Chinese and English. Footnotes reveal Shao 1993 to be an unpublished master's thesis written for the University of Illinois. In any case, the study tells us nothing, since the respondents had presumably learnt the meaning of 'happy' by comparison with *xingfu* or some other Chinese term. The same problem infects all such studies. See Layard, *Happiness*, p. 34, and Ed Diener and Eunkook Mark Suh, 'National Differences in Subjective Well-Being', in Daniel Kahneman *et al.*, *Well-Being: The Foundations of Hedonic Psychology* (New York: Russell Sage, 1999), p. 437.
15. Anna Wierzbicka, '"Happiness" in Cross-Linguistic & Cross-Cultural Perspective', *Dædalus*, vol. 133, pt. 2 (2004), p. 36.
16. For details, see Layard, *Happiness*, pp. 17–20.
17. Diener and Suh, 'National Differences in Subjective Well-Being', p. 437.
18. Andrew J. Oswald and Stephen Wu, 'Objective Confirmation of Subjective Measures of Human Well-Being: Evidence from the U.S.A.', *Science*, no. 327 (2010), pp. 576–9. The happiness data was adjusted to control for income and age, so New Yorkers may not be unhappiest all things considered, but only in respect to their living conditions.
19. Ibid., p. 578.
20. See Johns and Ormerod, *Happiness, Economics and Public Policy*, p. 81.
21. Julia A. Eriksen and Sally A. Steffen, *Kiss and Tell: Surveying Sex in the Twentieth Century* (Cambridge, Mass.: Harvard University Press, 1999), p. 34.
22. See Layard, *Happiness*, pp. 62–5.
23. Derek Bok, *The Politics of Happiness: What Government Can Learn from the New Research on Well-Being* (Princeton: Princeton University Press, 2010), p. 36.
24. See Juliet Michaelson *et al.*, *National Accounts of Well-Being: Bringing Real Wealth onto the Balance Sheet* (London: New Economic Foundation, 2009).
25. Henry Sidgwick, *The Method of Ethics* (Indianapolis: Hackett, 1981), pp. 120–21.
26. See Daniel Kahneman and Alan B. Krueger, 'Developments in the Measurement of Subjective Well-Being', *Journal of Economic Perspectives*,

vol. 20, pt. 1 (2006), pp. 3–24.
27. See Julia Annas, 'Happiness as Achievement', *Dædalus*, vol. 33, pt. 2 (2006).
28. *Daily Telegraph*, 18 October 2011.
29. Fred Feldman, *What Is This Thing Called Happiness?* (Oxford: Oxford University Press, 2010), p. 176.
30. For details, see Yew-Kwang Ng, 'Happiness Surveys: Some Comparability Issues and an Exploratory Survey Based on Just Perceivable Increments', *Social Indicators Research*, vol. 38, pt. 1 (2011), pp. 1–27.
31. Layard, *Happiness*, p. 13.
32. Aristotle, *Nichomachean Ethics*, p. 247.
33. Ludwig Wittgenstein, *Tractatus Logico-Philosophicus* (London: Routledge and Kegan Paul, 1922), 6.43.
34. Philippa Foot, *Natural Goodness* (Oxford: Oxford University Press, 2001), p. 85.
35. Ibid., p. 88.
36. Samuel Brittan, 'Commentary: A Deceptive Eureka Moment', in Johns and Ormerod, *Happiness, Economics and Public Policy*, p. 93.
37. Metropolitan Anthony of Sourozh, *God and Man* (London: Darton, Longman and Todd, 1983), p. 16.
38. Friedrich Nietzsche, 'Maxims and Arrows', in *Twilight of the Idols* (1888), no. 12.
39. Yew-Kwang Ng, 'A Case for Happiness, Cardinalism, and Interpersonal Comparability', *Economic Journal*, vol. 107, no. 445 (1997), p. 1849.
40. Layard, *Happiness*, p. 221.

第5章 增长的天花板

1. Thomas Malthus, *An Essay on the Principle of Population*, Electronic Scholarly Publishing Project (http://www.esp.org/books/malthus/population/malthus.pdf; accessed 12 January 2012), p. 44.
2. Donella H. Meadows *et al.*, *The Limits to Growth* (London: Pan, 1974), pp. 45–87.
3. For a thorough rebuttal of Malthusian fears of resource scarcity, see Bjørn Lomborg, *The Sceptical Environmentalist: Measuring the Real State of the World* (Cambridge: Cambridge University Press, 2001), pp. 118–48.
4. Paul Ehrlich, *The Population Bomb* (New York: Ballantine Books, 1968).

5. George Monbiot, 'Bring on the Recession', *Guardian*, 9 October 2007.
6. Tim Jackson, *Prosperity without Growth: Economics for a Finite Planet* (London: Earthscan, 2009).
7. House of Lords Select Committee on Economic Affairs, *The Economics of Climate Change* (London: HMSO, 2005), p. 58.
8. Intergovernmental Panel on Climate Change, *Third Assessment Report* (Cambridge: Cambridge University Press, 2001), Working Panel 1, Technical Summary, p. 79.
9. K. R. Popper, *The Poverty of Historicism* (London: Routledge, 1961), pp. v–vi.
10. Intergovernmental Panel on Climate Change, *Third Assessment Report*, Working Panel 2, ch. 3, p. 154.
11. Quoted in Mike Hulme, 'Chaotic world of climate truth', 2006, BBC News website, 2006, news.bbc.co.uk/1/hi/6115644.stm (accessed 9 November 2011).
12. Ibid. See also Ellen Raphael and Paul Hardaker, *Making Sense of the Weather and Climate* (London: Sense about Science, 2007), p. 3: 'The idea of a point of no return, or "tipping point", is a misleading way to think about climate and can be unnecessarily alarmist.'
13. James Lovelock, *The Revenge of Gaia* (London: Penguin, 2006), p. 189.
14. Sir Partha Dasgupta, *Comments on the Stern Review's Economics of Climate Change* (www.econ.com.ac.uk/faculty/dasgupta/STERN.pdf; accessed 12 January 2012), p. 5. Sir Partha is summarizing the views of William Nordhaus, the most influential modern climate economist. He does not necessarily endorse these views.
15. Nicholas Stern, *Stern Review on the Economics of Climate Change* (London: UK Treasury, 2006), p. xii.
16. Jackson, *Prosperity without Growth*.
17. Nigel Lawson, *An Appeal to Reason: A Cool Look at Global Warming* (London: Duckworth, 2009), p. 87.
18. George Monbiot, *Heat: How We Can Stop the Planet Burning* (London: Penguin, 2007), p. 215.
19. Quoted in John Passmore, *Man's Responsibility for Nature: Ecological Problems and Western Traditions* (London: Duckworth, 1974), p. 21.
20. Ludwig Klages, *Mensch und Erde* (Jena: Eugen Diederichs, 1929), p. 25.
21. Martin Heidegger, 'The Question Concerning Technology', in Heidegger, *Basic Writings* (London: Routledge, 1993), p. 321.
22. Quoted in Passmore, *Man's Responsibility for Nature*, pp. 60–61.

23. J. E. Lovelock, *Gaia: A New Look at Life on Earth* (Oxford: Oxford University Press, 1979), p. 10.
24. Ibid., pp. ix–x.
25. James Lovelock, *The Ages of Gaia* (London: Penguin, 1988), p. 206.
26. Lovelock, *The Revenge of Gaia*, p. 188.
27. Quoted in Passmore, *Man's Responsibility for Nature*, pp. 23–4.
28. Mary Midgley, 'Duties Concerning Islands', in Robert Elliot (ed.), *Environmental Ethics* (Oxford: Oxford University Press, 1995), pp. 89–103.
29. The first principle of deep ecology, according to Arne Naess, is: 'The flourishing of human and nonhuman life on earth has inherent value. The value of nonhuman life-forms is independent of the usefulness of the nonhuman world for human purposes.' Arne Naess, 'The Basics of the Deep Ecology Movement', in Alan Drengson and Bill Devall (eds.), *The Ecology of Wisdom: Writings by Arne Naess* (Berkeley: Counterpoint, 2008), p. 111.
30. Arne Naess, 'The Shallow and the Deep, Long-Range Ecological Movement: A Summary', in Andrew Dobson (ed.), *The Green Reader* (London: Deutsch, 1991), p. 243.
31. The term 'speciesism' was popularized by Peter Singer, *Animal Liberation* (Avon, 1977).
32. Aldo Leopold, 'A Sand County Almanac', in Dobson (ed.), *The Green Reader*, pp. 240–41.
33. For a persuasive defence of this claim, see Michael Thompson, *Life and Action* (Newhaven, Mass.: Harvard University Press, 2008).
34. Bernard Williams, *Ethics and the Limits of Philosophy* (London: Routledge, 2006), p. 118.
35. Oswald Spengler, *The Decline of the West*, tr. Charles Francis Atkinson, vol. 1 (London: George Allen, 1932), p. 168.
36. See David E. Cooper, *A Philosophy of Gardens* (Oxford: Oxford University Press, 2006), for an interesting defence of the importance of gardens and gardening to the good life.
37. Lovelock, *The Revenge of Gaia*, pp. 169–70.
38. J. Baird Callicott, 'Animal Liberation: A Triangular Affair', in Robert Elliot (ed.), *Environmental Ethics* (Oxford: Oxford University Press, 1995), p. 50.
39. Quoted in Passmore, *Man's Responsibility for Nature*, p. 105.

第 6 章　美好生活的 7 个基本元素

1. Milton Friedman, 'The Methodology of Positive Economics', in Friedman, *Essays in Positive Economics* (Chicago: University of Chicago Press, 1953), p. 5.
2. Evidence for the universality of these and other practices can be found in Alexander MacBeath, *Experiments in Living* (London: Macmillan, 1952) and Morris Ginsberg, *On the Diversity of Morals* (London: Heinemann, 1956).
3. See Martha Nussbaum, *Women and Human Development: The Capabilities Approach* (Cambridge: Cambridge University Press, 2000), p. 73: 'Insofar as we are able to respond to tragic tales from other cultures, we show that this idea of human worth and agency crosses cultural boundaries.'
4. Ernst Cassirer, *The Logic of the Cultural Sciences*, tr. S.G. Lofts (New Haven: Yale University Press, 2000), p. 76.
5. John Rawls, *A Theory of Justice* (Oxford: Clarendon Press, 1971), p. 433.
6. Nussbaum, *Women and Human Development*, pp. 78–80.
7. Ibid., p. 69.
8. Ibid., p. 87. Amartya Sen has a more relaxed attitude to the relevance of functionings; he allows for 'the possibility of simply relying on the valuation of achieved functionings (should we wish to go that way) ...' Amartya Sen, *The Idea of Justice* (London: Allen Lane, 2009), p. 236.
9. Nussbaum, *Women and Human Development*, p. 87.
10. Ibid., p. 79. Nussbaum adds in a footnote that this list is based on the Indian Constitution, Article 15, with the exception of non-discrimination on the basis of sexual orientation, which is not guaranteed by the Constitution. But this in itself is hardly a guarantee of universality, since the Indian Constitution was heavily modelled on British and American prototypes. And in any case, what authority does a political document have in a discussion of 'central human functional capabilities'?
11. John Finnis, *Natural Law and Natural Rights* (Oxford: Oxford University Press, 2011), pp. 87–90.
12. Quoted in Georges Canguilhem, *The Normal and the Pathological* (New York: Zone Books, 1991), p. 91.
13. Aristotle, *Politics*, The Complete Works of Aristotle, ed. Johathan Barnes, vol. 2 (Princeton: Princeton University Press, 1984), p. 2101.
14. Josef Pieper, *Leisure: The Basis of Culture*, tr. Alexander Dru (San Francisco: Ignatius, 1963), p. 105.

15. Primo Levi, *If This Is a Man* (London: Abacus, 1987), p. 111.
16. The damage done by inequality to respect is explored in Richard Sennett, *Respect in a World of Inequality* (London: Allen Lane, 2002).
17. Quoted in Robert Skidelsky, *John Maynard Keynes: The Economist as Saviour 1920–1937* (London: Macmillan, 1992).
18. Pope Leo XIII, *Rerum Novarum* (1891), par. 46.
19. Nussbaum, *Women and Human Development*, p. 157.
20. Aristotle, *Nicomachean Ethics*, tr. Christopher Rowe and Sarah Broadie (Oxford: Oxford University Press, 2002), p. 208.
21. Aristotle, *Politics*, p. 2003.
22. Ibid., p. 2032.
23. Confucius, *The Analects*, tr. Arthur Waley (Ware: Wordsworth, 1996), p. 3.
24. Ibid., p. 3.
25. See http://moneywatch.bnet.com/career-advice/blog/other-8-hours/addition-by-subtraction-dont-let-bad-friends-drag-you-down/2080/ (accessed 9 November 2011).
26. Leo Strauss, 'Kurt Riezler', in Strauss, *What is Political Philosophy?* (Chicago: University of Chicago Press, 1988), p. 234.
27. Karl Marx, 'On James Mill', in *Karl Marx: Selected Writings*, ed. David McLellan, 2nd edn. (Oxford: Oxford University Press, 2000), p. 132.
28. For an interesting discussion of this point, see Sarah Broadie, 'Taking Stock of Leisure', in Broadie, *Aristotle and Beyond: Essays on Metaphysics and Ethics* (Cambridge: Cambridge University Press, 2007), p. 194.
29. Aristotle, *Politics*, p. 2122.
30. Alexandre Kojève, *Introduction to the Reading of Hegel* (New York: Basic Books, 1969), p. 162.
31. Pieper, *Leisure*, pp. 47–8.
32. See Sen, *The Idea of Justice*, pp. 239–41.
33. Aristotle, *Nicomachean Ethics*, p. 98.
34. Adair Turner, *Economics after the Crisis: Objectives and Means*, Lecture 1: 'Economic Growth, Human Welfare and Inequality' (http://www2.lse.ac.uk/publicEvents/pdf/20101011%20Adair%20Turner%20transcript.pdf; accessed 12 January 2012), p. 35.
35. Zygmunt Bauman, *Liquid Life* (Cambridge: Polity, 2005), p. 88.
36. For a persuasive defence of this claim, see Anthony and Charles Kenny, *Life, Liberty and the Pursuit of Utility* (Exeter: Imprint Academic, 2006), pp. 65–93.
37. James Lovelock, *The Revenge of Gaia* (London: Penguin, 2006), p. 126.

38. Francesco Branca *et al.*, *The Challenge of Obesity in the WHO European Region and the Strategies for Response* (Copenhagen: World Health Organization, 2007).
39. Michael Moore *et al.*, 'Explaining the Rise in Antidepressant Prescribing: A Descriptive Study Using the General Practice Research Database', *British Medical Journal* (2009), bmj.com.
40. Francis Green, *Praxis: Job Quality in Britain* (London: UK Commission for Employment and Skills, 2009).
41. Stephen Nickell *et al.*, 'A Picture of Job Insecurity Facing British Men', *Economic Journal*, no. 112 (2002), pp. 1–27.
42. Mark Beatson, 'Job "Quality" and Job Security', *Labour Market Trends* (2000), pp. 441–9.
43. Simon English, 'The Poisonous City Work Ethic That Is in Urgent Need of Reform', *Evening Standard*, 5 July 2011.
44. For examples of European employee-ownership schemes, see http://www.efesonline.org/PRESS%20REVIEW/2011/October.htm (accessed 20 November 2011).
45. Department for Environment, Food and Rural Affairs, *Agriculture in the United Kingdom* (London: HMSO, 2007).
46. TNS Global till data for the three months to November 2009 shows independent stores have a 2.2 per cent market share, the rest being taken up by so-called 'multiple' stores, from Tesco down to Lidl, Netto and other smaller chains. See http://www.tnsglobal.com/news/news-56F59E8A99C8428989E9BE66187D5792.aspx (accessed 21 November 2011).
47. Peter A. Hall, 'Social Capital in Britain', *British Journal of Politics*, vol. 29 (1999), pp. 417–61, reports that while the number of pubs fell substantially – from 102,000 in 1900 to 66,000 in 1978 (and 57,500 in 2007 – Market and Business Development, *Pub Companies: 7th Report of Session 2008–9* (London: HMSO, 2008), p. 9) the number of people visiting pubs and the amount of time spent there actually increased from the 1960s to the 1980s. This probably reflects the fact that pubs became increasingly women-friendly during this period. More recent data is unavailable.
48. This theme has been eloquently explored by Bauman in *Liquid Life* and other works.
49. See Organization for Economic Cooperation and Development, *The Well-being of Nations: The Role of Human and Social Capital* (Paris: OECD, 2001), for evidence of changing patterns of association across OECD nations.

50. See the OECD Family Database, www.oecd.org/els/social/family/database (accessed 21 November 2011).
51. See Patricia Morgan, *Marriage-Lite* (London: Civitas, 2000). However, the conclusion that marriage improves relationship stability has recently been questioned on the grounds that the kind of people who get married tend to have more stable relationships anyway. See Claire Crawford *et al.*, *Cohabitation, Marriage, Relationship Stability and Child Outcomes: An Update* (London: Institute for Fiscal Studies, 2011).
52. See Broadcasters' Audience Research Board, *Trends in Television Viewing*, http://www.barb.co.uk/facts/tv-trends/download/2011-yy-TVTrends.pdf (accessed 23 January 2012).
53. Sport England, *Trends in Sport Participation 1987–2002* (London: Sport England, 2002); Fidelis Ifedi, *Sport Participation in Canada* (Ottawa: Statistics Canada, 2005); Robert Putnam, *Bowling Alone: The Collapse and Revival of American Community* (London: Simon & Schuster, 2000), p. 113.
54. Dale Southerton *et al.*, *Trajectories of Time Spent Reading as a Primary Activity: A Comparison of the Netherlands, Norway, France, UK and USA since the 1970s*, CRESC Working Paper 39 (www.cresc.ac.uk/sites/default/files/wp39.pdf; accessed 12 January 2012).
55. See 'How Happy Are You? Whitehall Is Keen to Know the Answer', *Guardian*, 26 July 2011.

第 7 章 这个时代需要变革

1. Adam Lent and Mathew Lockwood, *Creative Destruction: Placing Innovation at the Heart of Progressive Economics* (London: Institute for Public Policy Research, 2010).
2. Adair Turner, *Economics after the Crisis: Objectives and Means*, Lecture 3: Economic Freedom and Public Policy: Economics as a Moral Discipline, Lionel Robbins Memorial Lecture (http://www2.lse.ac.uk/publicEvents/pdf/20101013%20Adair%20Turner%20transcript.pdf; accessed 12 January 2012).
3. Alasdair MacIntyre, *After Virtue: A Study in Moral Theory* (Notre Dame, Ind.: University of Notre Dame Press, 1981), pp. 1–3.
4. Ibid., p. 263.
5. Quoted in Juliet Schor, *The Overworked American: The Unexpected Decline of Leisure* (New York: Basic Books, 1991), p. 121.
6. Pope Leo XIII, *Rerum Novarum* (1891), par. 3.
7. Ibid., par. 21.

8. See David Marquand, in *New Statesman*, 22 August 2011. Marquand convincingly argues that the achievement of the founders of the European Union was to effect a 'historic reconciliation between the Roman Catholic Church and the ideals of the French Revolution', making possible the collaborative capitalism of Germany and Italy.
9. Adam Smith, *The Wealth of Nations* (Lawrence, Kan.: Digireads.com, 2009), p. 407.
10. Peter Clarke, *Liberals and Social Democrats* (Cambridge: Cambridge University Press, 1979).
11. John Maynard Keynes, 'Economic Possibilities for our Grand Children', in *Essays in Persuasion*, The Collected Writings of John Maynard Keynes, vol. 9 (Cambridge: Cambridge University Press, 1978), pp. 354–5.
12. André Gorz, *Reclaiming Work: Beyond the Wage-Based Society* (Cambridge: Cambridge University Press, 1999), p. 94.
13. Robert LaJeunesse, *Work Time Regulation as a Sustainable Full Employment Strategy* (London: Routledge, 2009).
14. Daniel Raventós, *Basic Income: The Material Conditions of Freedom* (London: Pluto Press, 2007), p. 8.
15. See John Cunliffe and Guido Erreygers (eds.), *The Origins of Universal Grants: An Anthology of Historical Writings on Basic Capital and Basic Income* (London: Palgrave Macmillan, 2004); Samuel Brittan, *Capitalism with a Human Face* (Cheltenham: Edward Elgar, 1995); James Meade, *Agathotopia: The Economics of Partnership* (Aberdeen: Aberdeen University Press, 1989); André Gorz, *Farewell to the Working Class: An Essay on Post-Industrial Socialism* (Cambridge, Mass.: Southend Press, 1982).
16. Milton Friedman, *Capitalism and Freedom: Fortieth Anniversary Edition* (Chicago: University of Chicago Press, 2002).
17. Samuel Brittan, review of Gay Standing, *Promoting Income Security as a Right: Europe and North America* (Anthen Press), *Citizens Income Newsletter*, no. 2 (2005).
18. Chandra Pasma, 'Working through the Work Disincentive', *Basic Income Studies*, vol. 5, pt. 2 (2010), pp. 1–20. For a discussion of pros and cons of capital endowment and basic income, see Stuart White, 'Basic Income Versus Basic Capital: Can We Resolve the Disagreement', *Policy and Politics*, vol. 39, pt. 1 (2011), pp. 67–81. On basic income more generally, see Stuart White, 'Reconsidering the Exploitation Objection to Basic Income', *Basic Income Studies*, vol. 1, pt. 2 (2006), pp. 1–17.

19. Meade, *Liberty, Equality and Efficiency*; Karl Widerquist *et al.* (eds.), *The Ethics and Economics of the Basic Income Guarantee* (Aldershot: Ashgate, 2005).
20. Yannick Vanderborght and Philippe van Parijs, *L'Allocation universelle* (Paris: La Découverte, 2005).
21. Bruce A. Ackerman and Anne Alstott, *The Stakeholder Sociey* (New Haven: Yale University Press, 1999).
22. This point was forcefully made by Axel Leijonhufvud at the Luxembourg seminar (see our Preface).
23. Quoted in André Gorz, *Ecologica* (Chicago: University of Chicago Press, 2010), p. 170.
24. UNICEF, *Child Well-Being in the UK, Spain and Sweden: The Role of Inequality and Materialism* (York: UNICEF UK, 2011).
25. Richard A. Musgrave, 'A Multiple Theory of Budget Determination', *Finanzarchiv*, vol. 17, pt. 3 (1956), p. 341.
26. See Alan Hunt, *Governance of the Consuming Passions: A History of Sumptuary Law* (New York: St Martin's, 1996).
27. Bernard Mandeville, *The Fable of the Bees: or Private Vices, Publick Benefits*, ed. Phillip Harth (Harmondsworth: Penguin, 1989), p. 96.
28. See Christopher Berry, *The Idea of Luxury* (Cambridge: Cambridge University Press, 1994), p. 115.
29. Nicholas Kaldor, *An Expenditure Tax* (London: Allen and Unwin, 1955), p. 176. See also Institute of Fiscal Studies, *The Structure and Reform of Direct Taxation: Report of a Committee Chaired by Professor J. E. Meade* (London: Institute of Fiscal Studies, 1978).
30. Ibid., p. 53.
31. Ibid., pp. 26–7.
32. Steven Pressman, 'The Feasibility of an Expenditure Tax', *International Journal of Social Economics*, vol. 22, pt. 8 (1995), p. 6.
33. Kaldor, *An Expenditure Tax*; John Kay, *The Meade Report after Two Years* (London: Institute of Fiscal Studies, 1980). For a critique, see Pressman, 'The Feasibility of an Expenditure Tax'.
34. 'Chargeable' expenditure was defined by Kaldor, *An Expenditure Tax*, pp. 191–3, as the money a person has available for spending in a year (his wage, salary, dividend income, cash in bank) minus money spent on buying capital assets, his bank balance at the end of the year, and certain allowances and exemptions.
35. For details of his scheme, see Robert H. Frank, *Luxury Fever: Money and Happiness in an Era of Excess* (Princeton: Princeton University Press, 2000), pp. 211–16.

36. Ibid., p. 3.
37. Ibid., pp. 90–91.
38. Ibid., pp. 211–16.
39. John Maynard Keynes, *The General Theory of Employment, Interest, and Money*, The Collected Writings of John Maynard Keynes, vol. 7 (Cambridge: Cambridge University Press, 1973), p. 374
40. 'How to Tame Global Finance', *Prospect*, 27 August 2009.
41. For this definition of a good, see Gary Becker and Kevin Murphy, 'A Simple Theory of Advertising as Good or Bad', *Quarterly Journal of Economics*, vol. 108, pt. 4 (1993), p. 941. Conversely a 'bad' is something the consumer pays to get rid of, or must be compensated to accept. In the strong version of the rational consumer model there are no public or merit goods.
42. Ibid., p. 962.
43. G. W. F. Hegel, *Elements of the Philosophy of Right* (Cambridge: Cambridge University Press, 1991), p. 229.
44. Quoted in Gorz, *Ecologica*, p. 104.
45. Keynes, *Essays in Persuasion*, p. 331.
46. An alternative hypothesis for the observed wage stagnation is the growing premium on skills in rich societies. The empirical data on which effect dominates is inconclusive – see Paul Krugman, 'Trade and Wages, Reconsidered', unpubl. paper for the 2008 Brookings Institute Panel on Economic Activity.
47. Interview with Steve Lohr, 'An Elder Challenging Outsourcing Orthodoxy', *New York Times*, 9 September 2004.
48. Erik S. Reinert, *How Rich Countries Got Rich ... and Why Poor Countries Stay Poor* (London: Constable, 2008), pp. xxv–xxvi.
49. Ha-Joon Chang, *23 Things They Don't Tell You About Capitalism* (London: Penguin, 2010), p. 63.
50. Gorz, *Ecologica*, pp. 15 f.
51. St Paul's Institute, *Value and Values: Perceptions of Ethics in the City Today* (London: St Paul's Institute, 2011).
52. Robert Skidelsky, *John Maynard Keynes: Economist, Philosopher, Statesman* (London: Pan, 2004), p. 515.